本丛书由
江西理工大学马克思主义
赣州市红色文化研究会
联合组织编撰

少共·小红军

葛顺连◎著

SHAOGONG · XIAO HONGJUN

光明日报出版社

图书在版编目（CIP）数据

少共·小红军 / 葛顺连著. -- 北京：光明日报出版社, 2024.1

ISBN 978-7-5194-7741-7

Ⅰ.①少… Ⅱ.①葛… Ⅲ.①爱国主义教育—中国—青少年读物 Ⅳ.①D647-49

中国国家版本馆CIP数据核字（2024）第015284号

少共·小红军
SHAOGONG·XIAO HONGJUN

著　者：葛顺连

责任编辑：谢　香　徐　蔚　　　　责任校对：孙　展
封面设计：李尘工作室　　　　　　责任印制：曹　净

出版发行：光明日报出版社
地　　址：北京市西城区永安路106号，100050
电　　话：010-63169890（咨询），010-63131930（邮购）
传　　真：010-63131930
网　　址：http://book.gmw.cn
E - mail：gmrbcbs@gmw.cn
法律顾问：北京兰台律师事务所龚柳方律师

印　　刷：天津奥丰特印刷有限公司
装　　订：天津奥丰特印刷有限公司
本书如有破损、缺页、装订错误，请与本社联系调换，电话：010-63131930

开　　本：160mm×230mm
字　　数：232千字　　　　　　　印　　张：15.75
版　　次：2024年1月第1版　　　 印　　次：2024年1月第1次印刷
书　　号：ISBN 978-7-5194-7741-7

定　　价：58.00元

目　录

引　子

　　生命是一颗柔韧的种子，在命运的土壤中，能够穿透战火顶开沉重石块，也能够抖落暴风雨般的灾难。那些战争年代的青少年就是如此，带着几分孩子气去站岗放哨、传递情报、运送米粮、编织草鞋、学习文化；或成建制地融入硝烟弥漫的前线，用土炮土枪演绎一场场无与伦比的壮烈；用草鞋、赤足在高山大川、雪岭草地上绘画漫漫征程……饥寒交迫中，他们张扬青春激情，用血与火抒写信念。

一 恢复篇

　　1927年，蒋介石发动四一二反革命政变，中国大地笼罩在一片"白色恐怖"中，各地的共青团工作也随着大革命的失败转入低潮。1928年4月，朱毛会师着手创建井冈山根据地，共青团工作同步进行恢复与发展。7月，共青团"五大"在莫斯科召开，大会全面认真总结大革命失败后的团工作，根据实际，制定并通过了团在革命根据地的《工作大纲》以及新的《团章》等。各地共青团组织逐渐实现了工作方针的根本转变，相继恢复创建，带领团员和青少年勇敢加入创建革命根据地的战斗行列。

第一章　井冈山共青团悄然恢复

胡福妹遭"绑票"

阳春三月的一个清晨，天刚蒙蒙亮。突然，我家窜进来两个便衣打扮、手持短枪的大汉。他们二话没说，就把我五花大绑起来。那时我才16岁，又是个女孩子。这从天而降的灾祸可把我一家人吓坏了！妹妹抱住我的脚，妈妈跪在地上求情。但他们不但不放我，还把同村的两个团员黄贞云、胡风桂也抓了起来。胡风桂的妈妈哭得在地上打滚，滚到水塘里去了……在一片哀哭声中，我们被强行押出了村庄。

这一段回忆录，似典型的山匪绑票，主人公叫胡福妹。此事发生于1929年，天龙山下20来里的北乡胡家村。

那两个人押着我们往天龙山方向走去，一路上推推搡搡，骂骂咧咧。我一边走，一边想：他们是什么人？抓我们去干什么？是不是要我们带路，去天龙山搜共产党呢？如果是这样，我只有跟他们拼了！我暗暗下定了决心。

故事渐露端倪：两个大汉可能是"白军"方面的人，三个姑娘可能是"红军"方面的人。排除普通山匪绑架民女当压寨夫人的可能性。

不知不觉走到花溪村。这里离天龙山不远，是红色区域。我正要反抗，两个大汉忽然嘻笑起来，忙不迭地为我们松了绑，又把情由告诉我们：原来是西北特委抽调我们参加团训班，为了不暴露我们的身份，以便结业后仍然回村去开展工作，就用了这个"苦肉计"，派王乃和曾坚同志把我们绑来了。

疑团解开，原来三个姑娘是共青团秘密团员，跟两大汉是自家人。

几十年后，坐在新中国现代化的办公室里，时任江西省政协委员的胡福妹，饶有趣味地记下了这惊险一幕。

留给读者的疑问却不少：何为"团训班"？天龙山为何地？

必须让农民团员尽快成熟

话从 1927 年讲起。这一年，中国大地腥风血雨一阵又一阵，一大批共产党员遭国民党屠杀，共产党又相继在各地发动起义进行武装反抗。共青团工作也随之沉浮。各县在大革命时期建立的团组织先后遭破坏，团员有的被杀，有的被关，有的外出寻找组织，有的脱离了革命队伍。虽然还有一部分团员仍然潜伏在本县或邻县的山区和乡间，但由于白色恐怖弥漫，信息闭塞，一时找不到方向，共青团工作处于低潮阶段。继"八七"会议之后，共青团于 8 月 12 日在汉口召开会议，提出尽快重建团组织，组织带领团员和青年协助党开展武装斗争，与党一起创建革命根据地。

井冈山根据地，是中国共产党在农村最早建立的一个革命根据地。该地的共青团组织，也是各根据地中恢复最早、发展最快的团组织，同时也是最早实行团员成分"由青年学生为主转变为以青年农民为主"的团组织。在当时的中国，青年农民的数量远远大于青年学生，但农民文化水平、政治理论水平却远远低于热血学生。走"农村包围城市"的革命路线，必须让农民的革命思想尽快成熟起来，以凝聚巨大的革命能量。

万事开头难。

农民团员缺乏工作方法。1928年6月，红军获得龙源口大捷，群众革命热情高涨，纷纷加入共青团，这是发展壮大红军的好事。但是，新的农民团员太多，很多地方连支部、区委的团负责人大都是新团员，没有受到好的教育和培养，缺乏工作方法、经验，处理问题很幼稚，甚至用"打手心五十板""打屁股一百板"来代替纪律处罚和思想教育。

农民团员对形势缺乏正确的认识也是至关重要的问题。井冈山根据地的团组织大都处在白色势力的包围之中，团员或是过高或是过低估计形势。敌人来进攻了，要么死拼硬打，犯"左"倾盲动主义错误，要么退却逃跑，犯右倾机会主义错误。此外，土客籍矛盾、地方主义等非无产阶级思想和行为，也在团内普遍存在，影响了组织内部的团结，削弱了团的战斗力。这些问题在边界"八月失败"中充分暴露。

1928年7月，共产党顺利打破了湘赣两省国民党军对井冈山的第一次"会剿"，正要回师上山时，红四军主力之一29团却秘密决定：全团回湘南去！原来，这个团官兵大都由宜章农民组成，本土观念很重，对井冈山的困苦生活早就心怀不满，如今好不容易离家近了，思乡情绪一下子就爆发了。长官朱德先是苦苦劝说，后是强行命令：全团必须回师井冈山！

然而，部队往回走了还不到一天，29团就乱了：磨磨蹭蹭不愿走，很多人乱窜拉老乡，还有人就地开了小差。朱德、陈毅只得停下部队召开军委扩大会议。参会的有一人是省里的特派员，叫杜修经，自奉命到井冈山以来，毛泽东就对他带来的省委指示"出兵湘南，夺取城市"不予理睬，此时，杜抓住机会，呼吁要顺从民意，执行省委指示。29团党代表龚楚也随之附和表示赞同。两人提议举手表决，结果参会的100多官兵有80多人同意，部队向湘南进军。

毛泽东得知大惊，立马修书一封要求返回，但杜修经弃之不理。此时国民党军知井冈山空虚，已合兵攻来。29团却在杜的带领下到了郴州——国民党范石生的供应基地，物资非常丰厚。郴州很快就打下了，久不见给养的红军部队开始大捞特捞，猛烈地发起了"洋财"，一时军纪大乱。不久，范石生部发起了反击，在郴州捞够了，29团多数官兵却无斗志了，心里都惦记着在宜章的老婆孩子，更不愿往井冈山撤。于是，出郴州没多久，29团就一哄而散，高呼着"走，回宜章！""回家了，回家了！"最后全团只剩副营长萧克带的一个连是完整的，加起来一共才200余人。

28团这边也没顺当，2营营长袁崇全，拉走了6个连部队想投敌叛变。红四军参谋长兼28团团长王尔琢率1营去追。林彪率部包围了叛军时，王尔琢上前喊话："我是你们的团长，来接你们回去，过去的事既往不咎！"袁崇全从暗处冲出，连发数枪，王尔琢饮弹身亡。

损兵折将，29团几乎整个没了，28团丢了个有巨大影响力的王尔琢。井冈山上，毛泽东率红31团苦苦据守，以一团兵力与国民党11个团周旋了25天，望眼欲穿地盼28、29两团回师救援，最后无果，只得退守永新的西南角九陇山区。随后，永新、宁冈、莲花皆被国民党疯狂地烧、杀报复，湘赣边界弥漫着白色恐怖。共青团组织纷纷塌台，团员不断反水。

这个惨痛的"八月失败"，究其因，杜修经及湖南省委的指示有误，但更大的问题在于红军战士本身，革命立场不坚定、机会主义思想作祟、非无产阶级思想浓厚等等。问题如此严重，共产党领导人痛定思痛，断然决定：创造、抓住休战时期，大家放下枪杆子，拿起笔杆子，好好进行马克思主义教育，加强党、团工作训练，以"铲除一般同志的不正确思想，确定无产阶级革命人生观"。

此时，在莫斯科召开的共青团第五次全国代表大会会议精神陆续传回国内：共青团第五届中央委员会选举关向应担任团中央书记，大会根据中共六大的有关决议和中国共青团工作的实际，制定了新的工作方针和任务，通过了7项决议案和团在革命根据地的《工作大纲》以及新的

《团章》等，这些都要组织大家好好学习以便贯彻实施。

于是，金秋十月，"党团训练班"在湘赣边界特委的主持下，热烈而简朴地开班了！

森林里的学堂

烟雾缭绕，青山苍翠，逶迤千里，雄壮的天龙山啊，如青龙昂首冲云霄。它是井冈山革命根据地的一个重要组成部分，当时党、团永新县西北特委的所在地。

湘赣边界各县纷纷举办团务训练，办得最出色的是永新。

话说胡福妹三人惊惧消除，喜滋滋上了山，只见山顶古树参天，遮天蔽日，山下龙魔溪水深流急，山前悬崖峭壁十几丈，山后群峰起伏，连绵不断。站在山头上，可以看住进山的唯一小道；守住山口，敌人难以上山；情况紧急，可以钻进后山去躲藏。

这绝对是万无一失的好地方。永新团训班就设在这天龙山的龙头山上。

龙头山顶的尼姑庵成了团训班的教室。庵里原来有许多大菩萨，长年香火不断。此时，泥菩萨早丢到悬崖下去了。原先放菩萨的大厅里，一排排松木板架起，这是学员们的课桌、饭桌、床铺。

全班一共有60多个人，把一个小小尼姑庵挤得熙熙攘攘。大部分人是天龙山区部队里的团员，还有一些游击队里的团员，再者就是胡福妹这类西北两乡的秘密团员，年龄在十六七岁到20来岁之间，女孩较少，大都能看书识字。

老师是贺可展、刘志高、龙贻奎等党、团西北特委的领导。他们都是大革命时期参加革命的知识青年，每人轮流讲两小时课，学习共青团第五次全国代表大会的具体内容，开设"共产主义ABC""社会发展史""共青团章程""共青团基本知识"课程，也讲授一些革命常识，如巴黎公社、俄国十月革命、苏联、马克思、列宁等，还传授具体工作方法，如怎样宣传、怎样开会、怎样做报告等等。

几十年后，历经坎坷的胡福妹仍清晰记得，刘志高老师讲"社会发展史"的第一课：

> "马克思列宁先生，最主张共产主义，自从苏俄十月成功，全世界普遍认清。先要说共产主义怎样产生……"老师从原始社会讲到奴隶社会，从奴隶社会讲到封建社会……讲到社会主义社会时，老师说："那时犁耙铲锹丢在外面没人要。"我说："我不信。现在有根好牛鞭留在外面都会被人拿走呢。"老师说："那时候要用机器种田，还要这些农具做什么？"又说以后还要用无线电听戏，用汽车代步。大家都读高中，读大学。田地归公，粮食归仓。按劳取酬……我们听得入了迷。社会主义、共产主义真把我们吸引住了。

"用无线电听戏，用汽车代步，大家都读高中，读大学……"在现代人看来是再平常不过的事。可在那时的黑暗旧社会，这是胡福妹他们美好的愿望，他们由此热血沸腾，愿意像飞蛾一般扑向它。

尼姑庵后绿树成荫，树下的杂草野花已被清除，开辟出一块块小平地。一群少男少女或蹲或站，手执绿枝，认真地念着什么、画着什么。原来，团训班笔墨纸张非常缺乏，一个人只发了一本油印课本，学习光靠耳朵听、脑子记，一些文化水平低的学员吃不消。胡福妹只上过几个月的夜校，是其中学得最吃力的一个。她刻苦学习、虚心请教，几个星期后，迎来了有生以来的第一场考试：

> 大家都很严肃认真，甚至很紧张，虽然是春天，却考得满头大汗，大都把上衣脱掉了。我有许多字不会写，只好坐在那里咬铅笔。龙老师走过来，对我说："你讲，我代你写。"我讲完以后，龙老师告诉我，十个题目只做对三个半。我一听，差点哭了。龙老师又说："这三个半也是你的成绩，也是你的进步嘛。不要灰

心，要有决心赶上同志们。"

考得一塌糊涂的胡福妹听后，心里暗暗攒了一股劲。在不懈的努力下，成绩逐渐有了进步。

课余时间，她们也三五成群地去拔竹笋、捡松菇，到山溪边去抓石鸡、捞鱼虾。这些是她们的菜肴，被称作"山珍海味"。煮熟后，每八个人分一瓦盆，蹲在地上开怀地吃。尽管缺油少盐，但每一个人都吃得津津有味。快乐，在艰苦中弥漫开来，这群年轻的革命者亮开嗓门，唱道：

> 莫用急来莫用愁，
> 自有好景在前头。
> 革命成功分田地，
> 你住大厦我住楼。

歌声嘹亮，回荡山谷。《国际歌》《少年先锋队歌》，以及自编的各路山歌，在早上、课间、晚上放飞，飞出山窝……天龙山以它雄阔的背脊、丰富的资源，滋养着弱小又乐观的革命者。

短短的十天过去，团训班就结业了，大家的政治思想水平、阶级觉悟和工作能力都大幅提高。结业以后，胡福妹几位白区的秘密团员把衣服撕烂弄脏，连夜跑回家去，告诉家里人自己是"从土匪窝里逃出来的"。不久，胡福妹被组织秘密任命为花溪团区委青妇委员，领导起全区青年妇女的革命斗争。

1929年1月初，湘赣边界"二月失败"后，毛泽东、朱德率领红四军主力离开井冈山根据地，到外线赣南牵制国民党军。留守的红五军寡不敌众，各县团组织又受重创。革命一片灰色中的一个亮点是：永新的团组织不但未受损失，反而还有发展。这一点与团训班的学习教育是密不可分的。

谭启龙"通吃"红白区

永新县，土地革命源头上的一颗明珠。胡福妹出生于此，一个叫谭启龙的少年也是在这儿成长，成为和胡耀邦、陈丕显一样小有名气的红小鬼。当年他参加的是杉木垄举办的团训班，结业以后，他被分在团西北特委，跟随早期革命领导人贺可展等人开展团的工作。

恢复和发展团组织，是早期共青团的首要任务。当时湘赣边界各县处于白色恐怖之中，为了避开豪绅地主及其反动武装的耳目，团的组织发展工作完全是在秘密状态中进行的。1928 年上半年，谭启龙所在的团西北特委除了坚守天龙山区，还采取波浪形的方式向山下的白区发展，以各种方式联系、发动青年建立组织。

在天龙山下西北两乡，他们首先恢复和扩建了大革命时期就有的"平民夜校"，把青少年都吸引过来。同时采取走亲访友、挂钩串联的方式，陆续联系青少年。每个团干部要负责几个村的团组织发展工作，每个团员也要负责几个青少年的培养和发展工作。对于态度明朗的，就公开向他宣传革命道理，积极发展他入团；对于态度不够明朗的，就要注意观察他、试探他。谭启龙曾在回忆录里谈道：

我看到一个青年受了豪绅的欺侮，就过去对他说："这些有钱人真没有心肝。"这个青年听了，也愤愤不平起来，发牢骚了。我接着试探他："听说有个青年人的组织叫共青团，专门和这些家伙作对。"青年说："听是听说了，可惜不知道在哪里。"我马上说："可以找呀！"青年说："你找到了可要告诉我……"探明他的态度以后，我就开始正式做思想工作，条件成熟了，就发展他入团。

当然，也有一些青年虽然恨豪绅地主，可又害怕参加革命。他们不无忧虑地说："我们西北乡的保安队就有几百支枪，还有反动派的军队一来一个旅，一个师，枪多得像树林，我们打得赢他们吗？斗得过他们吗？"谭启龙便给这些青年讲革命形势，讲俄国十月革命，讲人多力量大的道理，逐步引导他们走上革命道路。年轻人爱唱山歌，谭启龙还对症下药地编了些山歌教他们唱：

> 百条大路百条通，十人就有九人穷；
>
> 九个穷人团结紧，何愁革命不成功。

慢慢地，永新西北两乡的团组织建立起来了。随后，谭启龙跟着贺可展等党团干部，翻过天龙山，深入到北山下的安福南乡一带去开展白区工作，发展团组织。他们装扮成打零工的，来到陈山沟里的萍江头。青年人爱跟青年人在一起聊天。不久，他们跟村里的青年人就混熟了，山里的青年人爱听山外的新鲜事，谭启龙便把永新一带打土豪分田地的消息告诉这些青年，激发他们反压迫求解放的愿望，启发他们的阶级觉悟。经过一段时间的培养考察，首先吸收了苦大仇深、忠诚可靠的青年入团，然后建立起了大革命失败后安福的第一个团小组——萍江头团小组。

从此以后，陈山沟里，这村来了个木匠，那村来了个篾匠，昨天来了个做生意的，今天又来了个走亲戚的。谭启龙等党团员就是利用这些身份，暗地里把革命的种子撒播开来，先后在陈山、洋陂、茶江、上城、彭坊等地建立了党团组织，组织起了暴动队、少先队、儿童团。

从 1927 年 11 月至 1928 年 4 月，湘赣边界各县纷纷以类似永新县的方式重建了团组织。团组织建立后，大家积极开展各种活动。

一夜之间，一个乡，甚至一个县，突然出现一片红色标语的海洋，那是共青团统一行动的杰作。不少秘密共青团员打入国民党保安队内部当队员，将情况摸清后，待时机一成熟，便里应外合，杀土豪、打保安队，闹得国民党惶惶不安。

为了对付国民党的严密封锁，团员们在斗争中独创了一种送信方式——"递步哨"。一村一哨，飞速传递。在八九都，传递路线是：花溪送长园，长园送胡家，胡家送汤家，汤家送溶溪。传递方式各种各样，十分巧妙。长园村的团员送信来胡家村，总是装着捡药的样子，把信件当作药方交给团员黄贞云（他家在胡家开了一间小药铺）。黄贞云把信交给本村的女团员胡福妹，胡福妹便装着捞鱼虾、摸田螺的样子来到汤家村小学堂旁的水塘里。教书先生文定忠也是团员，他看到胡福妹来了，便出来打招呼，然后蹲在塘边跟胡福妹开玩笑，趁无人注意时交接信件……许多重要情报，就是通过这种严密、迅速的方式，安全及时送达。

红白拉锯的考验

革命就是打烂旧机制，创造新世界。

有些白区，国民党武装控制非常严密，外村的群众只要一踏进去，就遭到捆绑吊打甚至残酷杀害。许多团员被派进村去开展工作，结果有进无出。与胡福妹同村的一个老妇人，饿得实在不行了，便跑到陈家村里的妹妹家去吃顿饭，结果被挨户团作为探子抓起来，用扛丧木踩脚腕，踩得半死不活。

在红白经常拉锯之地，年轻的团员们为开展团的工作，经受一次又一次严峻的考验。革命高潮时，许多秘密团员的身份公开了；革命低落时，这些人就成了豪绅地主报复的对象。

1928年6月，红军和游击队成功粉碎了湘赣两省国民党军队第一次"会剿"。永新各地开展了农民暴动，建立了苏维埃政权。

灌塘村的女团员马夏姬、尹秋莲，年初入的团，悄悄地干了近半年的秘密革命，现在终于扬眉吐气了，光荣地加入区委的宣传队，背着两支枪，到各村召开群众大会，斗争豪绅地主。

但两个月后，边界遭遇"八月失败"，国民党军重占永新，豪绅地主卷土重来。一夜，马复姬、尹秋莲两家突遭还乡团洗劫，她们被关进刘家祠，连夜审问。秋雨在黑暗中淅沥，两位十几岁的少年吓得浑身发抖，这是她们人生第一次面对死亡。"村里还有谁是党团员？""带我们进山搜共产党去！"国民党军一遍遍盘问。

沉默。沉默中回味入团时那句誓言"牺牲个人，严守秘密，永不能叛团……"竹片掀、踩棍踩，马、尹二人被折磨得死去活来，却始终没吐半个字。"再不说，你们的肉会被一块一块地割下！"威胁的话说到这份上，已表明审讯的人没招了。大半夜过去了，审讯的人已筋疲力尽，看来硬的不行，要来软的，押回去明天再审。

第二天天还没亮，马、尹二人在本村群众的帮助下，在谭启龙等团干的接应下，成功地逃出了魔掌，上了天龙山。

星星之火，可以燎原。从永新的团组织恢复与发展可见一斑：将党团组织设立在反动势力难以控制的山区，然后以此为依托，先山上，后山下，先乡村，后城镇，波浪式地向前推进，将革命的星火逐渐蔓延，由井冈山燃遍整个罗霄山脉，继而影响和推动了各地共青团及其下属的少先队、儿童团等组织的建立和发展。

第二章　湘鄂赣边区重建团支部

　　窗外，小雨淅淅沥沥下个不停；屋内，低沉坚定的声音回荡："我们决心革命，不怕牺牲，服从组织，保守秘密，如若违背誓言，愿受最高革命纪律制裁。"1930 年 5 月 21 日，湖南平江长寿街，一座小破屋内，三个年轻后生对着一面颜色发旧的团旗，郑重地举起右拳。随着庄严的誓言，数经敌人摧毁的长寿街共产主义青年团支部重新成立，像火烧不尽的野草，重新发芽长叶。

　　虽仅有三人，已极其不易。

　　为首的刘志坚，1912 年前出生于一个极为贫苦的雇工家庭。祖父刘镜清是一个卖苦力的雇工，常年在外给人挑担运输。父亲刘梅成是木匠，一年到头走村串户找活做。祖母和母亲给地主当奶妈、用人。家庭贫困，父母却让刘志坚读了两年书。12 岁开始，他便外出给人放牛、做短工、长工，先后受过七家地主、富农的压迫剥削，吃尽了苦头。北伐战争、平江起义中，刘志坚拿着梭镖，站岗放哨，上街游行，高唱革命歌曲，历经了革命的洗礼。

　　三年前的这一天，1927 年 5 月 21 日，湖南发生"马日事变"，白色恐怖笼罩着湖南的城市和乡村。罗霄山下的平江县长寿街，处于湘、鄂、赣边境，历来是兵家必争之地。和其他地区一样，革命也遭到了空前的血腥镇压，党、团组织被摧毁，群众团体被解散。1928 年 3 月，平江起义爆发，革命的火焰又在这里燃烧起来。之后，起义队伍拉上井冈山，国民党又反攻回来。拉锯式的斗争，进行了许多次，今天工农红军来，国民党"清乡队"和豪绅地主跑掉；明天工农红军走了，国民党"清乡队"和豪绅地主又回来。每来一次总要屠杀一批革命青年，烈士的血和亲人的泪，洒遍了长寿街的每一块土地。

1930年年初，由于军阀混战，国民党放松了对革命根据地的进攻。湘、鄂、赣边区的革命斗争，又活跃起来。2月下旬，以平江起义为基础的红三军团悄悄在长寿街集中，准备再次攻打平江城。

18岁的刘志坚隐隐感觉到，革命的风暴又一次来袭。瞒着母亲，他悄悄加入了秘密的赤色雇工会。不久，他被推选为长寿街区工会委员长。他认真地做着工会各项工作，同时暗暗寻找党和团的秘密关系。

可没多久，红军就一阵风似的走了，刘志坚懊恼不已。几天后，一个身着蓝布学生制服，肩上挂着一个文件包的人，叫全镇年轻人到街上开大会。刘志坚用自己苦难生活的感受，发表了充满激情的讲话，会场掌声如雷。散会后，那人竟找到他家，直言："我是团区委书记杨春华，可以介绍你加入共产主义青年团。"刘志坚激动得心都快要跳出来。"而且，你要建立长寿街共青团支部。"刘志坚兴奋得立即像红军一样"啪"地敬了一个军礼。杨春华又笑着点拨他："要把支部建立起来，还要先联合几个人才行。"

刘志坚积极地秘密地行动起来。他心中有谱，两个铁哥们：工人钟仕昆、失学学生方刚，平常就志同道合，这事一说，他们一拍即合。腥风血雨中，三人团组织秘密重建，开展工作却非常不易。刘志坚当选为支部书记，确定以发展团的组织、教育并团结青年群众和帮助红军为中心工作。

扩团。当时，国民党势力如浓雾四面笼罩，一次次的白色恐怖，给人们心中留下重重阴影，谁都知道，入党入团在国民党军队和豪绅地主回来时，是要杀头的。红军虽好，但微弱得像太空里的一星火花，能打多久的红旗，谁也不知道。但反过来，国民党一次次残酷镇压，更让大家看清其反动面目，更一次次激起人们的反抗意识。刘志坚三人适时宣传斗争才有出路，那些不甘屈服的青年便慢慢地站到团的队列中来。两个月后，团支部由三人逐步发展到十二人。

团组织扩大了，但团的工作还需要秘密进行。刘志坚脑筋一转，成立了一个半公开的外围组织——青年反帝大同盟。山村的夜晚，已不是沉寂如死水。在已经停学的"务本女学"教室内，聚集了几十个年轻人，秘密地讨论革命形势、青年的出路和革命的决心，学习团边区特委发给的《政治常识》等油印小册子。由于学习材料太少，唱《国际歌》和《少年先锋歌》，也成了学习的重要内容和方法之一，每次集会，都要学唱。一遍一遍的歌声，深深地烙印在年轻人的心里，唤醒蒙昧的阶级觉悟，鼓舞昂扬的革命斗志。

团支部和青年反帝大同盟也有公开的活动方式，是化装讲演，又叫演文明戏。刘志坚记得，大革命时期，许多青年学生就是这样在长寿街一带向工农群众做宣传的。刘志坚带领演员们，到街中间的关帝庙内，演"豪绅地主欺压农民"、演"国民党军队屠杀群众"、演"旧社会男女不平等、婚姻不自由"、演"共产党红军是穷人的救星"等等。演戏的道具，一分钱也不用花，都是借来的。扮演地主的就头戴一顶礼帽，手拿一根文明棍。扮演妇女的多是女团员担任，有时不化装就上去演起来。至于剧本，都是他们凑在一起编的。虽然这些不算什么艺术作品，可是却吸引了很多观众（有时可达几百人），有时下着大雨，仍有不少人撑着雨伞看戏。因为讲的和演的，都是与自己切身利益有关的事啊。用美国著名记者斯诺的话来说，这是"把艺术搞成宣传"。在革命运动中，没有比这更有力、更巧妙的宣传武器了。道具简陋，演技粗糙，但能满足真正的社会需要。用农民所易理解的幽默方式解答社会上的问题，让农民对红军纲领有个基本的了解。

演戏只是团支部活动的一个方面，更经常更重要的还是支援红军。活动在湘、鄂、赣边区的红军，是彭德怀率领的红三军团。这个部队是在平江起义的，干部、战士很多都是平江人，群众对三军团特别亲。每当三军团开向别处作战时，大家总是念念不忘，盼着他们回来。刘志坚就动员大家储备粮食，把熟米保存起来；动员妇女做好鞋子，等红军回来时就送给他们。

当时红三军团没有医生、医院，很多伤员都分散到长寿街附近的群众家中休养。团支部便号召团员带头护理伤兵。女团员起了很大作用，她们带领许多青年妇女，吃着自家的饭，不要任何报酬去替伤员洗伤口、洗衣服、做饭等等，对伤员关怀得无微不至。

是年 7 月底，三军团几番攻打长沙，干部战士伤亡很大，撤下来到长寿街进行休整补充时，连队的干部和战士许多都是俘虏成分，党团骨干和工农成分很少。这是一个绝好的参军机会。刘志坚一边自个儿喜滋滋想，一边带领团员做扩红工作。不到半个月，有上千青年涌进了三军团，长寿街一带掀起了热火朝天的参军运动。

回到家，看到几近瞎眼的母亲，刘志坚又犹豫了。他本来有兄弟两人，可在 1928 年，哥哥参加革命不久，就在一次游击战中牺牲了。母亲哭啊哭啊，几乎哭瞎了眼睛。所以，在家举行仪式入团时，他才会把唯一的亲人母亲支走。天下父母，谁愿意把唯一剩下的儿子再送去风口浪尖啊。

这时，平江县党、团组织决定：从长寿街抽调一批干部到红军中担任连的政治委员，刘志坚名列其中。刘志坚激动得当即在会上表示绝对服从决定，决心到红军中工作。长寿街共青团的其他十名团员急了，纷纷要求一起参军。经过一再说服，才勉强留下了钟仕昆接替团支部书记，留下四位女团员配合团支部工作。1930 年 8 月的一天早晨，趁母亲还未起床，刘志坚带上家里仅有的一把雨伞，悄悄地出门，抹干眼泪，踏上漫漫革命征程。

四个月后，钟仕昆来信，革命事业蓬勃发展，只剩五人的长寿街共青团支部，又发展到十几个人……

第三章　赣西南、闽西共青团
组织曲折前进

　　赣南最早恢复共青团组织的是于都、宁都、瑞金和于北特区等地，时间约在 1928 年夏秋间。1929 年，共青团赣南特委成立，赣南各地基本恢复团组织。与此同时，共青团赣西特委也在吉安城成立，下辖吉安、吉水、永丰、泰和、万安等县陆续恢复的团组织。值得一说的是团特委书记曾道懿，在 10 月和 11 月团特委遭国民党两次破坏的情形下，他叛变投敌，致使赣西团特委雪上加霜，被迫撤至吉安水东农村。后来，曾觉非临危受命，负责团特委工作。1930 年 1 月，共青团赣西特委与湘赣边特委合并，成立新的共青团赣西特委。

　　闽西方面，早期革命人士邓子恢、郭滴人等在农村进行秘密活动，利用民间"铁血团""拳术馆"等原有团体，吸收了一大批青年加入队伍，加以马克思主义教育，恢复扩充了党团组织。

　　1928 年岁末，上杭县洋境乡元康村，一个 14 岁的小工——伍洪祥，从山上的铜纸寮飞奔而来，怀里揣着黑洋布汉装新衣一套，饭包里藏着银洋一枚，这是他一年劳动所得用来孝敬老母的。他回来还要告诉母亲一个道理，母亲想了大半辈子都没想清的问题：穷人为什么总是穷，世世代代都穷；富人总是富，一代一代地富下去？

　　穷富并不是命里注定的，是因为地主老爷们霸占了土地山岭。共产党来了，共产党要天下人共产！这是伍洪祥两年来，白天做工晚上去夜校听来的道理。前不久，他还悄悄地加入了革命组织"铁血团"呢！

来年春，堂兄伍林祥从汀州回来，告诉大家共产党叫朱毛红军，已打开了汀州府，快要到上杭了，共产党真是要共产，要分田地的。乡亲们无不振奋，每人在胸前的纽扣上戴上红布条，不论是贫农、雇农或者是中农，甚至富农和地主家的一些女人出来挑水砍柴，通通都戴上了。相遇时，大家异口同声地说："红了！"为了迎接红军，伍洪祥一帮"铁血团"的兄弟更是摩拳擦掌，准备了步枪、鸟枪、梭镖、大刀，还准备了剥掉青皮的竹竿（以便做筏子渡江用），并将各种吃的用的，一一准备好。

表面上红红火火，私下里仍有一些担心的议论。铜赣州，铁上杭。有人说："上杭三面靠水，一面靠山，难攻易守，已经打了几次都没打开，没那么容易。"有人说："自古有上杭来，就没有被打开过，就是红军主力参加也难打开。"还有人说："南有汀江，北有鱼塘，东无出路，西无战场，这些土枪土炮、梭镖大刀哪能打开，洋枪也难打开。"

三打上杭，最后攻克，靠的是朱毛红军主力。但是，伍洪祥他们也参加了辅助工作。战前，挖壕沟壮声势，攻城后清理战场。伍洪祥一帮兄弟还背回一把把钢枪，很神气地告诉村里人：这是水井里捞起来的，那是草堆里翻出来的，那是厕所里找到的。缴来的枪支子弹和其他胜利品展示在人们面前，大家围着听他们讲战斗故事。

更重要的作用是：这些青少年，见证了红军战斗的英勇与政策的英明，接受了真正的革命洗礼。回来后，他们依据自己的年龄、特长，纷纷加入各类团体：农协、工会、少先队、共青团……15 岁的伍洪祥参加了乡里的少先队。第二年，因表现突出，他加入了共青团。至 1932 年，他被调任共青团上杭中心县委书记，革命道路越走越长。

1929 年，闽西共青团组织重建后，有了不小的发展，可从井冈山下来的曾志觉得不满意。这个小女子虽只有 18 岁，但已经是个老革命了。她是 1926 年湖南衡阳农民运动讲习所唯一的女兵，随后参加了湘南大大小小各类暴动。1928 年上井冈山，她担任红四军后方总医院党总支书记。1929 年 11 月，共青团闽西特委成立，她被推选为书记，立即着手加强和改善团的工作。

曾志首先要理清的是：党团关系。这是前不久闽西"一大"做出的决议。

那时，党团不分，局面混乱。曾志一边反复开会改变大家头脑中的思想观念，"团是党的政治组织上的一部分"云云；一边着手发展设立团的各种机构，完善县、区等各级团组织，以及团下属的少先队、儿童团，并明确年龄界限：党团分开，以 23 岁为界。23 岁以上归共产党组织；23 岁以下的归共青团组织，16 ～ 23 岁的加入少先队，7 ～ 15 岁的加入儿童团。

曾志不满意的是团员数量。"分到田地的群众已有 50 万，但团员还不上 3000 名"，曾志发动了"红五月"扩团活动，并明确数目：团员应发展到总数 1 万以上，龙岩应发展 2000，永定要发展 2500，上杭应发展3000……

她觉得还要提升的是团员质量。"不军事化、思想动摇、金钱观念重的团员，坚决清洗出去！"绝不为凑数量而不顾质量。曾志提出，团员必须军事化，这是特殊时期的特殊要求。她组织团员进行军事训练，让大家学会各种军事技术，为后期进入赤卫队、红军部队做充分准备。

曾志是红军中难得的女秀才，她还起草发布了团的各种规章。通过一次次调查研究，先后出台了《少先队组织法》《共青团支部的工作》《纠正团内非无产阶级意识的批评方式》等。共青团工作不再仅仅是口头说说，今天布置明天忘记，而是有章可循、有法可依，逐步规范。

1930 年 6 月，曾志被派往闽南一带开展白区地下工作。离任时，闽西共青团有 1 个特委、5 个县委、2 个特支、50 多个区委、550 多个支部，团员已发展到 3000 多人，少先队员 5 万多人。这是闽西共青团组织建设以来最繁荣兴盛的时期。挥手告别这奋斗半年多的闽西共青团，曾志潇洒走进新的战场——闽南。

二　参政篇

共青团"五大"以后，随着革命根据地的扩大，各级共青团组织也相继建立，并带领广大青少年及儿童，投身到"打土豪分田地"运动中，勇敢地向地主阶级进行清算，帮助政府调查户口、登记土地、评定等级等。中华苏维埃临时中央政府成立后，又组织青年"轻骑队"对工作人员进行监督；协助教育行政机关抓好苏区教育；协助内务部和劳动部宣传新思想新风尚，反对封建迷信、吸食鸦片、赌博等旧风俗旧习惯等。在各项政务中充分发挥了先锋和得力助手的作用。

第四章　少共苏区中央局成立

1931 年 2 月底，上海，春雨霏霏，乍暖还寒。他拎着简单的行李，怅然地望了望妻子日益隆起的腹部，轻咳几声，挥挥手。他，就是国民党特务处心积虑要捉拿的共青团中央局组织部部长——顾作霖。匆匆一别，有重任在身：前往中央苏区传达党的六届四中全会精神，担任刚成立的共青团苏区中央局书记职务。

党的"八七"会议后，全国土地革命运动蓬勃开展，各苏区得到翻身解放并组织起来的青少年人数不断增加。据统计，1930 年各苏区共青团员共 10 万人左右，少先队员达到 80 万人，仅中央苏区的少先队员就有 30 万人之多。

但共青团中央机关却在上海，远离农村、远离苏区、远离当时革命和反革命搏斗最激烈的地方，加之国民党的严密"围剿"封锁，团中央很难实施对苏区青年运动的直接领导。上海是国民党黑暗统治最为严酷的地方，共青团中央处于极不稳定的地下状态，时常遭到敌人的破坏，难以适应苏区蓬勃发展的革命形势需要。必须尽快建立一个能切实担负起领导中央苏区青年运动任务的机构！急需一位领军人物打开中央苏区共青团工作的新局面！

15 岁便投身革命浪潮的顾作霖，年轻而富有共青团斗争经验，走马上任。几经化装，取道香港，艰难辗转，4 月中旬，终于安全到达中央苏区的宁都青塘。

青塘，江南小镇，绿云蔽日，一棵棵古老的樟树，遍布两平方公里。绿树丛中，一间间古祠堂飞檐斗拱。其中之一，是孙中山的祖祠。这位先

期的民主革命领袖不知，青塘这个小镇，现在已成为全国苏维埃运动的
中心。

两个月前，共青团苏区中央局（少共苏区中央局，以下均用此称谓，
以与当时称谓相吻合）已在此着手筹建，比他先来几个月的项英告诉他：
老毛、老朱大部分时间在前线指挥战斗，后方问题基本只有我一人应对，
团的工作还没来得及很好开展啊。

于是，顾作霖夹着笔记本，频繁前往各乡各村转悠。他花了好些时间，
边了解问题，边思考解决方案。然后，开始大刀阔斧地整顿发展共青团的
工作。

首先在有关决议中明确两个方面的关系。少共苏区中央局与上海团中
央，是地方与中央的关系；少共苏区中央局与党的苏区中央局，是团与党
的关系。团的取消主义是错误的，团的先锋主义——第二党倾向也是错误
的。"团是党的政治组织上的一部分，领导广大青年群众参加革命。"

但在大量的调查中，顾作霖发现情况不太妙，苏区参加革命的青年不
少，但对党和团的方针政策真正了解的人不多，思想上也有种种局限性。
于是，他决定创办一个面向广大青年读者的团报——《青年实话》。在战
争中流动办公——随红军总部从宁都辗转到永丰，尽管眼前包括自己也仅
有三人，他还是像窗外骄阳一样满腔热情地干起来了。请到了文字功底深
厚的陆定一做宣传部部长兼报刊主编，又有王盛荣、张爱萍等人的积极协
助。首先，顾作霖兴冲冲地撰写了一篇文章《建立团报的领导作用》。局
里两人忙不过来，他自己便兼任油印校对。一番紧张努力筹措，7月1日，
《青年实话》终于在永丰县问世！后来，这张报纸的发行量最高达到2.8万
份，成为苏区青年十分喜爱、影响很大的读物。现存的《青年实话》报纸，
在许多博物馆可见。

最要紧的是，必须立即完善苏区各省、县共青团机构建设。刚印刷完
一期《青年实话》，顾作霖揩干手上的油墨，急匆匆赶赴福建。在他的主
持指导下，少共闽粤赣省委员会成立。11月，他又出现在于都桥头的少
共江西省"一大"会场上，指导成立了少共江西省委。随着反"围剿"的
一次次胜利，苏区区域的逐步扩大，各地团的机构陆续建立与完善起来。

1932 年 1 月 15 日，在叶坪刚刚开过"一苏大会"的会场上，"苏区青年团第一次代表大会"的横幅在当中挂起，会场内外彩旗飘飘，热闹非凡。会议选举产生了少共苏区中央局各部门领导：顾作霖当书记，文武双全的张爱萍任秘书长，陆定一早就是宣传部部长兼《青年实话》主编，胡均鹤任组织部部长，曾镜冰任儿童局书记，王盛荣任少先队总队长，还有谭启龙、张绩之等人任巡视员。

此外，红军队伍中团的工作问题必须好好讨论。先前的"党团合并"，实际取消了红军中的青年工作，这肯定不行。红军大部分是青年战士，怎么可以没有共青团的领导呢？这次大会最后明确：根据军队便利作战和统一行动的特殊条件，红军中共青团不能成立单独的支部，但可以在基层连队积极发展共青团员，并将他们组织到党支部中建立的列宁青年组。后来，红军总政治部和师以上各级政治部增设了青年工作部，团政治处设青年工作干事。要求凡 23 岁以下富有朝气的年轻士兵都编入青年队，营成立小队，团成立中队，师成立大队。

苏区还有很多群众团体，如工会组织、反帝拥苏同盟、革命互济会、贫农团以及妇女工作机构，它们都专门设立了青年工作部，专门负责本系统中的青年工作。这样，以共产党为领导核心，以共青团组织为骨干，包含儿童团、少先队、红军及地方群众团体青工部的工作网铺展开来了。

"苏区青年团第一次代表大会"上，"广泛而有效地发展团的组织"是大会的一个重要议题。在顾作霖的笔记本上，密密麻麻地记录着：江西省 15 个县团员仅有 10389 人，而同期这些地方的党员超过了 1.8 万人……顾作霖在会上激情澎湃地强调："要像大年初一迎客那样，热情地敞开团的大门。"几天后，根据会议讨论情况做出《发展苏区少共组织的决议》。两个多月后，顾作霖的笔记本上显示：江西省新增团员 10675 人，比原有人数超出一倍多。至同年 12 月，顾作霖兴奋地记录下：江西省团员增至 29000 多人，少共苏区中央局下辖的省区共有团员 71000 多人，加上红一方面军各部队的团员 18000 多人，共有 10 万余团员。数字统计有些枯燥，但总数"10 万余"却使人大为振奋！毕竟才短短一年多的时间！这 10 万余人活跃在苏区各条战线上，是能起翻江倒海作用的！

苏区的青年运动日益蓬勃，废寝忘食工作的顾作霖却日益干瘦。

与此同时，上海的共青团中央形势也日益恶化。1933 年年初，团中央总交通蒋平被捕叛变，团中央受到大破坏，团中央书记王云程、组织部长孙际明相继叛变。团中央机关在上海已无法立足，被迫与党中央一道陆续撤到中央苏区，然后与团苏区中央局合并，称团中央（少共中央），成为全国共青团最高领导机关。顾作霖也随之改称为少共中央局书记。

4 月的一天，顾作霖被博古唤进办公室，语重心长深谈良久，被调任新组建的闽赣省委书记，少共中央局书记一职由原上海共青团中央宣传部部长凯丰（何克全）接任。随后，其他人事也做了一些调整。在恋恋不舍地离任前，顾作霖还在《青年实话》中倡导成立赤色体育运动委员会，以丰富共青团员的精神生活。1934 年 1 月，上级调回拼命工作的顾作霖，让他稍微休养一下患上肺结核病的身体。谁知，红军总政治部主任王稼祥负伤，顾作霖受命马上代理接任。在广昌保卫战这场前所未有的决战中，顾作霖完全忘记了自己的疾病，亲自爬上一个个山头踏看，鼓舞士气。5 月的一天，一口鲜血喷涌而出，他在战场上倒下了……

几天后，在中央苏区最好的红色医院，在最好的医生傅连暲无奈的眼神下，26 岁的顾作霖永远地闭上了双眼。上海的妻子岂能料到，三年前的那一挥手，竟成永别……

历史是客观无情的，作为王明"左"倾路线的忠实执行者，顾作霖对毛泽东，特别是对萧劲光，进行过一些过火的批判，造成一些革命的损失；历史又是有情有义的，作为中央苏区共青团事业的奠基者，顾作霖为革命事业呕心沥血、鞠躬尽瘁的形象彪炳千秋。

第五章　打土豪　分田地

　　土地占有，是封建统治阶级最根本的利益所在。革命，就是共产党要将土地归还农民阶级所有。波澜壮阔的国内第二次革命战争，简称土地革命，最基本的一条就是：打土豪，分田地。

　　共青团及其领导下的少先队、儿童团都是共产党的有力助手，做了大量相关工作，诸如：通过各种形式宣传党的土地革命政策，发动群众勇敢地斗争起来；教育青年站稳立场，向封建势力做坚决的斗争，积极检举和搜集土豪劣绅的材料，带头参加反霸清算斗争；积极维护地方治安，协助没收豪绅地主财产，监视土豪劣绅和一切反动分子的一举一动，严防他们破坏土地革命；积极帮助政府调查人口、清丈土地、分配斗争果实等。

红色小歌仙

一早起来做到晚，
衣食不能饱暖，
苦生活何时得了？
哎哟！哎哟！
六月割禾真辛苦，
点点汗珠滴下土，
地主收租我真难过，

把我谷种抢去了，

明天不知怎么过！

哎哟！哎哟！

…………

1930 年 4 月，闽西新开辟的苏区仙师乡西洋坪村，一群年轻活泼的区苏宣传队员，打着旗子，拎着桶子、刷子，唱着歌，热热闹闹地开进村来。他们用石灰水在墙上写了很多大标语，在村中央搭了个简单的木板戏台，唱歌、跳舞、演活报剧、白话戏，引得村里大大小小的人都来围观。

最引人注目的是在台上扮演老妇的姑娘，约莫十五六岁，盘着发髻，清脆而动情的歌声，让在场的人边听边流下眼泪。唱得真好啊，把话都说到人心坎里去了。

这姑娘不是别人，正是大家盼来的红色小歌仙张锦辉。

1915 年，她出生在永定县金砂西湖寨，排行第八，乳名张八嬷。在重租盘剥和当地土劣敲诈勒索下，家境非常贫寒。但她四五岁起就喜欢唱山歌，走到哪里就唱到哪里。一个姓丘的土豪恶霸见她唱着山歌经过自家门，就威胁说要把她抓到县城论罪。她噘起小嘴，倔强地唱道："我爱唱歌就唱歌，偏唱山歌气土豪。"

1927 年，她的堂兄张鼎丞——闽西革命早期领导人之一、后来的福建省苏维埃主席，回金砂建立党组织，秘密发动群众闹革命，她跟大人们一起进了"平民夜校"学习。张鼎丞很喜欢她，教她学文化、唱《救穷歌》，给她讲革命道理。她白天放哨，晚上到夜校学习，改名锦辉，加入少先队。每逢县、乡有大活动，像分田地、斗土豪、扩红军、建立县革命委员会，她都高唱山歌进行宣传。

"敢唱山歌唔怕人，敢拆庵堂唔怕死……"串串山歌成为与土豪劣绅开展斗争的武器。渐渐地，十里八乡的群众都知道革命队伍里有一个唱歌厉害的小姑娘，都爱听她唱山歌，送她雅号"红色小歌仙"。不久，年仅 15 岁的她加入共青团。

头一冤枉是工农，

着件衣衫补千重，

三餐食顿番薯饭，

住间屋子净窟窿。

土豪放债剥削你，

还有劣绅欺侮你，

有钱无理变有理，

无钱有理不理你。

……

歌儿一首接一首，唱得太阳落了山，唱得大伙心里明。戏台下，连挂着拐杖的老婆婆，也坚持看到最后散场，才依依不舍地离开。

夜晚宣传队员们便留宿在西洋坪村。璀璨的星光下，谁也没有料到，危险正迫近熟睡的宣传队员们。峰市反动民团蜂拥而出，悄然袭击，张锦辉一行被捕了。

关押于牢狱，民团团总要她供出张鼎丞和党组织的情况。

金钱、"自由"、官位……只字不吐；针扎、刀刺、吊打……视死如归。

歇斯底里的团总，撕掉她的血衣，用铁丝穿透她还未完全发育的乳房……

5月16日，她身戴脚镣手铐，含笑挺胸，蹒跚走上峰市刑场。她放声唱道：

天大事情妹敢做，

父老姐妹心莫伤；

唔怕死来唔怕生，

唔怕杀头上刀山。

墟市上的乡亲们蜂拥向前，纷纷落泪。

"打倒军阀国民党！""共产党万——"声未完，刀已落。

历史不会忘记曾闪耀过夜空的流星。中华人民共和国成立后，共青团中央把她列为全国十大少年英雄之一。

王树声大义灭亲

> "在打土豪分田地的工作中，团组织青年朱喜彬，亲自带领农民将自己的亲房、地主王文德捉来斗争；王明亮的弟弟坚决站在贫雇农一边，揭露叔父、土豪王新龙的罪恶……"1982年第五期《青运史研究》，记录了战斗在才溪苏区的团员和青年的活跃情形。

大名鼎鼎的开国大将王树声，革命初期也有此创举。

王树声出生于湖北麻城一个小地主家庭，在县城读书期间接受了先进的革命思想，回乡后，积极宣传马列主义，组织农民协会，发展农民武装，担任县农民协会组织部部长。20岁刚出头的他，浑身燃烧着革命烈火。

可让他纳闷的是，广大贫苦农民的表现有点"冰"。

都是些"洋秀才"、外乡人或家里有田产的人，真能带我们穷人跟地主老财斗吗？大家心里犯嘀咕。

"我们既然参加了共产党，发誓消灭压迫和剥削，就绝不再跟土豪劣绅站在一起！从今后，我王家的地不再收租收息！"一个小土坡上，王树声扔下掷地有声的话。然后，当众向王氏家族的佃户退押，一把火将地契借约烧成灰烬。

"打倒土豪劣绅！""一切权利归农会！"……乡亲们热烈的掌声、口号声，响彻云霄。大伙纷纷奔走相告：跟王树声他们一起干吧，人家是真革命！

农民运动的火焰熊熊燃烧，农会同土豪劣绅的矛盾很快白热化了。

罗家河有个叫丁枕鱼的大土豪，外号人称"麻城北乡一只虎"，一人占有良田六七百亩，房屋几十栋，全乡大部分农民都是他的佃户。他依仗钱势，鱼肉乡民，作恶多端。令人发指的是，他竟然兴出一个什么"初夜权"——哪家佃户要娶亲或嫁女，都得先"通过"他，否则这只禽兽就霸住不放。

丁枕鱼还把农会视为眼中钉、肉中刺，龇牙咧嘴起誓，要跟农会较量到底。他指使爪牙，撕毁了农会的通告和标语，砸毁了大河铺乡农会罗家河分组的办公场所。

乘马区农会连夜召开紧急会议，个个义愤填膺数落丁枕鱼的罪行，但商讨处置方案时，大家却不吭声了。

这个丁枕鱼，非同一般，他是王树声的亲舅公，也就是王树声奶奶的亲弟弟。

谁不知王树声从小父母双亡，由老祖母抚养成人，是有名的孝子贤孙。俗话说，不看僧面，也得看佛面。

左右掂量之时，王树声急匆匆赶来了。大家的目光"唰"地射向他。

看到大家复杂的表情，王树声略一思索，明白了其中的难言之隐。他不急不慢地说："是的，我这些人家里，有钱有田，与穷苦兄弟不一样；但是，我已经懂得，那一切都是靠剥削群众得来的。我这一代人，不允许剥削制度再继续下去了，要推翻这种不合理的现象，我愿意革命，我已经是在革命……"说到这里，他停了停，然后用更加坚定的口吻说："请大家放心，我王树声脱胎换骨地和农友们站在一个队伍里作战，一生一世永远不变心！"

秤砣落了地，大伙心里踏实了。

一声令下，王树声领着上千名农会会员，高擎灯笼火把，挥动锄头扁担，直扑罗家河！这当儿，酒足饭饱的丁枕鱼正在寻欢作乐。惊天动地的吼声，顿时把他惊吓成一头到处乱钻的野猪。十几个身背大刀的青年，翻墙而入，闯到楼上，将丁枕鱼从壁橱里搜了出来，五花大绑拖出屋。愤怒到顶点的群众，一拥而上，纷纷声讨丁枕鱼犯下的滔天罪行……

王树声对大伙一挥手，喊道："开仓分粮，点火烧账！"人们又是一阵沸腾。粮仓被砸开，阎王账本被投入火中，大伙脸上浮起少见的喜悦。

沸腾的人群中，当然少不了扛着红缨枪的儿童团员们。活泼的儿童团员中，一个绰号叫"龇牙豹"的十几岁的放牛娃，最引人注目。看着以往作威作福的丁枕鱼现在不停磕头求饶，"龇牙豹"即兴来一曲："丁十老爷你莫怕，我和宏义（儿童团长）来保驾；到了会馆你莫急，自有农协收容你！"说着，把丁枕鱼的鞋和袜子脱下来，挂在脖子上，用一根牛绳拴住，像牵牛一样拉着，边走边要丁枕鱼喊："我是吃人血汗的丁枕鱼，我罪该万死！"

这调皮机灵的"龇牙豹"不是别人，是王树声大将的小老乡，后来在各大战场威震敌胆的中将：王必成。

拉着丁枕鱼去游街，游到哪里，哪里就是一片喊打声，如同老鼠过街。途中，丁枕鱼忽然瞅见王树声，就像遇到了大救星，急忙喊道："国伢（乳名）哪，你行行善吧，快救舅公一命吧！"

王树声侧脸回答："你往日怎么就没行过一点善呢？你对穷人不仁，我就对你不义！"

丁枕鱼被押往县城，1927年5月17日，根据湖北省新颁布的《惩治土豪劣绅条例》，公开审判，正法示众。

历史书没有记载，孝子贤孙王树声怎么给老祖母交代。这一片空白任由我们想象，年轻气盛、浑身是胆的王树声，是怎样小心翼翼、满怀愧疚地面对老祖母……

王树声是一批地主家庭出身的共产党人的缩影，与他类似的还有很多，郭一清、陈赓、粟裕……打土豪、分田地，满脑子"共产"思想，革命从自身开刀！

小棺材的秘密

会昌县，红白交界处。赤埠乡，刚割完晚稻的田里，几只小鸟正蹦跳着捡食。"嗖"的一声，一只竹箭，射向其中一只最大的鸟儿，鸟儿掉了几片羽毛，向河堤飞去。

"中了，中了——冲啊——"一阵欢呼雀跃声，原来是儿童团团长春牯和二牛、小英三个换岗回家，用自造弓箭使的坏。他们一直跟踪追寻，追到河堤上四处寻找起来。"哎呀——"突然，小英发出一声惊叫："春牯哥，快来，我怕！"

春牯、二牛忙跑去，见一副木板钉的小棺材露出了一半。三人围着这东西，左看看右瞧瞧，琢磨了半天。

"好像是不久前才埋下去的。"细心的春牯说。

"最多没超过半年。"二牛讲。

"这半年中，乡里死了哪个细仔？没有啊……"小英说。

春牯挑起红缨枪，刺向小棺材，要探个究竟。"动不得——"说时迟那时快，红缨枪被人一把抓住。

来者是谁？教私塾的李先生。他气喘吁吁地接着说："动不得，动了会肚子痛，里面的鬼会日日跟着！"

"啊——"小英吓得倒退了几步。"世上根本没有鬼！红军叔叔说的。"春牯偏不信邪。

李先生左一个有鬼呀，右一个要回去告诉你们家大人打屁股呀，拿出当先生的威严与口舌百般劝阻。连庙里菩萨都砸过的春牯、二牛，偏不理那一套，一枪一枪，硬是要把小棺材撬开。

"哐当当——"白花花的东西从棺材里滑了出来。三个小伙伴吓了个呆，不是鬼，是好多好多的白花花的银圆啊！

呆了半晌，李先生开始长篇大论起来："我觉得大家还是把银圆埋回去，免得不明不白，招惹是非……"

无人应。

"要不，我们在场的四个人悄悄分掉算了，怎么样？"黔驴技穷的李先生使出最后的法子。这些穷小子不动心？

口舌白费了，细仔们不仅不同意，反而说要把它拿回去，交给乡苏政府。三人把小棺材全部挖出来，仔细翻看，除了好多银圆之外，还有一样用红布包扎着的东西。打开一看，三人不约而同地惊叫了起来："枪！"

李先生一脸死色地抖着脚，筛糠似的走了。

三人兴高采烈地把东西连同小棺材抬到乡苏政府，同时把李先生的表现向何主席做了汇报。何主席表扬了他们，并指示对李先生要提高警惕，密切关注他的行动。

第二天天刚麻麻亮，村头便出现一个诡秘的影子，手里拎着被单包。

"站住——"一声大吼，人影抖了抖，随即撒腿就跑。五六个细仔从树丛里一齐跳了出来，拦住了去路，来人正是李先生。

李先生被揪进了乡苏政府，被单包里，搜出一本"变天账"。

原来，赤埠乡没有解放前，李先生在一家大土豪家里当管家，表面上对百姓满口仁义道德，暗地里却帮主人干了不少坏事。后来，红军就要来了，土豪逃跑，特意把他留下：看看哪家分了他家的田地，记住谁分了他家的财产。这些，李先生都一一写在"变天账"里，等着红军一走，土豪地主把"天"变回来。

土豪主子临走前，给了他500银圆和一支手枪。李先生见红军来后革命搞得轰轰烈烈，怕查出惹祸，绞尽脑汁，想出一个万全之策：把东西当死尸埋在河堤里。谁料，7—8月间，天上落了几场倾盆大雨，盖在小棺材上的泥沙被冲走了一大片，恰巧被春牯他们碰着了，事情便露馅了。

乡苏政府表彰了春牯、二牛他们，在群众大会上，发了一面奖旗，上面写着"红色儿童团"五个大字。

孩子总是充满孩子气，表现积极也有挨批的时候。安徽金寨籍的中将皮定均，小时就有这么一回事。

皮定均出生相当穷苦，六个月时父亲病故，母亲改嫁，与爷爷相依为命。红军来后，穷小子带着儿童团，欢欢喜喜跟着大人打土豪，搜来五十块钢洋。

那钢洋真漂亮，光光的，一面还印着个大脑袋，用这玩意儿玩砸鳖再好也没有了。返回的路上，一处半山坡，皮定均便带头用钢洋玩了起来。大家玩得兴起，全都甩掉缀着补丁的小衫，丢呀，砸呀，一块块钢洋滚进草丛里。小半天的工夫，50块钢洋全都丢进草丛里。玩得太痛快了，这比用瓦片玩砸鳖棒多了！

最后，皮定均心满意足地穿上小布衫，两手空空地到乡苏维埃去交差。

"钢洋呢？"乡苏维埃主席陈续扬问他。

"滚掉了。"

"多少?"

"50块。"

"怎么滚掉的?"

"玩砸鳖……"

"好哇!你用钢洋去玩砸鳖。统统给我找回来,少一块也不行!"

他带着娃娃兵一片草丛一片草丛地摸,算是吃尽了苦头。谁叫他连钢洋是钱都不知道呢!

这苦头、这笑话,让皮定均到老都没忘记。后来与几十万国民党兵纠缠、与日本鬼子厮杀、与美国佬在朝鲜拼命,他还时不时地拿出来讲讲,逗乐逗乐战友们。

第六章　破迷信　废陋习

1930 年，毛泽东对寻乌进行调查。他在调查的过程中耳闻目睹，根据地赌博、嫖娼盛行，有赌博者将其妻子儿女卖出，继之偷窃被获毙于狱；迷信也猖獗，各种"吃斋"名目繁多，众人普遍相信星占、卜签、风水、面相和鬼神；人们吸食鸦片成风，大量农田种植鸦片，既影响粮食的生产，又耗费钱财戕害健康，严重影响生产力的发展。此外还有裹小脚、童养媳、买卖婚姻等等。这些不良之风，对苏区社会、家庭、个人的危害，有时甚于洪水猛兽。

苏区政府必须加强社会建设，进行移风易俗的变革。中华苏维埃共和国临时中央政府一成立，便设立了专门的社会管理机构——中央内务人民委员部（简称内务部）和劳动人民委员部。制定各种政策，颁布禁烟禁赌、破除迷信、剪发放足等通告，一项项措施有条不紊地展开了。

共青团作为共产党的得力助手，在共青团苏区第一次代表大会中，就明确地将这些移风易俗之事纳入团的工作任务。"在过去受国民党军阀毒害，而种鸦片的地方（如瑞金、宁都等县），团要发动贫苦农民不种鸦片，改种粮食，要宣传群众反对吸食鸦片，并且劝导吸烟的工农去戒除酒瘾。""在俱乐部内组织'不信神教同盟'，经常进行反宗教的宣传与解释工作。但必须防止，不得群众同意而打菩萨、拆庙宇等盲动行为与强迫行为……"

小鬼制老鬼

1933年12月，会昌县麻州区（现麻州镇）区委遵照上级指示，召开多次禁烟动员大会，贴出禁烟布告，禁止种植鸦片，封闭大大小小烟馆，惩治各个烟贩，焚烧现有鸦片，禁烟运动搞得轰轰烈烈。共青团一面继续进行舆论造势，一面协助区政府，检查相关措施落实情况，还特别委派儿童团一帮小鬼去明察暗访。

"你这条牛皮筋，打湿三斤半，晒燥也是三斤半，好歹嘴皮子是肉长的，如果是木做的，早就磨灭了……"

这天换哨后，12岁的绪庆扛着梭镖往回走，路过老烟鬼仲州家门口时，听见屋里传来他老婆愤愤的嘟囔声。

"你唠唠叨叨地做什么？"

"做什么？你还装聋作哑？把我的玉石手镯还给我！又想偷去卖！"

……一会儿，老烟鬼从屋里冲了出来。绪庆觉得蹊跷，悄悄尾随而去。只见他一路鬼鬼祟祟，最后闪进了麻州圩的茂源酒店。

有情况！绪庆反身一路小跑回到哨位，报告给团长山凤。

山凤只长他两岁，却是个公认的老大姐。她吩咐绪庆先回家吃午饭，然后再把她的小参谋灵通找来商量。

下午，三个"臭皮匠"凑到一块，决定先侦察！

连续几天，都有几个不三不四的人跑到茂源酒店的楼上。绕到酒店后面一看，只见楼上有三个窗户，靠右边那个贴着窗纸！山凤搬来一架楼梯，轻轻靠在窗边。绪庆立刻爬上去，舌头往窗纸上一舔，舔出一个小洞。往里一瞧，几盏烟灯扑闪着，三个人正靠在横床上吞云吐雾——抽鸦片。

到底是哪几个大胆烟鬼？绪庆刚想伸手把窗纸洞捅大一点，衣角被下边的山凤拉扯了一下。两人会意地下了楼梯。

他们和那边望风的灵通会合，一起又商量了一阵，再叫来几个儿童团员。三思之后，谋定即动。

"老板娘，打三斤酒——"山凤老远就吆喝着，老板娘见生意来了，眉开眼笑地盯着她，等着酒壶到手。绪庆、灵通两人互相丢小石头、撒沙子，一路嬉戏着来到店门口。老板娘去里间的大缸里打酒了，好机会！绪庆、灵通两人猴子般，钻进店里，咚咚咚踏上楼梯。

"你们上楼干什么？下去下去！"一阵喝声，男老板从内室走出，拦住去路。

"儿童团员哪里都可以去！"灵通不客气地说道。

里间打酒的老板娘把酒壶一搁，想冲过去帮忙拦截，山凤缠住不放，嚷道："老板娘，你的酒怎么闻起来有股酸臭味？肯定是坏酒，给我换过，换过……"

灵通、绪庆两人上蹿下跳，蹦出的话又尖又利，男老板难以招架，一个疏忽，绪庆从侧边冲上楼了。紧接着，从店外跑进来三五个儿童团员，挺着红缨枪跟了上去。

鸦片烟鬼们犹如神仙变凡人，从天上掉下来，一时吓呆了。一会儿，鸡啄米似的在地上求饶起来。

"灵通伢子，我是你大叔，你不可以抓我，否则雷公会劈你！"老烟鬼仲州也在其中，他煞有介事地强横着。

"你是我大叔，我可以不抓你，山凤、绪庆，上！"灵通手一挥，老烟鬼没辙了，束手就擒。

这时，得到消息的共青团许书记，也带着几个共青团员走进了酒店，和儿童团员一起查出烟枪十多支，鸦片十多斤。

尔后，他们砸烟枪，焚鸦片，押着这些烟民到区政府接受教育。区政府决定将茂源酒店封闭，店老板被戴上高帽，游街示众，山凤领着儿童团员们，一路敲锣打鼓，一路唱：

胖人抽成个干棍棍，
瘦人抽得像鬼魂，

脖子抽长腿抽短，

尻门槽里扣上个碗……

按理说，大人不用怕小孩，其实不然。早在1930年2月，毛泽东在吉安陂头会议制定的土地法中，即规定："雇农及农业游民愿意分田的，应该分与田地。但游民分田的，须戒绝鸦片、赌博等恶嗜好，否则苏维埃收回他的田地。"土地是农民的命根子，毛泽东深刻地认识到，土地的缺失是产生抽鸦片、赌博一类游民的重要根源。对这些人，经济上分田地和其他生活资料，思想上加强教育改造，通过强制性的劳动和工作，使他们在返归与生产相结合的过程中，逐渐改掉恶习，成为自食其力的社会公民。这一基本政策实施后，苏区烟民、赌民数量骤降，有的地方几近绝迹。

但烟瘾、赌瘾并不是那么容易绝迹。灵通的大叔仲州，吸鸦片已近十年，家中财物耗尽一空，老婆气得没法跟他过日子，长年累月待在娘家。苏维埃政权建立后，在分田运动中，他昔日因吸食鸦片而变卖掉的祖田又重新回到手里，老婆也回来了。村苏主席把土地证交到他手里时，语重心长地告诫他要痛改前非，戒掉鸦片，保住胜利果实。他高兴得一把鼻涕一把泪，信誓旦旦保证做到。可几个月后，他就又忍不住悄悄地吸上了。这不，让灵通他们给逮着了。

仲州接受劳动改造，一边咒骂自己不争气，一边积极劳动以求宽恕。劳改结束后，被警告：若第二次被抓，土地就上缴。村苏维埃主席讨得一帖戒烟的药方，儿童团员们跟他一起翻山越涧寻找药材配制，灵通还因此扭伤了脚。仲州心里更过意不去了，两个月后，终于从烟毒中被解救出来，凭着勤劳的双手和分得的土地，他又过起了好日子。从此，他还积极制作、分发戒烟药丸，并现身说法，成了禁烟运动的积极分子。

大名鼎鼎的彭富九将军，当年也是禁烟禁赌的儿童团一员，他回忆往事深有感触："当时农村吸鸦片和赌博的现象很普遍，不少人深陷其中，加之落后闭塞地区的宗族势力大，关系错综复杂，成年人很难自己摘除这两颗毒瘤。由思想单纯、无所顾忌的儿童组成的禁烟禁赌先锋队，则所向披靡，战果累累。哪怕叔伯老子在场，也一律不留情面。经政府批准，我们还给窝主戴上高帽游村，大造声势。经长辈点拨，我们也学会了斗争技巧，譬如，不抓人，不没收赌资，动员儿童团员回家主动把爷爷、奶奶的烟枪缴掉。"儿童的无知无畏，有时的确能起到特别的作用。

与中央苏区相比，川陕苏区禁烟工作更繁重周密。早先，陕北、甘东、宁夏东南地区是全国仅亚于云贵等省的烟毒世界。1933年，红四方面军来到川陕地区，新生革命政权一建立，便在省县苏维埃成立戒烟局，发布戒烟条例，禁止种植、贩卖，在各地设立戒烟所，制造戒烟丸，对烟民施戒。

为配合这一中心工作，各地方共青团组织以及红军中的青年工作部，先后成立了禁烟宣传队，利用群众喜闻乐见的形式，做了大量的宣传工作。

一是张贴告示，揭露地主军阀强迫穷人种鸦片烟的目的。如巴中县苏维埃政府在《为禁鸦片烟事》的布告中指出："国民党军阀、豪绅地主、资产阶级为满足他们抽捐税发财，是不顾我们穷人死活的。他们强迫我们穷人种鸦片烟，又要收红灯捐、黑灯捐、瘾民捐，这不仅把我们穷人膏血剥削净尽，最可恶的是使我们老老少少、男男女女都成了无用的烟鬼，比杀我们穷人还要痛苦啊！因此，从维护工农根本利益出发，苏维埃政府首先宣布取消军阀政府的一切鸦片烟税，同时要求人民响应红军与苏维埃政府的号召，禁种禁吸鸦片，遵守如下具体规定……"

二是书写标语。各宣传队利用大巴山区石头多、石建筑多的特点，在各地制作了许多通俗醒目的石刻标语来进行禁烟宣传。如"鸦片烟是从前川棒老二和发财人用来杀害穷人的毒药！""要消灭刘湘保卫赤区，就要下决心戒烟！"等等。

三是编唱脍炙人口的歌谣。如《工农戒烟歌》："一，工农呀，兄弟呀，静声听呀哈，唱一个歌儿给你听，有原因呀，嗯嗯呀，其中有原因呀。二，洋烟呀，本是呀，大毒品呀哈，军阀整来害农民，不让我翻身呀，嗯嗯呀，不让我翻身呀。三，川北呀，穷人呀，受他骗呀哈，吸上一副大烟瘾，田地卖干净，嗯嗯呀，田地卖干净呀。四，自从呀，吸上呀，洋烟瘾呀哈，别人做工我不行，烟瘾整死人，嗯嗯呀，烟瘾整死人呀。……"

这些大规模的禁烟宣传与政府的各种有力措施，在川陕各阶层人民中引起了巨大的震动。在这之前，他们只有军队与政府强迫他们种植鸦片、派捐征税的可憎形象与痛苦经历，没有见过哪个军队与政府这样认真关心他们的痛苦与切身利益。众多穷苦群众和一些有识之士积极响应禁烟，特别是劳动妇女，成了禁烟的急先锋。在动员宣传、戒烟榜样、政府强制等多重措施下，瘾客逐步戒除烟瘾。

广大共青团员不仅是苏区政府禁烟运动宣传、监督的得力助手，也是禁烟运动的实践转变者。红四方面军1933年年初一万多人入川，到6月，只半年时间，仅在通、南、巴一带就扩大了一倍兵力，还组织了上万人的地方武装。到10月，在取得仪南、营渠、宣达三次进攻战役的胜利后，四方面军更扩大到近八万人。这些新增的强健兵力，就是在这个曾经"成年男子百分之八九十以上吸食鸦片，连十二三岁的小孩也有染上这种嗜好的"烟毒世界扩红而来。通过禁烟运动，这些青年昔日面黄肌瘦、萎靡不振的样子荡然无存，不仅身体素质大大增强了，精神面貌也发生了巨变，积极参加共青团、赤卫队、红军。

纵观中国鸦片史，中国共产党比以往任何朝代做得更好。从横向比，当时的国民党政府不仅不禁烟，反而鼓励，以从中渔利。共产党领导下的这场禁烟运动，解决了红军自身的生存发展之危，解除了当地大多数民众的痛苦，让广大群众切身体会到"红军是劳苦大众自己的队伍"。相形之下，得民心者得天下。

菩萨打，打菩萨

安徽省金寨县，高耸的大别山脚下，有一座火神庙。

庙不在大，有神则灵。神是火神，有六只手，像螃蟹伸向四面八方。有三只眼，两只和人眼一样，但中间那眼竖着，瞪得溜圆，叫人望而生畏。它威武地坐在那里，傲视着大别山远处耸入云霄的峰峦。两侧站着披坚执锐的战神，全都龇牙瞪眼。庙顶上结着蛛网，蒙着烟垢。神像前面是一张油渍斑驳的大供桌。地板是砖砌的，供桌前的那一方却被磨得凹陷进去。

那是善男信女们用膝头甚至额头磨下来的历史印证，那上面烙印着成千上万人的美好憧憬，也烙印着成千上万人的愚昧。

一个新的革命运动兴起，往往伴随着破坏这些千百年来人们崇敬的偶像，比如，五四运动大潮席卷神州时，到处砸烂孔家店。此时，大别山苏维埃运动正风起云涌，兴起——打菩萨。

一群孩子拿着锤子、镢头、杠子，来到火神庙兴师问罪。

"你不怕？"一个烂裤子露屁股的孩子，一边跑一边问领头的孩子。

"怕什么——一个木头人！"

"我爷爷说，火神爷会显圣咧！"

"是啊，"又一个孩子附和着，神秘地压低嗓门，"听老一辈人说，有人偷吃过供果，叫火神爷打了一巴掌，吓瘫在地上。"

"那是吓唬人的！"领头的孩子个子不高，精悍，消瘦，嘴唇向外翻着，像嘲弄人生，或者在向某种命运挑战。由于消瘦，显得颧骨很高，一副好斗、要强的脸谱。他就是那个拿钢洋玩砸鳖的穷小子——皮定均，乳名双子。

孩子们簇拥着他走进庙门。

"先把它扳倒。"他双手叉腰对他的小兵们下了命令。这个他从小就喜欢的叉腰动作，一直保持了一生。

一个孩子缩了缩脖子，一个孩子把嘴巴张大，一个孩子往后退了退，大家你看着我，我看着你，谁也不敢打头阵。

皮定均"哼"了一声，大大咧咧地走到供桌前，双手一按，嗖地一纵身，双脚落在桌面上。

就在这一刹那，火神爷霍地站起来，六只手全动起来，一只手打在了他的脸上，还有一只手打在了他的脖子上。他被打得向后仰，一个鹞子翻身，摇晃了两下才站住了。小伙伴们一窝蜂似的向外跑去了。他顾不得多想，也顾不上面子，跟着逃出了庙门。

大伙跑出去老远老远还生怕火神爷大踏步追出庙门。直到跑不动了，才停住脚，一个个脸色煞白，呼呼直喘，有的还把鞋都跑掉了。他们怀着惊悸，远远望着黑乎乎的长方形庙门。

"眼珠子还转了一下!"

"它站起来有这么高——"

"还咔吧咔吧直响呢!"

孩子们七嘴八舌地议论着,既害怕,又兴奋。

皮定均手抚着麻酥酥的腮帮子和脖颈,心里琢磨着:"真怪,它会站起来,还会打人?"

砸泥胎,扫神鬼,他是带头的孩子王,是在乡苏维埃叔叔伯伯面前立了军令状的。打菩萨这股风把他卷到缀着镰刀斧头的旗帜下。后来他经历了成百上千次战斗,屡克强敌。可谁会知道,他指挥的头一仗,竟是对一个没有生命的木偶开战。但这一仗,意义非凡,关系着他童年起步时的命运。

原想砸烂泥巴捏的、木头雕的神像易如反掌,何曾想一上来就碰到硬钉子。"就这么算了吗?"他心里这样说,"这不输了吗?"

从懂事起,他就没服输过。给地主放牛,再凶悍的大犍牛也被管得乖乖的:在小棍头上挂段麻绳,绳头绑个石子,对准跑去偷吃庄稼的牛屁股,不用迈一步,就把大牛管回来;想叫牛群聚在一起待一会儿,好去做点顽皮事,便把牛群赶到水塘里,大热天,牛一进水塘就像娃娃进了浴盆,自然恋着不走;他个头小,摸虾糊口,别人劝他小心,可他偏要往深水里跑……

"还砸吗?"一个孩子问他。

"砸!"他想了想,说,"先用绳子拉。"绳子拿来了,是拴土豪的那种绳子,小指头粗细,几丈长。他在一端结了个活套,走到庙门外。孩子们蹑手蹑脚,跟在他的身后,做好了跑的准备。他用长竹竿把绳套小心地套在火神的脑袋上。

"拉——"所有的小眼睛都睁圆了,一双双小脏手战战兢兢地接住绳子,摆成了拔河的阵容。绳子拉直了。神像先是晃动,后是倾斜,很快"啪"的一声巨响,摔倒在地,离开了它高踞了几百年的宝座,胳膊断了,脖子歪了,一只脚转了向,积攒数百年的灰尘满屋飞扬。

此时,孩子们才发现:供桌下面安着弹簧。人一踩那弹簧,木雕里的装置就会起作用。

"鬼就在这里。"皮定均说,"修火神庙时就装上的,可能是怕叫花子来偷吃供品。"火神爷被点着了火,一会儿的工夫就化成灰烬。

一个权威倒下了,另一个权威站起来。孩子们对皮定均佩服得五体投地。几天的工夫,皮定均领着这支打菩萨的队伍席卷弟子庙、真主庙、土地庙、城隍庙……

1928年10月,打菩萨的孩子王皮定均当上了六安县六区五乡童子团分队长,从打菩萨到打土豪,打坏蛋。不久,他便加入了中国共产主义青年团。1955年,身经百战曾百胜的他被光荣地授予中将军衔。

有类似经历的还有彭富九将军,他记得当时的农村,装神弄鬼大行其道,这些封建迷信禁锢人们的思想,不利于发动群众闹革命。只要苏维埃政府一声令下,儿童团员们立即行动。有的老人警告说:菩萨很灵,打不得,他会记住你,以后会报复的。于是大家把脸涂黑,照打不误。现在想起就觉得好笑:把脸涂黑还不是怕被菩萨认出来嘛!

封建迷信,是自给自足的封建社会长期延续的产物,是统治阶级麻痹、奴役老百姓的一种方式。共产党领导下的土地革命不仅要让农民在政治上、经济上翻身作主,同时还肩负着进行精神文化变革的使命。因此,轰轰烈烈的反迷信运动在广大苏区蓬勃开展起来。

在这场运动中,共青团领导下的广大青少年成了破除迷信的主要力量。

舆论宣传是重头。共青团川陕省委曾做如下布置:第一,号召各级团组织每年每月各乡开一次群众大会,来宣传识字和反迷信工作,多用具体事实进行对比,比如,"穷人天天求神拜佛,还是吃不饱穿不暖;发财人压迫剥削穷人,把田地抢去了才有贫有富,根本不是什么八字好、命好,菩萨保佑等胡说。发财人刘湘修庙宇,拜菩萨,天天打败仗;共产党红军不信神,反而百战百胜"。第二,各级团部多出版一些很通俗的科学常识小册子,多做科学的讲演,来养成群众的正确思想。第三,将反封建迷信的内容,编成歌曲,在广大青年中普遍教唱,使群众便于接受。歌中这样唱道:

反宗教反迷信，这是我们的责任，
大家来实行，青年啊大家来实行。
资本家欺骗人，造出宗教和迷信，
压迫我穷人，青年啊大家来实行。
宗教徒帮到整，他说发财是他命，
穷人命不成，青年啊穷人命不成。
狗军阀说穷人，前人没有做好事情，
因此该受贫，青年啊因此该受贫。
那和尚与道士，坐在庙里吃现成，
反说有神灵，青年啊反说有神灵。
他瞎说又瞎整，跟着富人打和声，
伙到整穷人，青年啊伙到整穷人。
有端公和阴神，瞎叫一场剥我们，
把人气得疼，青年啊把人气得疼。
更可恶那摸命，闭着眼睛说一顿，
还要称先生，青年啊还要称先生。
青年啊要齐心，破除宗教和迷信，
努力来革命，青年啊努力来革命。

实际行动中，打菩萨、拆庙宇、拆祠堂、挖祖坟等，如上述情形，初生牛犊不怕虎的儿童团员们搞得轰轰烈烈，后来也出现了一些过火的行为，造成了混乱与矛盾。各级党、政、军机关及时出面纠正和制止，反思这是革命内部犯的"左"倾幼稚病。川陕省委指出："必须在文化斗争中坚韧地说服落后农民。"

破除迷信的根本靠教育。提高群众的文化水平，灌输科学思想，迷信便不攻自破。共青团动员广大青少年儿童入读列宁学校初级、高级班，并协助教育部门开办读书班、识字班、俱乐部、图报室、新剧团等组织，吸引广大群众积极参与。许多寺庙祠堂都成了学生的学堂、食堂、寝室，那些"五世同堂""节孝流芳"等为封建伦理唱赞歌的大匾，成为学生的床板。

那些大小祖牌，成了课桌面和小黑板。翻开《共产儿童读本》，至今可见这样的字句：

> 木菩萨怕火，泥菩萨怕水，纸菩萨又怕火又怕水。
>
> 菩萨，菩萨，你有什么灵呢？
>
> 有口不会说，有手不会做，有足不会走，有耳有眼不会听看。
>
> 菩萨，菩萨，你有什么用呢？

落后贫穷的农村根据地，几千年的封建根基，在苏维埃政府短短几年的执政期间，虽然没有倒塌，但强烈的冲击力是不容置疑的。苏区各家各户供奉的"天地君亲师位"，换成了马克思或革命先烈的画像；"福寿财禄""招财进宝"之类的对联，改成"工农团结闹革命""军民携手卫苏区"等内容。苏区那些加入前线战斗行列的青壮年红军，加入后勤慰劳运输等行列的妇幼老少，跟着共产党，从愚弄了他们几千年的"生死有命，富贵在天"的迷信世界里醒悟过来，揭竿而起，明知牺牲不可避免，却如飞蛾般扑火，为创造一个新世界，前仆后继，无所畏惧。

从"头"到"脚"的运动

1928 年，阳春三月，赣东北苏区正召开九区干部会议，正热烈讨论"土地分配""扩大红军""动员妇女剪发放脚"等问题。

方志敏突然转过脸，对一个女子笑着说："玉鸾，你摸摸你的头发，要不要带头剪掉它？"

"好！剪就剪，谁拿剪刀来？"这个叫作饶玉鸾的女子估摸十七八岁，是少年先锋队副队长，竟毫不犹豫地一口应下。

一根粗黑的大辫子，"咔嚓"一声掉落在地，哎哟，剪发人不熟手，剪刀锋利，耳朵上划出一道血痕。饶玉鸾眉头皱了皱，转而说道："这叫披红挂彩！"众人紧张的心放了下来。

接着，会场上四五个妇女也相继剪了发。随之而来，是一些群众对此反传统的议论纷纷。

"人要头，狗要尾，头发剪了像个鬼。"

"剪了头发要倒霉，不男不女的。"

"头好一半身，脚小一条裙，放了脚，日后老公都嫁不到。"……反对的言论在各村此起彼伏。

几天后，共青团协助苏区政府召开"三八"妇女节庆祝大会。从来不知有自己节日的妇女们，激动地聆听着方志敏讲"三八"的由来，讲"推翻封建主义、帝国主义和国民党反动派统治"，讲"剪发放脚，砸碎封建主义的桎梏"。

会上，少先队副队长饶玉鸾，英姿飒爽登上台，一头短发，满口土话，联系自身讲了一通留长发缠足的坏处，号召大家行动起来，剪发放足。

理发剪辫，那时是一件惊天动地的大事。中国人历来有"身体发肤受之父母，不能毁伤"的观念，人们出于长期形成的习惯，视乌黑发亮的辫子为美。清军入关后，连男人也被迫遵循满人习俗，留起长辫。

太平天国时，洪秀全为反抗清朝统治，实施了严厉的剪辫子运动。太平军所到之处，留辫不留头，留头不留辫。武昌起义后，刚刚成立的军政府即下令剪辫，掀起了声势浩大的剪辫子运动。剪除辫子成为去旧图新的标志。有人欢喜，有人愁。革命军派出巡查队上街，手执大剪刀，看见仍留有辫子的人，不由分说，上去就剪。

剪辫浪潮席卷大江南北。地处穷乡僻壤的苏区百姓，对20年前发生的事还心有余悸。当然，这些都是男人剪辫子的事情，早已经被人们接受了。但世道咋又变了，红军是穷人自己的队伍，连女人都不让留辫？女人的辫子，可是从祖宗的祖宗的祖宗便留着。

剪发的行列在扩大，最早的榜样是女红军，清一色短发。她们中有些是受西方文明影响，如蔡畅。大多是受环境约束，要跟男红军一样干革命，长头发确实大大不便。据说，红四方面军的妇女团曾个个剃光头，以免作战时被国民党军揪住，被发现是女兵。

　　至于为什么要动员苏区广大妇女剪发，从当时宣传、动员的一首《剪发歌》可见其中道理：

　　　革命高潮妇女来剪发，
　　　我劝你，亲人留，切莫来打吵。
　　　剪了发样样好，出门打土豪，
　　　封建女子真是太不好，缠双脚梳个头，总是要半朝。
　　　越梳越急越心焦，面上长了有蛮丑，快快来剪了。
　　　妇女剪发至今好得多，不要梳不要摸，免得生虱婆。
　　　不戴金不戴银，真心来革命，总是有人知。

　　从中可见三点理由：省时、卫生、省钱。"卫生"这一点最好理解。"省时"则要联系当时社会背景，大量男丁在前线参军作战，妇女再也不是仅仅围着锅台转，大量生产劳动、支前活动，都是由这半边天支撑起来，忙忙碌碌的她们确实没多少时间来打理长发。"省钱"则源于客家妇女一直有戴金银的习俗，可很多家庭穷苦，吃喝穿都成问题，且苏维埃政府的银行也缺乏金银作为开印纸钞的保证金。剪了短发，金银饰品用不上，拿去苏维埃银行换"花边"买日用品，两全其美。

　　这事主要由妇女部来抓。各级妇女会层层动员，并成立宣传督促小组。动员妇女战胜自己封建心理勇敢剪发；分别召开婆婆会、男子会讲清道理；针对剪发妇女受婆婆骂、丈夫打等虐待妇女现象，展开坚决斗争。会上的女共青团员、少先队员则是剪发先锋，如饶玉鸾在弋阳九区第一个剪发。且将宣传形式多样化，写标语、出板报、唱山歌……走乡串户，影响巨大。

　　共青团领导下的儿童团员，也是剪发运动的得力助手。赣南苏区很多上了年纪的老人，对当年剪长辫子的事都有印象。

　　红都瑞金象湖镇的黄香莲，当年十二三岁，是家里的童养媳，也是家婆不花钱的长工，洗衣、做饭、砍柴等活儿，样样少不了。穿的是烂衣服，吃的常常是粥，有米饭那顿也多是馊饭，打骂是常事，轻则用细一点的牛鞭子，重则用赶鸭子的竹丫子。红军来了，村里的童养媳都加入了儿童团。共青团宣布搞"解放头"运动，号召女儿童团员带头剪辫子，吩咐她们察访，看谁没有积极响应号召，谁因剪发受家人责骂。

首先遭难的是黄香莲自己，一头短发回到家，家人像看怪物一样看，家婆顺手抄来一根鞭子，就要往她身上抽。她躲闪，瞪眼，叫喊："共青团哥哥姐姐叫我剪的，你不敢打我！到时你也要剪掉！"家婆愣住了，鞭子滑落。前阵子，后屋的生秀家婆就因打家里的童养媳被共青团拉去游街，戴上纸糊高帽，自敲锣鼓骂自己。

连老虎般的家婆，黄香莲现在也不怕了。放哨站岗、打土豪分田地、动员妇女剪辫子松小脚等革命工作干得欢。

"剪了头发件件好，随时出外跑，省得梳妆来打扮，前照又后照；省得金来省得银，我们是穷苦人。"小香莲一亮嗓，大家就一起跟着唱这首"剪发歌"，歌声响亮又整齐，然后是你一言我一语地说"短头发更好洗！""更不会长虱子！""检秀婶婶，上屋的满姑姑剪短了都蛮好看，你剪短了肯定更标致！""我看见女红军都是短头发！"虽然没有明令剪发，但苏维埃政府一次次开会动员，越来越多人剪发，加上这伙小孩这样又唱又说地闹腾，一些比较守旧的妇女也剪掉了留了几十年的长辫子。

有时，也遇到过啃不动的骨头——村里的"辣椒婆"就是不肯剪。谁都知道，那乌黑油亮的辫子是她炫耀的资本，剪掉那根辫子，就像要剪掉她的命根子一样。儿童团们三番五次到她家都找不着人，这次好不容易在田边找着了她，可大家唱啊，跳啊，说啊，就是不顶用。她从田里回到家里，又从家里跑到河里，大伙儿就这样不停地跟着她。这时，她可能被吵得不耐烦了，将洗衣槌子挥得霍霍响，叫道："死开来，再吵，我把你们捶成肉饼！"话未说完，大槌子就丢过来了，好在大伙儿都灵活，一下子闪开了。过了一会儿，大家又向前，小香莲捡起槌子，递给她，还未开口，她就瞪着眼说："你这个小媳妇，你这个冇人爱冇人怜的黄毛丫头，也敢来管我的事，到时我叫你家婆打死你去！""哦——哦——"一伙小孩子马上起哄，转移对象，嘲笑起香莲来。小香莲难受死了，嗓子紧巴着，连口水也咽不下，实际上也没什么口水，因为大家唱啊跑啊一上午，都没喝过一口水。干革命啊，又吃苦头还受气。想哭，拼命地憋住，眼圈儿却红了，趁眼泪还没不争气地流下来，她赶紧跑开了。到了最后，当短发成了妇女们的"时髦"，"辣椒婆"悄悄地自个儿把长发剪了。

禁止裹小脚比较容易办到，一则农村女孩缠足的不算很多，因为她们长大了就是家里的劳动力，二则缠足给妇女自身也带来痛苦，所以"放脚运动"一宣布，小姑娘、大媳妇便纷纷响应。

曾光荣参加过"一苏大"的"两红"人员钟凤娇，讲述她亲历的裹小脚之痛楚。

> 五六岁时，左右脚4个脚趾被母亲用力向脚底弯曲捆绑，绑好后，又用针线将布的一端和缝隙紧紧缝合起来，痛得我大声喊叫。持续半年后，小脚被越绑越紧，脚趾、脚背全都溃烂了。为了避免感染，每三天都要将裹脚布解开涂抹药物。出血、溃烂、化脓，止血、擦药、痊愈，然后又加紧缠起来。这样不但无法走路，而且还痛得睡不着觉，走路必须用手扶着墙壁，用脚跟着地慢慢挪才行，每挪一步，都钻心般疼。

"放脚运动"一开展，共青团员钟凤娇第一个带头拍手叫好。但是，她的脚却再也无法恢复原样，成了"四寸金莲"。在后来的长征女红军名单中，她由此被遗憾刷下，留在本地打游击。

儿童团的小女孩通通不用裹小脚了，少先队员、共青团员、青少年女子纷纷扯掉裹脚布，然后一起动员中年妇女：

> 妇女们呀快起来，快把你们脚放开。
> 剪发放脚多畅快，自由平等人人爱。
> 尔格世界美得太，封建古董吃不开。
> 妇女们呀脚放开，赶快参加革命来。
> 跟上红军做宣传，
> 逃出火坑跑上山，童养媳妇见青天。

剪掉长发放开脚，跟上红军做宣传。

跟上男人上火线，

从前女人受熬煎，好似压在井里边。

红军来了世道变，砸烂封建铁锁链。

脚不缠，发不盘，走庄串户做宣传。

背上大枪能上山，跟上男人上火线。

移风易俗活动多

共青团的活动十分广泛而频繁，他们还积极参与植树造林、废除童养媳制度和讲卫生等各种移风易俗活动。

废除童养媳制度阻力很大，这种不合理的婚姻制度在旧中国盛行多年，与生产方式落后和经济发展水平低有关，触及家庭的经济利益，一些儿童团员、少先队员为此与长辈发生冲突，甚至闹翻后离家出走。但是"禁止打骂童养媳"这项活动还是卓有成效的，曾任少先队队长的赖荣光将军回忆当年，"哪家打了童养媳，我们就不依他，一定要他赔礼认错，要不认错，就画个大漫画，贴在他家大门上，或是开少先队会批评他……"

"团要努力以清洁防疫的常识向群众做广大宣传，举行清洁防疫运动，并且实行清洁防疫的办法，举行防疫竞赛与卫生宣传。"1932 年 1 月，隆重的共青团苏区第一次代表大会，明确将清洁防疫运动作为团的重要任务之一。

《陈丕显文选》中有这样一份针对儿童的卫生宣传单：

共产儿童，系小布尔什维克，精神要振作，身体要健康。为了战争，个个同志要提倡卫生，保卫自己的健康。卫生运动怎样做，这里告诉你"十个不""十个要"。

一、不吃烟、酒和辣椒；二、不吃腐败的东西；三、不吃生水；四、不用指头含在嘴上；五、不随意撒大小便；六、不随便吐痰；七、不手淫；八、不用指头乱揉眼睛；九、不乱吃露天摆卖的东西；十、不把尿桶摆在卧室里。

　　一、要将房子扫干净；二、要天天刷牙洗澡；三、要常常换衣服；四、要常常剪指甲；五、要扑灭蚊虫；六、要扑灭苍蝇；七、要常常将手洗干净；八、要常常开房子的窗门；九、要打扫公共的地方；十、要练习早起床。

　　特别值得一提的有"十个不"中的第一、三条，语言极其通俗，用当地老表的话写成"不吃烟、酒""不吃生水"；再关注第四、八条，内容极其详细，是针对儿童独有行为而定的。

　　除了张贴宣传单，卫生战线的共青团员还通过夜校、小学、识字班、俱乐部、集会、墙报、民歌等各种渠道和方式，向群众讲解疾病发生的原因和讲究卫生的好处。

　　具体行动上，广大共青团员和当地群众一起对圩场、街道开展大扫除，清洗沟渠、焚烧垃圾、洁净身体。在兴国、上杭等地，基本做到每10天或7天开展一次卫生运动，每一次还要进行竞赛评比。苏区清洁防疫运动搞得一片火热。

三 教育篇

红军时期的教育，是一个内涵广泛的概念。从教育对象来说，除儿童少年之外，还包括农民、工人、红军战士等；从教育内容来说，有政治教育、文化教育、军事教育以及各类专业教育等；从教育形式和教育方法来说，有各类学校教育、培训班、识字组、夜校、俱乐部等。

共青团作为一个强有力的组织，选派优秀的团员去担任列宁小学的教师，动员所有适龄儿童入学，协助解决开办列小的各种难题；在有关部门的配合下，开展扫盲工作，组织和发动绝大部分青壮年参加夜校一类的识字运动，在路口钉立识字牌，搞看图识字，出版墙报等；选派优秀的共青团员到通信、卫生、戏剧等学校进行专业学习；创办列宁团校，以培养更多的共青团干部。

第七章　免费义务教育之首演——列宁小学

1934年秋天，江西柳溪，一个伢子搂着某红军的脖子，说："爹，你走吧，你去打白狗子，多多打白狗子！"这个红军笑了笑，放下儿子，从包里拿出一本书放在他手里，说："冬子，这是一本列宁小学课本，是我从学校里给你要来的。"这个伢子看看课本，见封面上有个红五星，还有一把锤子和一把镰刀，上面的字一个也认不得，便问："爹，我什么时候上学啊？"……

影片《闪闪的红星》主人公潘冬子7岁，原本第二年就可进列宁小学读书，可红军走了，列宁小学也办不下去了，潘冬子揣着爹爹给的列宁小学课本，伴同活生生的斗争现实，在颠沛流离中，将知识读进心窝窝里。

"列宁小学"这个现代人陌生的名词，80多年前苏区人人皆知。

万事开头难

当时，中央苏区的领导们，非常羡慕苏联在普及义务教育方面取得的成绩，同时也深刻地认识到苏区面临着严峻的教育问题：乡苏政府主席不能看公文、书报、信件，乡苏政权就要落在秘书之手；一般群众不能看标语、传单、布告，不能理解党的方针政策，就不能很好地完成政府布置的各项工作任务；红军指挥员和战斗员不识字，就必然影响政治水平和战斗力的提高。

更深层次的原因是，共产党是以解放劳苦大众为己任的，在政治上、经济上翻身的苏区群众，还需要在文化范畴努力地翻身。共产党的思想必须通过学校这个载体，直接大面积地浸润万千学子，培养出一批批共产党所需的革命闯将。

于是，在相对比较稳定的根据地里，各级各类学校遍地开花：步兵学校、卫生学校、通信学校、戏剧学校、师范学校、列宁小学、列宁团校……

中央苏区教育的奠基人徐特立认为，小学教育是一切教育的基础，首先应当保证工农子弟受到免费的义务教育，给予政治上、物质上可能的帮助。于是，贫穷无知了几千年的苏区土地上，有史以来头一次普及了学龄儿童义务教育，"列宁小学"如春花烂漫开遍原野。

以 1932 年为例，地方志载：江西边区广昌县成立不久，有列宁小学68 所，在校生 2259 人。中心区的于都县全县 190 个乡中，共有列宁小学226 所，做到每乡有一个甚至是多个列宁小学。而据毛泽东 1933 年在上杭才溪乡的实地调查，当地 8 个村庄中共有 9 所列宁小学。从边区到中心苏区，列宁小学成为各地的一个普遍现象。

这个局面，若与此前的国民党统治时代相比，算得上成绩斐然。以毛泽东在兴国长冈调查的数据为证，前后的入学比例为 10% 比 60%。而且，倘若进一步了解这些成绩是如何取得的，更令人肃然起敬。

"生源、教学设备、师资、经费"等办学的几大要素，在当时经济文化全面落后的条件下，在战争不断的硝烟中，无一不考验初次办学的共产党人。

列宁小学的招生对象，准确地说是 8 ~ 12 岁的工农子弟，但失学少年在 15 岁以内的，也可以参加。后来，徐特立甚至还主张"对于地富子女，也鼓励他们来列宁小学，接受革命教育"。按理说，"生源"是几大要素中最不用发愁的。谁都知道，苏区的文盲比比皆是，而且"一苏大"郑重提出："一切工农劳苦群众及其子弟，有享受国家免费教育大权。"这里有两个词很有诱惑力——"一切""免费"。

的确，很多孩子因此高高兴兴地背着书包进了列宁小学，开始了新的生活。但也有不少孩子没有去。

曾为少共国际师战士的宁都籍老红军肖长清回忆道：对读书学文化，当时我们村许多人有一种本能的反感。过去，接触的好人都是不识字的，只有坏人才识字。我们只盼快快长大当红军打敌人去。首长说，当兵打仗就应该打胜仗，要打胜仗就要学文化，学了文化用处很大，比多几门大炮还更有用。当时我觉得笑死人了，心里想，文化比大炮还更有用，那怎么不用文化去打敌人呢？

还有就是女孩子入学的问题，中国自古以来就有"女子无才便是德"的思想，自古以来就很少女孩子上学堂，现在的"列宁小学"她们去不去？

胜利县平安乡（今于都县银坑镇平安村）有个贫农张流民，儿子送去上学了，女儿却被留在家，说："女仔子现在帮大人做做事，长大就出嫁了。"前来做工作的共青团干部听了，又好气又好笑，开导他们说，之前，平安村里虽然有一个学堂，但每学期要缴三箩谷，所以穷人上不起。今天，工农兵子女免费入学，孩子们赶上了毛主席、共产党领导的好时代，应该让他们都上学堂。张流民老婆点点头赞成这话，随即却又摇摇头，讲读书是应该，就是女仔子读了没有用。村里的干部急了，跺着脚说她是米汤洗脸，越洗越糊涂，忘了她和她娘从广东逃荒到银坑，老娘因为沿途餐风饮露患病而死的事，说难道妇女就不要翻身闹革命了吗？劝说了大半上午，夫妻俩才同意让女儿也去读书，说："男女都一样，女的受苦还更深，现在大家都应该翻翻身。"

瑞金象湖镇吉林村的黄香莲是个小小童养媳，家婆明令：不准去"列宁小学"，好好给我干活！但套用《儿童团团歌》曲谱的歌声一天天传来："红色的儿童，快快进学堂，多读些书呵，少浪费时光；提高了认识，学会了打仗；等我们长大，都像列宁一般样……"小香莲再也忍不住，偷偷跑去了学校。回到家，就遭受家婆的咒骂毒打，一次又一次，也不敢告诉老师和共青团，怕家婆知道自己告状，下回打得更厉害。后来，列宁小学没法去读，只好晚上干完活去读夜校。如今，黄香莲奶奶已是九旬老人，回忆往事还感慨良多。

至于"地富子女"上学的事则更别提了，苏区工农群众的阶级仇恨是非常深刻的，根本容不得这些"地主崽子"跟自己一起享受共产党的阳光雨露。后来，赞成地富子弟也应上学的徐特立也转口："但目前国内的战争环境中，首先应该保证劳动工农的子弟得受免费的义务教育。"

生源情况显然不太理想。

于是，儿童局书记陈丕显三番五次下文强调："苏区儿童要举行入学运动，各地自己具体决定运动周、突击日等，目的要达到个个儿童团员入学读书，个个队长做领导，用种种方式向儿童宣传、鼓动、解释读书的重要……"共青团组织，把帮助弟弟、妹妹入学当作一件头等重要任务来抓，除了做宣传解释，还帮助无法办校的地方办读书班。1933 年，中央文化教育大会还明确强调"施以免费的强迫教育"。

经过上上下下一番努力，生源方面总算没有大问题了。一是来自贫雇农的子弟，二是工人子弟，三是烈军属子弟，四是革命干部子弟。

"教师"这一块可不是光动员、下命令能解决的。教师的缺乏是苏区教育最大的难题。出身工农阶级的知识分子很少，一时半会儿也培养不出来。原有的一些知识分子，多数出身于剥削阶级，或有某些历史问题，对苏区革命没有认识，或有抵触情绪，大多隐藏不愿出来。再说，工农群众也不愿跟自己的阶级敌人学习。

不过，徐特立这个老先生不仅是个教育行家，还是个社会学家。他首先对旧式教师进行改造。1931 年 3 月，200 多名旧式小学教师云集于瑞金的天后宫，采用"实习批评会"的形式，完成了中央苏区第一期短期"师资训练班"。然后，9 人留下做教育部巡视员，其余分回各地负责创办列宁小学，成了一批珍贵的办学火种。

当然，培养自己的工农教师是重头，措施有不少。首先是开设教员训练班，选派一些粗懂文化的工农群众加以速成训练，这是办学初期的应急措施。闽西苏区最早开办，早在 1930 年就在龙岩、上杭训练了一批"革命的教员"，结束后还发给证书。

更规范化的是开办列宁师范学校。它比训练班的任务、要求更高，这是苏区教育发展到一定阶段的必然结果。最早的师范学校是 1930 年 7 月开办的闽西列宁师范学校。1932 年，闽瑞师范学校，江西省立第一、第二列宁师范学校也相继开办。其他各地也先后办有列宁师范学校，大力培养以工农为主的新教师。

再次就是从红军中找兼职的教员。这一类教员有一定的文化，政治性、斗争性强，又有丰富的革命斗争实践经验，在教育工作中，有较大的影响力、号召力。当时不少党政军的主要领导主动带头到各级各类学校兼课，毛泽东还亲自指导创办了一所小学。

那是在1929年秋天发生的事。

"有女莫嫁苏家坡，地瘦人穷石头多；三餐稀粥地瓜饭，出门三步就爬坡。不见骑马抬轿过，世代冇个读书哥……"抱病在身的毛泽东，步履维艰地行走在上杭县古蛟地区的一个山村——苏家坡，一首凄凉的歌谣，反反复复、若有若无从山林间飘来。

此前，他由怀孕的贺子珍、蔡协民、曾志陪同，从龙岩城步行到上杭县。他到闽西特委找邓子恢，提出创办苏家坡第一所小学，就如何编印教材、如何展开教学等做了详尽指导。

消息像春风一样吹遍全村，有14个穷孩子，在家长带领下，欢天喜地前来报名。毛泽东抚摸着孩子们的头，微笑着对乡苏维埃干部说："这些孩子都是穷人家的子女，这所学校就叫'平民小学'吧！"

"当——当——当！"清脆的钟声在平民小学上空荡漾。开学的第一天，毛泽东亲自给孩子们上第一课。他用粉笔在黑板上一撇一捺，教孩子们写"人"字，然后解释："人有穷人、富人，人类不平等。富人整天不做工，坐着吃，坐着穿；穷人整天做苦工，吃不饱、穿不暖。穷人要团结起来，打倒共同的敌人。"他深入浅出地讲解阶级压迫的革命根源，给孩子们思想启蒙，点燃了希望的火光。在苏家坡小学的带动鼓舞下，闽西苏区很多乡村也跟着办起了平民小学。

毛泽东在苏家坡这个穷山沟里待了三个月，除了指导办学，还忙着经常走家串户，访贫问苦。下一站，他来到上杭的大洋坝。毛泽东病得实在不轻，在农户家住下，请当地老中医治病，贺子珍为他煎熬中草药。

一天，大洋坝村"列宁小学"的校长登门拜访，聊到列宁小学"教师不足，校长兼校工，教学又摇铃"之时，一旁的贺子珍自告奋勇地说："我愿意跟孩子们一起玩，就让我去教书吧！"毛泽东高兴地点了点头。

列宁小学来了一位眉清目秀、英姿飒爽的女红军老师，老表们、孩子们万分好奇、期待。贺子珍开始热情而大方地教学。识字、写字、心算、笔算、珠算和图音体等，门门功课都教。天天早出晚归，不辞辛劳。晚间陪同病稍好的毛泽东到农家走访，一边做社会调查，宣传共产党和红军的宗旨；一边进行家访，广泛收集学生家长对教学的反映。

现在大洋坝村的老人回忆，当时她还常"掏出自己的零用钱帮助家庭穷苦的学生买书买笔"，家长们亲切地称呼这位平易近人的红军女教师为"珍妹子"，孩子们也十分敬重地叫她"珍老师"。半个月过去了，"珍老师"要陪同有公务的毛泽东前往永定县去。告别那一天，师生们依依难舍，孩子们泪眼汪汪地说："珍老师再见，珍老师要回来看我们啊！"

毛泽东在闽西各个山村转悠转悠，深入了解了土地革命实况，掌握了第一手材料。其间，他还吟出《采桑子·重阳》："人生易老天难老，岁岁重阳，今又重阳，战地黄花分外香。一年一度秋风劲，不似春光，胜似春光，寥廓江天万里霜。"后来，他就等到了重新接任前委书记的佳信。在上杭，在闽西，各地流传下这样一首经久不衰的歌谣："斗字不认苦难当，世世代代当文盲；毛委员来了天地翻，穷苦孩子上学堂。"

但以上三种措施之下，教师数量还是远远满足不了列宁小学的发展要求。苏区的领导慎重地考虑进一步对旧知识分子进行改造利用。此前，苏区曾实行过"左"的政策，对旧知识分子一味地排斥、打击，造成不小的伤害。后来，苏区领导纷纷表示要纠正这种错误。毛泽东在1933年制定的临时中央政府《关于土地斗争中一些问题的决定》的第10条指出：知识分子，不能看做是一种阶级成分……张闻天也在《论苏维埃政权的文化教育政策》中批判拒绝知识分子的"左思想"。各领导提出"要帮助他们端正思想认识""依照他们才干的大小，进行合理的安排和使用""对工农知识分子和旧知识分子不分彼此，待遇相同"云云。

此外，苏区对外打出广告，"特以现金聘请"白区的医师、教师、无线电人才等专门技术人员。于是，苏区陆陆续续来了一批人才。

1933年岁末，甘肃华池南梁寒风呼啸，一个系着火红围巾的年轻女子出现在皑皑雪原中。她叫张景文，刚20岁出头，西安省级师范学校的共青团员，满怀激情来根据地的第一个女知识分子。第二年春天，她成了陕甘边区第一所列宁学校的第一位女教师。

她要面对的困难自然是重重的。除了收下12名红军子弟做学生，还三番五次动员村里的贫苦孩子到校学习；没有桌凳，她就自己动手，带领学生打土坯和泥垒土台、支木板、自制课桌和土凳；没有黑板，她就用石板当黑板；没有墨汁，她就用扫锅底的灰再加上水勾兑成墨汁；没有教材，她就跟校长一起编写，然后再亲手抄写成册，分发给学生。授课，专业出身的张景文没有任何问题。寓教于乐，思路清晰，通俗易懂且不乏幽默风趣，天真活泼的孩子们个个听得津津有味。课余，还未做过母亲的她如慈母般照顾学生。特别对那12名红军子弟和其中的几位烈士遗孤，更是关怀备至，缝缝补补，关心他们生活的冷暖，抚慰他们幼小的心灵。

华池南梁列宁小学的成功经验，带动边区根据地其他一些乡村也相继办起了列宁小学，群众性的扫盲活动也随之兴起，边区的革命教育事业开始有了起色。年底，张景文成为陕甘边区南梁苏维埃政府第一位有高学历的妇女委员会委员长。

又是一年春来到，噩耗却如春雷般炸响：与她一同从西安来到根据地的丈夫，牺牲在了战场上。漆黑的夜里，泪湿了枕巾、被单；天明，她用毛巾蘸上乍暖还寒的河水，敷红肿的眼睛、脸庞。然后，继续上课，继续干革命要做的事。

80多年后的今天，已焕然一新的华池列宁学校，中央耸立着张景文的塑像，校刊名为《景文》。她，活在一代代莘莘学子心中。

办学，必须有教学设施。

没有校舍，就利用宗祠族堂、庙宇神殿，或利用没收的土豪劣绅的房屋，或利用农家空余废旧的院舍，来解决办学的场所。没有黑板，就在墙壁上涂上黑锅烟，或利用破旧木板涂上黑锅烟来代替。没有课桌椅凳，就发动群众和师生借用、自带或用砖头、土坯和木板堆砌。没有粉笔，就用白石泥或红土做粉笔。没有笔、墨、纸张，就用沙盘或石板或地面做纸张，用朱红石或墨石磨成墨水，用树枝和石条做笔用。没有体育设备，就发动群众动手挖沙坑，砍树枝做秋千、单杠和跳高架等。

在闽西苏区，宁化县革命历史纪念馆现代化的展厅里，赫然摆放着一封虫迹斑斑的小小信函。

邓爵荣同志：

　　关于岭下乡列宁小学前时所定的黑板，有几个月了，还是没有做好给他，这是你们在妨碍教育工作。他又把纸洋给你，因何不做好给他？现时，本区特著函前来，希你马上做好，再不得延长半刻为要。致要，切盼。

　　此致

赤礼！

×××

1933 年 8 月 23 日

讲解员解说道：这是原方田区苏主席、区教育部长责令岭下乡苏立即为列宁小学赶制黑板的通知。就为一块黑板，上级特意写信，而且措辞严厉，可见当时苏维埃政府对教育是何等关注。

湘鄂赣苏区，修水县烈士之子朱正平，今年刚好 93 岁，他回忆道："我当时只有 10 岁，在东皋勘下祠堂（现古市镇月塘村）上列宁高级小学。一所旧祠堂，既是我们的教室，又是寝室和食堂。祠堂挂的那些'五世同堂''节孝流芳'为封建伦理唱赞歌的大匾，成为学生的床板。那些大小祖牌更是我们的课桌面和小黑板。课本不足，老师给学生誊抄，没有红水，就用土红批改作业……"

在鄂豫皖苏区，大别山深处，现存一所录入《中国教育大辞典》的光荣学校——列宁小学。1929 年，它由红 32 师创办，坐落在金寨县汤家汇镇瓦屋基村海拔 1854 米高的金刚台南麓。如今的校园，翠柏苍松，书声琅琅，房舍整齐，设备齐全。可当初，它只是一个周家祠堂，是第一任校长周德谦贡献出来的。这位人物带有传奇色彩，他本是当地望门之子，过着衣食无忧的生活，当马列思想飘进村庄时，他成了一名忠实的马列主义者。后来，他在祖上祠堂轰轰烈烈地办起列宁小学，当校长的同时还担任了乡苏维埃主席。革命低潮时，他牺牲了。生命最后一刻，他曾对同伴说，当年占用周氏祠堂办学校，使他与旧势力彻底地决裂了，义无反顾地走上与自己出身的阶级做斗争的道路，他现在是死而无悔。后来，从这所简陋的列宁小学走出去的邓忠仁、程明、陈培毅、吴作启和周纯麟五位学生，均成了新中国第一代将军。倘若周德谦烈士泉下有知，或许会含笑九泉。

校舍桌椅笔墨之类可以因陋就简，但"书本"却不是闹着玩的，这是教育的核心，也是群众无法自个儿解决的难题。学校初创时期，将就着用旧教材，只是将其中有"反动内容"的部分删去。后来苏区局面相对稳定，各省、县开始组织编写一些新教材，同时做出废除旧教材的规定。再到临时中央政府成立后，就任命徐特立为主任，对全苏区学校教科书进行编审工作，使各级各类学校有统一的成套课本。

列宁小学是五年制教育，前期三年为初级小学，后期两年为高级小学。课程有国语、算术、社会常识、科学常识、游艺（包含唱歌、图画、游戏、体育）、劳作实习、社会工作。除"劳作实习、社会工作"外，各科课程都要有相应的教材。据查，现保存比较完整的教科书就有17种。

在赣南等原中央苏区许多博物馆陈列室，都能看到发黄松脆的教本。内容最显著的特点是革命性，根据革命战争和阶级斗争的实际，把宣传革命道理、动员群众参加革命斗争、打土豪分田地等政治内容贯穿到教材中。如《共产儿童读本》第四册第二十五课《红军好》和第二十六课《白军苦》：

> 红军好，红军好，当红军最荣耀，为苏维埃政权而奋斗，享受优待条例十八条。
> 踊跃参加红军去，反动政府快打倒。
> 看明朝，红旗到处飘。
> 白军苦，白军苦，当白军无出路，升官发财是官长，士兵永远受痛苦。
> 为着长官当炮灰，疾病生死无人顾，快回头，赶紧来觉悟。

除《共产儿童读本》之外，《列宁小学国语》《苏维埃公民》《儿童歌曲》等其他教本均有大量的革命内容。如大家比较熟悉的歌曲《八月桂花遍地开》就是当时其中的一课：

八月桂花遍地开，

鲜红的旗帜竖啊竖起来，

张灯又结彩呀，张灯又结彩呀，

光辉灿烂闪出新世界。

教材内容除了具有浓厚的政治性色彩之外，也得讲究科学性、实用性。

据说，《共产儿童读本》这套教材编好四册后，一早送到教育部徐特立那儿审查。徐不用戴眼镜，眯着小眼睛，一页一页地翻，一篇一篇地看。到深夜，珍稀的灯油将尽，样本教材上做了密密麻麻的批示，指出其中最大的缺点：太偏重于政治，日常事项太少，科学的知识也不多。

我们今天所能看到的《共产儿童读本》，有不少有关日常生活的内容，有关动植物、雨雪节气等自然现象的内容。如第二册第十一课《糕饼》：

一伙店铺，外面摆着很多糕饼，有许多苍蝇，方才在疮疤上吃脓血和在地上吃痰和鼻涕，都飞到糕饼上，伸着嘴去舐。

这样的糕饼，被苍蝇的嘴和脚，染着很多生病的东西，真不卫生。

如第五册第二十二课《麻》：

我们地方的麻，有苎麻和黄麻两种。苎麻，茎比黄麻小一点，叶比黄麻大一些，纤维比黄麻更细，每年可剥皮二三次，剥去皮以后，把茎折去，再发嫩芽，五六十天后，又可再剥……

当然，列宁小学的教材还必须遵循的一个原则是：符合儿童的心理特点，通俗易懂、生动活泼。所以，教材中多采用问答、对话、故事、歌谣、顺口溜等形式。如《国语课本》第三册第十四课：

> 月光光，月光光，小孩子，上战场。木炸弹，木壳枪，开步走，瞄准放。大家时刻准备着，准备打倒国民党。

总的来说，中央临时政府教育部统一编写的教材，革命性、科学性、实用性、通俗性兼备，是适应当时形势的质量较高的教材。但现实的情况——经济封锁严密，印刷工具和纸张十分匮乏，教育部统一编写的教材并不能满足中央苏区各地蓬勃发展的列宁小学，其他路途遥远的苏区就更不可能提供了。各地列宁小学的教员除了誊写一部分上级发放的教材，还根据当地的风俗民情和当时的革命斗争形势创造性地自编教材，如《工农读本》第三册第七十八课《工农红军三次胜利》：

> ……在第一次围攻中，十八师全部被红军缴械，师长张辉瓒被活捉。第二次围攻中，活捉岳维峻，打死胡祖玉。第三次围攻中，只赣南红军，就消灭了国民党十几师的兵力，缴枪二万余支……

列宁小学的教科书，除了有生动的内容，还有形象的插图。

1930年，由中国共产党领导的"中国左翼美术家联盟"在上海成立。盟员美术家为苏区的小学课本绘制过不少上乘的插图。如第一册语文课本的第一课课文是："小朋友，来读书，来革命，读书革命，都很要紧。"配的插图是：少男少女两位小学生，友好结伴，挎着书包，神采飞扬地大步迈向学校，画面甚是精神。当然，大部分插图还是出自苏区绘画人才之手，虽然印刷粗糙，但从那流畅的线条还是看得出画家的水平不错。

办学，就需要办学经费，经费的筹措也是难题。苏维埃政府明确表示：列宁小学是免费的义务教育。对学生来说，这是好事，但对办学者来说，这又是一个头疼的问题：校舍、课桌椅之类可以尽量不花、少花钱财，但老师要吃饭穿衣，即使不要高额薪水，也要最低的生活费；还有笔墨纸张等办公用品，必须购置；还有烈士子弟学生吃穿住行等都包在学校；等等。这一切都涉及"经费"。

上级指出经费筹措的三种渠道：由中央教育部划拨、由地方负担、群众募捐。

由中央教育部划拨，其实也就是叫中央财政部划拨。大家都非常清楚，要处于战争状态的中央政府划出大笔经费兴办列小而不影响中央红军的供给，那是非常困难的。于是，重任就只好落到地方政府和人民的身上。

地方政府主要采取了三种方式筹措经费：从政府的土地税收入中按比例划拨；固定经费数额，由该级政府拨给；为列小设立专项财源，如设学田等。这三种方式中，最主要的是"学田"收入，这种方式并不是共产党首创，据查，早在1000多年前，著名的岳麓书院、白鹿洞书院就是主要以该种方式运行。学田，为教育机构提供了较为稳定的经济收入。比如，鄂豫皖苏区办学经费状况：苏维埃政府根据当时财政收入，统一各机关开支，规定每月划拨给列宁小学300元。同时，苏区列宁小学的广大教职工发扬自力更生的精神，带领学生边学习边生产，每天拿出一两小时在公田上种瓜种菜，养猪养鸡，自创财富，弥补经费不足。

尽管地方政府千方百计紧缩开支，挤出更多经费兴办教育，但还不能满足办学的需要，剩下的经费空缺，就只能依靠群众的积极支持来填补。如开展教育经费节省运动，发动群众团体募捐（菜、油、谷、钱等），发动教员自备伙食，不能自备的轮流到学生家里去吃饭，或是学生家庭自愿量力按月捐款，供给教员的生活和住宿学生的学膳费，学习用具一概自备。

都说万事开头难，生源、师资、教学设备、经费等林林总总一大堆问题。共产党人一边同国民党几十万大军一次又一次交战，一边从容不迫解决这办学的一个又一个难题。列宁小学依次开办，如星星之火，点亮了苏区各个角落新一代蒙童的眼睛。

劳作实习和社会工作课

　　1933 年夏天，前线传来捷报：红军胜利粉碎国民党军的第四次大规模"围剿"！苏区一片喜气洋洋，列宁小学的伢子妹子们读书更带劲了。

　　你瞧，中午太阳火辣辣的两三点钟，于都县利村乡圩口的识字牌下，蹲着两小孩，正抓住空闲时间在地上写字呢！明生牯用树枝刚刚写好一个"田"字，华香伸过手来，将当中的一竖向上出头，说："陈老师说要自'由'，不受框框限制，结果就出了头。"明生牯又将"由"字当中一竖向下写，说："你出了头，我再伸伸脚。陈老师说这是穷人翻了身，伸直了腰的'申'。"两人接着一起回忆上午老师所教："穷人没有'田'就不能自'由'，更不能'申'直腰做人。"

　　远远地，一个挑担子的妇女走来，担子满满的，赶圩置办了不少货什呢！明生牯叫道："秀英婶，歇歇脚，来认认字！"华香举着树枝当教鞭，指着识字牌，秀英婶平时说话像打机枪，今天却结结巴巴，勉强读出五个字，围观的人陆陆续续来了不少，秀英婶红着脸说："哎呀，下次读了，下次读了！我要赶回家了，我家那两头猪中午还没吃猪食，会拱出栏的！"

　　明生牯马上说："不行不行！人家都比你认得多，我教你，你好好学！"

　　"实行彻底查田运动，肃清豪绅地主残余，防止富农反动。"

　　"红军是工农子弟兵。"

　　"妻子送郎当红军。"

　　认到这句时，明生牯突然停下来问："秀英婶，你'送郎当红军'了吗？"

秀英婶摇摇头，脸憋得更红了。

一旁的华香接上话茬："我们学了，就要照着做。来，我讲给你听：红军来自工农，为工农闹翻身求解放，为工农服务。所以，红军是工农子弟兵。你说，你送丈夫当红军光荣不光荣？"

秀英婶忙不迭地说："嗯，光荣光荣。"

…………

老一辈的人说，这场景不是什么新鲜事，在苏区常见。这些回忆让人感觉到：共产党领导下的列宁小学，在教学方法上也大大地"革命"了，不再是旧社会时期那样"教书先生摇头晃脑带读，学生跟着在下面死记硬背"。那位"陈老师"的识字教学，密切联系实际，有很强的生动乐趣性、开导性、连贯性，从识字中理解更深层次的教诲意义。修水县烈士之子朱正平老人乐呵呵地对孙子说："我们那时读书也常搞竞赛，有班级、小组、个人三种，成绩最好的是飞机，二等是火车，三等是轮船，落后的为乌龟。得飞机、火车的奖一支铅笔或一个作业本子。到了博家祠堂后，还搞过多次问答式的竞赛，在一块小黑板上写一个题目，跑完一个五十丈圆圈的途中答对了的就取得优胜。如问'罗章龙是什么？'答'右派'，'推翻沙皇后的临时政府是谁？'答'克伦斯基'。"

另外，在时间空间上，列宁小学也不再像以前的教育，关在一间昏暗的教室里花一整天时间一遍一遍地读。列宁小学的儿童往往在上完文化课后，有大把的时间到外面搞各种有意思的活动。如上文中的"站岗守路教识字牌"。这是徐特立老先生的妙招：列宁小学的学生既当学生，又当"小先生"。他们分成若干个教学小组，一组包一个夜校，晚上深入各村教群众学文化。逢赶圩的日子，他们就在路口挂上识字牌，帮助过路群众识字，同时，还向群众宣传形势和苏维埃政府的法令。这样，"小先生"的荣誉感得到满足，知识得到巩固，还帮助大人们扫除文盲，一举三得。

除此之外，列宁小学的活动还有很多：站岗放哨，盘查坏人。慰劳红军，烧茶送水，洗衣补衣，唱歌演戏。参加学校的校务劳动，如担粮、砍柴、种菜，修建膳厅、澡堂等等。朱正平老人回忆，这些项目中，要算担粮最繁重，往往要跑到二三十里外的乡苏维埃去，这是农民交来的累进谷，一般又储存在偏僻的山垄里，以防敌人抢劫。此外，根据"优待条例十八条"，大家还为附近的红军家属耕种土地、砍柴、挑水之类。

红军打了胜仗，或者党和苏维埃召开代表会等，学生便组成若干个宣传小组，深入到街道、屋场，进行简短的口头宣传。如1931年11月，红16军和红独立3师在黄坊击溃敌刘夷独立32旅的一个团，这一胜利成果马上写出号外散发，还编成山歌，教群众唱，"红军打仗笑呵呵，步枪缴到四百多……"

还有就是举行各种纪念活动、游行示威运动。

这些活动，通通纳入列宁小学正规的"劳作实习""社会工作"两门课程。

再回过头来说说列宁小学的课程，它分为两种类型：知识课程（国语、算术、社会常识、科学常识）；活动课程（游艺、劳作实习、社会工作）。据《小学课程与教则草案》和《小学课程教则大纲》进行统计，在课时分配上，初级小学活动课程约占总课时的2/3，高级小学四、五年级活动课程也约占总课时的1/2以上。所以，兴国籍的失散老红军钟发镇回忆说："……我们那时半天上课，半天劳动或军事训练之类。"

这些活动课，让学生跳出以前"读死书"的圈子，经常地、普遍地到革命斗争中和社会生活中去锻炼，从而使"小学教育与政治斗争联系；小学教育与生产劳动联系；小学教育与儿童创造性的发展联系"，培养出当时形势所需的活泼人才。

游　戏

爱玩是孩子的天性，做游戏是每个孩子的最爱。苏区时期的儿童肯定也不例外。当时的教育家陈鹤琴甚至说："小孩子生来是好动的，是以游戏为生命的。"但在物资贫乏、战火不断的苏区，孩子们能玩什么游戏呢？

90多岁的外婆叫刘三秀，家在于都县梓山镇山峰坝附近——中央红军长征出发的八大渡口之一。不温不火的秋阳下，河水静静流淌，80多年前壮士远征之景，已随流水逝去。外婆将往事娓娓道来：

我也上过学，那时叫列宁小学。学堂里除了读书认字，还上游戏课。丢炸弹啊，躲飞机啊，救护伤员啊，捉地主，搜俘虏，勇敢冲锋杀敌，反对开小差等，都是我们经常玩的游戏。

"丢炸弹"就是丢石头，远远地插一面小旗，看谁能把石头丢到那儿，最好是把旗子打倒。然后逐步把旗子越插越远，第一第二第三……排名就出来了。我们在家里玩，没有小旗，就折一树枝插到那里。妹子家都丢不赢我，除了伢子。

"搜俘虏"是这样玩：一少部分人当"白军官兵"，藏起来，树林里、草丛中、房前屋后都可以，但有一个界限为躲藏范围。剩下的人当红军战士，倒数一百下，等大部分"白军官兵"藏好了，就开始大搜索，找到的白军就成了自己的俘虏，最后比比哪个在规定时间内找到的俘虏多。有点像现在小孩捉迷藏。

还有"反对开小差"的游戏：全部人分为两组，一组围成内圈，另一组人数多几个围成外圈，然后再选一个扮演红军队伍中开小差想溜走的人站在内圈。一个人当指挥，说：内圈向左转，外圈向右转，同时大家喊"反对开小差"。扮演开小差的人就要趁大家注意力集中在听令转圈时，想办法溜出去。若内圈放走了他，则罚内圈；若外圈放走了他，则罚外圈；惩罚一般是做俯卧撑之类。若开小差的人在转了六圈后仍没有逃脱，就要自罚唱歌表演节目之类。

还有"捉地主"，观音保的脸胖鼓鼓，每次都抓他演"地主"，我就演红军，用木头枪抵着他的腰，问"你把金条藏在哪里了"……

还有就是跟你们一样上体育课，拍皮球、跳高、跳远，练正步、常步、跪下，还练劈刀刺枪。有一次，全县进行了儿童团少先队大检阅，我参加了赛跑，还表演了送郎红军歌舞，我奖到一个印有五角星的斗笠。不过，全县第一名的好像是岭背乡……

夕阳西下，外婆讲着一件件往事，笑脸如霞。

现代气派的瑞金博物馆里，珍藏着少先队中央总部训练部编写的《少队游戏》和《少队体操》两本教材，里面的内容和外婆所描述的基本相似。

儿童团刊物《时刻准备着》曾刊载陈丕显的文章："我们马上要来一个大大的动员，动员最多的皮安尼儿（团员、队员）来读书。为此，要向阻止子女读书的父母做好宣传解释，要在到校的学生中发动读书竞赛，要做好学校的娱乐体育活动，使学校生活非常活泼有趣……"显然，游戏最直接的目的在当时是"吸引、稳定生源"。

鲁迅先生曾说："游戏是儿童最正当的行为，玩具是儿童的天使。"从另一角度来说，在那个不可能有什么高档玩具的战争年代，因为有了这些简单而富有创造性的游戏，苏区的孩子们生活不再那么单调，战争也不再那么狰狞。无数次的游戏实践，革命性、政治性的理念在孩子们头脑中稳步形成，活泼、团结、守纪律等可贵品格也在潜移默化中逐步养成。这比语言的说教和灌输更有效，因为，这是孩子们在心悦诚服的心理中接受的教育。

总的来说，列宁小学是中国共产党全面实施民众教育的第一次尝试，在中国教育史上开创了党的普通教育的先河。它在教育普及儿童文化知识中的作用、意义是巨大的。虽然不管是文化课，还是社会工作课、劳作实习课、游艺课，列宁小学的课程通通带有强烈的政治性色彩，在很多现代人看来，有点过头了。但在当时你死我活的对敌斗争中，在政治教育与革命动员上却起了独特之功效。正如美国作家斯诺所说："他们（工农子弟）不但有生以来第一次能读书，而且知道是谁教给他们的和为什么教他们。他们掌握了中国共产主义的基本战斗思想。而且，反正我认为这比人们学'这是一只猫，那是一只老鼠，猫在干什么，猫在捉老鼠'来识字的方法有趣。为什么要教现实主义者学寓言呢？"

当然，随着革命战争年代的结束，列宁小学一些办学理念已然不适合和平时期。

列宁小学里的枪声

　　修水县一所老祠堂，天未明，梦正酣，"啪啦——啪啦——"枪声响。10 岁的我正在稻草床上做梦：端着一把"汉阳造"，一枪一个敌人倒……

　　"快，快起来，挨户团来了！"一阵急促的叫声把我惊醒，是马校长！妈呀，梦里的枪声原来是敌人放的。同学们都跑光了，只有一个叫樊永康的同学跟我一样死睡到现在。衣服鞋袜都没穿，马校长背起我，另一位老师抱起樊永康，冲出校门！枪声越来越紧、越来越近了，挨户团团丁在后紧追不舍！到学校的后山的一个岔路口，马校长边跑边脱下身上的白褂子，丢到一条路上，大家往另一条路上没命地跑。在一处茂密的灌木丛中，四人蹲下，藏了起来，隐约听见追赶的团丁不停地骂道："看到两个崽，一转弯就不见了！"还看见另一个团丁手里拿着雪亮的鬼头刀，做了一个杀人的手势，凶相毕露地说："要是让我追到了，还能过个杀人瘾，真可惜！"

　　我和樊永康紧紧抱在马校长和老师的胸前，心怦怦跳个不停，一场杀身的灾难就在眼前啊，幸好马校长和那位老师返回，冒着生命危险来检查寝室里的学生是否全部跑了。否则……

年过九旬的朱正平说起这段往事，仍心有余悸，感激之情也溢于言表。

朱老所说的学校，是 1931 年下半年湘鄂赣苏区，设在修水县东皋勘下祠堂（现古市镇月塘村）的一所列宁小学。1932 年上半年，黄龙山上的地主武装卢伯魁挨户团串通平江的常备队经常骚扰苏区。县委为了师生的安全，把学校迁到东山傅家祠堂，读完第二个学期。到了 8 月，学校已经发了第二学年的开学通知，可国民党正发动第四次"围剿"，敌50师侵占了中共修水中心县委驻地渣津，修水苏区被切成两半，交通阻隔，学校安全得不到保障，在此种情况下只得停办了。

类似的学校，还有上文提及的陕甘边第一所红色学校——甘肃省华池县列宁小学。

1934年3月，陕甘边区政府在南梁四合台的老庄河，借用群众窑洞三孔，办起了列宁小学。仅过了一个月，国民党地方军与庆阳陇东民团兵分八路，对南梁革命根据地发动了反革命"围剿"，列宁小学被迫停办。同年7月，刘志丹、杨森率领红军，在边区人民的大力支持下，粉碎了敌人的反革命"围剿"，学校又在闫洼子恢复开办。11月7日，陕甘边区苏维埃政府在南梁的荔园堡宣告成立，列宁小学又迁移到转嘴子，动员当地人献出庄基一处（瓦房三间，窑洞三孔），扩大了校舍，并上门入户动员入学。

1935年春，蒋介石调动陕、豫、晋、宁和甘肃五省军阀计四万余兵力，对以南梁为中心的陕甘边革命根据地发动了又一次反革命"围剿"。学校被迫停课，随边区政府迁往延安福宁镇。临别时，教师张景文对同学们语重心长地说："大家把仇恨记在心里，把课本藏起来，扛起红缨枪，勇敢地和敌人去斗争。红军一定会打回来的，学校也一定会再办起来的！"10月，毛泽东率领中央红军来了，同陕甘边红军一同击退了国民党军。至11月，列宁小学又从延安福宁镇迁回南梁荔园堡。

…………

苏区的很多列宁小学都有上面两所学校相类似的经历。千辛万苦办起来的学校，却时常处于动荡不安、危机重重之中，无法像现今的学校，工作开展常态化。但即便如此，散落于苏区各地的列宁小学，却像野草一般，这里拔掉，那边又长出来，只要有一点条件，就能生长，野火总也烧不尽。而且随时生机勃勃，每天从早到晚不是书声就是歌声、笑声。敌人越是用枪声来破坏，孩子们越懂得珍惜来之不易的学习时光。

随着苏区形势的日趋严峻，特别是在红军长征后，列宁小学纷纷走进了历史。但历史不会模糊列宁小学光辉的历程，那些教学印记时而闪现，勉励现今和平时代的学子及教师。

第八章　军民识字运动

学校教育是最基本的办学形式，但由于战事不断、资源不足等原因，除儿童少年就读列宁小学、少数干部和指战员进入各类专业学校短期学习外，大部分工农群众以及红军战士，还是没有机会进入学校。但是学习必不可少，为此，中国共产党人发动了声势浩大的军民识字运动。

秘密夜校让农民觉醒

1928年刚开春，安远县濂江乡修田村，冰雪窸窣消融，野草根在泥土中攒劲，春风夹杂着头一年的血腥在黑夜中穿行。光远学校，灯火微明，破旧的教室里，端坐着一伙年轻人。

"昨天晚上教的这个字，你们还认识吗？"一位同样年轻的教员——秘密共产党员李文华（真名罗贵波），指着黑板上的"田"字，问大家。

"认识。"大伙回答。

教员又在黑板上写了个"富"字，大家都说不认识。

"大家说，哪些人多田土啊？"

"那些地主豪绅财富佬呗！"16岁的牛仔脱口而出。

"对，这个字就是财富佬的'富'，它下面有一个'田'字。这些人之所以富，就是因为霸占了我们穷人的许多田，又拿这些田出租，赚到钱就放债，这就叫剥削。要不要和剥削我们穷人的财富佬做斗争呢？"

"要！坚决和他们斗！"大家一齐响亮地回答。

形象生动的话语，简明通俗的革命道理，像涓涓细流滋润着贫苦农民的心田……这是革命早期的秘密夜校。

1927 年，蒋介石发动政变，共产党遭受重创。醒悟过来的共产党人随后纷纷武装发动起义，在攻打城市受挫后，又纷纷转向广大的农村。但这个年代，农民大部分是文盲，很多人连自己的名字都认不出来，他们已经习惯了世世代代受穷的日子，对于地主富农的钟鸣鼎食与自己所受的剥削和压迫也觉得天经地义。如何才能在"铁屋子"一样的农村点燃革命的火种？大部分早期革命家不约而同地选择利用原有学校秘密开办"夜校"。他们深知，只有教会这些握惯锄把子的农民读书识字，才能给他们讲明白反帝反封建等革命道理；只有广大农民群众都有了觉悟，中国的革命前途才有希望。于是，星星点点的夜校在知识荒芜的广大农村闪烁起来。

闽西第一所红色学校

1929 年 1 月，毛泽东、朱德率领红军主力从井冈山向赣南、闽西进军，逐步创建了农村革命根据地。为适应革命形势发展的需要，根据地的社会教育也开始发展。共青团中央要求各地根据实际情况，创办夜校、工厂小报、画报以及多次召开群众会议，以进行识字运动，加强宣传教育工作。

闽西土地上，至今还保存着由毛泽东亲自开创的第一所工农妇女夜校。

那是 5 月榴花红艳的时节，闽西连城县新泉区山那边，走来了一条长龙似的队伍。村头温泉边，18 岁的少先队员张素娥看清了，队伍中一颗颗红星闪耀。她扔下还没洗完的衣服，一阵风似的跑回家，她要告诉哥哥：毛委员回来了！红军回来了！

几天后，张素娥得到一个更令人激动的消息：张家祠里要办一所妇女夜校——闽西第一所红色学校—— 新泉工农妇女夜校。

自古以来，政权、族权、神权、夫权就是中国妇女不可逾越的圣山，在这四座大山下，乡下妇女连出门都要讲究各种规矩，更不用说去读夜书了。但事实是，中国妇女占全国人口半数以上，工农群众闹革命求解放，妇女必须翻越这四座大山。教育，是其中最直接有效的一种方式。

哥哥张育文和其他区乡干部接受毛委员的任务，着手创办夜校。第一件事情就是动员入学。虽然这里已建立红色政权，但封建观念还禁锢着人们的思想：让闺女、媳妇夜间上学，会不会遇到豺狼危险？或是没学好文化反而学了坏样？即使学到文化又有什么用？……区乡干部、少先队员、儿童团员纷纷宣传解释，首先动员自己的亲属入学。

张素娥第一个报名，还利用一起砍柴、洗衣的时机，动员了一伙年轻妹子去上学。小姐妹中的杨主莲，还叫上了舅母，但临走的时候，舅母的婆婆不管好说歹说就是不同意。张素娥动脑筋、想办法，邀集了一群妇女到她舅母家，轮番开导老人家，终于使她思想开了窍，让儿媳上夜校。

一个困难解决了，另一个困难又接踵而来。随着夜校学员增多，书本和教师不够了。

毛泽东就住在夜校旁边的"望云草室"，他很快了解到这个问题，随后做出指示：书本，由区革委会组织干部编写，或者翻印《红军识字课本》。翻印来不及，就发动学员抄，边抄边学。教师，请区乡干部轮流当，干部工作忙不能来教时，就按"能者为师"的办法，由学员自己教。

一天上午，张素娥像往常一样蹦蹦跳跳地来到"望云草室"，准备给毛委员洗衣裳，毛委员走出房间，亲切地跟她拉家常，了解夜校学习情况，最后鼓励她："你是一个头脑聪明的姑娘，好好学习，准能当一名'学员教师'！"张素娥心里又担心又激动：可我根本就不识几个字呀！可毛委员多么看重我呀……

张素娥于是缠上了两个哥哥。两个哥哥都在汀州读过书，现在当了苏维埃干部，工作本身很忙，张素娥就经常利用白天一起吃饭的时间向哥哥学习，哥哥为了使妹妹尽快成长，也尽量抽空教她。张素娥自己白天先学好了，晚上就去夜校教。别看这"学员老师"是黄毛丫头，教起来倒是认真仔细，一横一竖，一撇一捺，在黑板上写得端端正正，讲解得清清楚楚，非常受大家欢迎。

重重困难克服了，妇女夜校发展了。年底，学员已由开学时的十五六人，发展到 100 多人。张家祠容纳不下，东山楼那边又办起了一所分校。

后来，区政府举办了一期为时 3 个月、共有 80 余人的妇女骨干训练班。犹如撒种子，培训后的骨干回到本乡本村又办起了妇女夜校，短期内，连南各乡就办起了 18 所，学员发展到 700 多。学满归来的张素娥成了名副其实的老师，这一身份，从此铸就了她光荣而苦难的一生。

张素娥把常见的农具和动植物，绘成图画，写上文字，编成直观的《看图识字》教材进行教学。女人大都爱唱歌，她用歌谣的形式编课文，比如，"地主住洋房，我们晒太阳，豪绅吃猪肉，我们没衣裳，军阀娶姨娘，我们上战场，如要求解放，杀他个精光！"识字读书的同时向妇女灌输革命道理，并联系实际，破除封建迷信。夜校学唱了《十剪发歌》："一剪发，初来兴，希望老妹要留心，旧式礼教要打破，剪了头发同革命……"下课后，张素娥就带头挥起明亮的大剪刀，咔嚓咔嚓把发髻剪掉。学唱了《妇女解放歌》，张素娥就带头卷起裤腿下田劳动，勤学苦练犁田、插秧，随后涌现出一批田间能手，破除了"妇女插秧，禾苗死光"的封建谬论，保障了后方生产。让村里老人最为震惊的是，张素娥教大家唱《自由结婚歌》："男女同志要平等，自由结婚不要钱，自由结婚真正好，手牵手来笑涟涟。"夜校 17 岁的邓德兰，结识了本村青年张瑞明，他们自由恋爱，结婚那天，不穿旧式长袍，不拜天地，只举行一个仪式，新郎新娘站在厅中间，身披文明带，众人贺喜过后，喝茶吃糖，真正做到歌里所唱那样。

夜校，知识生动新鲜，还把妇女们内心积压的苦水都倒出来了，把深受重压的活力激发出来了，大家仿佛找到了自己真正的家。入夜之后，忙了一整天的姑娘、大嫂们，即使是家务缠身，即使是刮风下雨，也点着松明火把，或提着马灯，从四面八方集中到夜校里来。山村的夜空再也不似往日的死寂，一阵阵咿呀学读的声音，那是旷古未有的新景观。

以张素娥为中心，夜校形成了强大的凝聚力，除读书之外，她带领年轻的妇女们，像男人一样，配合红军、游击队打土豪分田地。还组织了"夜校慰劳队"，白天帮助红军战士洗衣服，看护红军家属，夜晚到校学习还带布草鞋去做，月底收齐送红军。经过一段时期的学习和锻炼后，夜校的学员有的直接加入地方武装，有的被选为乡苏干部，有的被编入红军宣传队、医护队等。

张素娥看着姐妹们一个个离去，去干新鲜的革命工作，心里羡慕得痒痒，可夜校却离不了她，夜校的老老少少都很喜欢听她上课呢！即使是参加过培训，她的知识水平也实在不算高。好在有两个哥哥帮扶着她，她自己也天天不断加强学习。

消灭文盲办法多

1931 年 11 月，中华苏维埃临时政府成立后，以夜校为主要形式的业余学习开始进入大发展的阶段。1933 年 10 月，中央文化教育建设大会开幕，做出"消灭文盲"的决议，乡、村两级建立消灭文盲协会。乡设夜校、半日学校、识字短训班等，以集中识字，培养识字骨干。村设若干识字组，作为扫盲的基本组织。在城镇中则既有集中扫盲的组织，也有各单位设立的夜校和识字组。社会教育进入最高峰。形式主要有四种：

夜校：以每村一校为原则，列宁小学教员兼任夜校教员，16 ～ 45 岁的人均动员入校学习，学习期限由学生原有的文化程度来决定，务必达到能看普通文件为学习终点。

识字组：一些人因家里人太少、距离夜校太远、小孩累赘等，就编成识字组，按住所的接近，3 人至 10 人编成一组，选举组长一人，随时、随地学认新字，起初，画地为字，随后各立一簿，字从"桌椅板凳猪牛鸡鸭"写起，大约十天由组长收齐，送夜校老师批改。

识字牌：钉在路旁墙壁上，一次写两三个字，三天一换，由列宁小学老师按教学计划制定。由站岗的人教授、考问过路的人。

俱乐部列宁室：它源于红四军的士兵委员会，后来由红军部队不断普及全苏区各乡村。开展政治、科学讲演、读报、讲报、运动、游艺、唱歌、演戏等活动。将文化和娱乐很好地结合在一起。

当时共青团领导下的少先队员是识字运动的主要干将。具体情形，从谭启龙（曾任永新县少先队队长）晚年回忆录中可见一斑：

由于广大群众生活贫困，没有受教育的机会，文盲和半文盲占很大的比例。为改变这种状况，我们响应县苏维埃政府的号召，组织少先队员参加夜校学习，制订学习计划，要求少先队员平时每晚学习两小时，每天学会3到5个字，每人识字3000个，便算脱盲。还组织学习竞赛，表彰成绩优秀者。识字委员会在各个村口路旁建立识字牌，每天更换5到10个字，让过往行人认。行人如果不认识，少先队员负责教他们，待他们认识后再放行。少先队员行军时，走在前面的人背上都写几个字，供后面的人认读。这样经过一段时间，少先队员的文化水平都得到很大提高。

我的文化水平就是这样打下的基础。在此之前，我没有进过学校门上过一天课。在贺家放牛时，他家的私塾先生讲课，我有时站在外面听听，这样认识了几个字。参加革命后，党团组织十分重视文化教育，由于工作需要，加上根据地学习文化的气氛很浓，我把学习文化当成最迫切的任务，参加补习班，听老师讲课，大家见缝插针，互帮互学，行军时也到处认建筑物上的字，还时常制订、执行短期的学习计划。经过在少先队工作这几年不间断的学习，受益很大。我不光能阅读一般的读物，还能写简单的文章。记得在湘赣省工作期间，我写的第一篇文章《庆祝中华苏维埃临时中央政府成立一周年》刊登在《列宁青年》刊物上。今天看到这篇文章，的确写得不算好，但是，这足以说明根据地文化学习运动的可喜成就。

小战士在用中学、学中用

杨立三任总部副官长的时候，身边有个小通信员叫朱达。

1931 年 4 月的一天，杨立三笑眯眯地告诉朱达："领导决定提升你当上士，明天到职。"

小朱达惊讶得嘴 O 了半天！然后他着急地说："我怎么能当上士呢？我一句书没念过，一个大字也不识，干不了那一份呀！"

"为什么？你送信都认得字，送得很准确嘛！"

"那是班长指点给我的，指东朝东，说西奔西，简单化。当上士要买东西，记账很头疼，我害怕复杂。"

"这不用怕，好办，学习学习嘛！"

"学习，好！送我进学校去，学完再当上士吧！"

"咱们哪有学校呀！"他笑了笑，"嗯，嗯，嗯！我给你想个办法，送你到学校去！"

杨立三找来些旧账本，翻过面来，订了个本子；又寻了根硬木头，削得尖尖的；连同他仅有的半截铅笔，一件件塞进朱达手里，说："这是学习本，这是笔。走，上学去！"

朱达兴冲冲地跟在杨立三屁股后面，拐弯抹角了一阵，哪里知道，杨立三竟把他领到司务长面前，介绍道："这是学校校长兼教授！"

嗯，原来是这样的学校。

"好吧，就听你的，我来学。"听完杨立三一番耐心的教导，朱达最后无奈地点点头，开始了"学校生活"。

买了什么就学什么，一天学几个词：白菜、萝卜、豆腐、猪油……走路的时候小声地念，坐着的时候就用木棍在地上写，睡觉的时候用手指在肚皮上写，学着学着，倒也有趣了。

起初，有的战友见他的嘴巴一天到晚老是动，说他是和尚念经，发疯了；有的人笑话他，说他写的字像八脚蜘蛛。但朱达笑笑不理，因为杨副官长总是鼓励他，他决定要学得烂熟。

一个月学写六十个字，两个月就有一百二。有了文化，当上士就不愁干了。用过不少铅笔，磨钝了不少木棍子，文化就像根虫似的钻进脑子里了。"我再也不是文盲了！"躺在床上，朱达笑眯眯地在心里喊着。

12月，司务长被调往别处任职，朱达成了他的接班人。这回，朱达是高高兴兴地接任。因为写字、记账，朱达在这个"学校"都学得不错啦。

很多红军战士就是像朱达那样，虽然没有接受正规的学校教育，但在具体的岗位上，进行创造性的业余学习，取得了一定的成绩。1933年，文化教育建设大会后，红军队伍全军上下掀起了扫文盲的高潮，由连队组织识字班组，依文化程度分成甲、乙、丙三组，由文化程度较高的首长任总教员，连队的文书任甲组教员，甲组学员是乙组教员，乙组学员又是丙组教员，这种连环式教学不仅解决了教员不足的问题，还使识字活动高度机动灵活，工作学习两不误，时间抓得紧，范围广、收效大。朱达呢，理所当然成了甲组教员，小小年纪成了战士们的"老先生"，带领大家热热闹闹地读读写写。

红军青年冲锋季，每人要识三百字

1934年，春寒料峭，一个伸手不见五指的夜晚，一军团政治部主任罗荣桓举着火把，步履匆匆来到一扇小木门前，进门便说："要赶紧想些办法，多采取有效方式，活跃一下部队的情绪。"

开门的是兴国的萧华，12岁加入共青团，13岁担任团县委书记，14岁时，毛泽东亲自将这位"苏区红崽"引进部队，交给了红四军政委罗荣桓，并说："这孩子日后会有大出息。"初来乍到，他跑上跑下，仅用几个月的时间，就把部队的青年工作干得有声有色。才17岁，他已是红军总政治部青年部部长。

　　油灯微火，忽明忽暗，两人细细交谈，不觉已是深夜，该走了。罗荣桓跨出门外，还回过头来补充一句："我知道，你能拿出办法来的！"

　　萧华感到心里沉甸甸的，许久不能入睡。

　　国民党对苏区已反复进行了四次"围剿"，虽然红军将它们一一英勇顽强打破了，但红军自身伤亡也很重。生活物资出现了最严重的困难，缺衣、缺粮、缺盐、缺医药，指战员们体质普遍下降，尤其是疥疮、疟疾等常见病频发。文化生活也随之愈来愈枯燥单调。在这种情况下，亟须采取措施鼓舞士气激励斗志。

　　两天两夜后，萧华拿出了关于青年工作指示的具体条文，提出了开展以"四不五要三努力"为主要内容的"红军青年冲锋季"竞赛活动建议，并很快被总政治部采纳。

　　四不：不生病、不掉队、不怕苦、不犯纪律；五要：每人要识三百字、要团结友爱、要积极参加文体活动、要搞好军民关系、要讲究卫生；三努力：努力提高政治觉悟、努力提高军事本领、努力提高文化水平。这些竞赛内容包括卫生、政治、军事、文化等各个方面，看似一般且笼统，但都是针对部队当时的实际情况提出来的，是与部队战斗力紧密相连的。比如，"四不"中的"不生病""不掉队"，就是保障部队战斗力的条件和要求，在具体执行中，又进一步细化为"不喝生水、不抽烟、不喝酒、不吃辣椒"这四项可操作的具体要求。

　　萧华担心大伙记不住具体内容，特地叫人找出《苏武牧羊》这支古曲调的歌谱，将"四不五要三努力"的内容谱成歌曲。不久，这简明通俗的歌声便在军营上下传唱开来。

　　"五要"中要求"每人要识三百字"。

　　红军战士大都出身穷苦，文化水平很低，特别是刚补充入伍的兵源，很多人连自己的名字都不会写，更谈不上写家信、看作战图了。所以，"红军青年冲锋季"要求：每人在这三个月内识字三百。这个目标，现在很多幼儿园小朋友都不觉得是难题，但对那时的红军战士来说，难度不小，红军战士不可能停下打仗之类的事坐在教室里专门学习三百字。但大家学习劲头还是很足，上下齐动手，集思广益，将部队生活的特殊环境，变成了形形色色的文化课堂。

没有统一的读本，就把部队生活本身当作一本活生生的教材。学日常接触的用具，学连队每个同志的名字，学行军经过的地名，还有一天一换的夜间口令，也成为大家学习的目标。这比世上任何教科书都实际、管用。

三军七师一团通信排有个通信员，叫盛治华，和萧华一样 17 岁，不过，他可没像萧华一样上过小学、初中，参军前连学堂门都没进过。12 岁就跟篾匠师傅做学徒。俗话说，"夏不喝粥（热），冬不摸竹（冷）"，可篾匠哪能不摸竹呢！小学徒盛治华更是，手上到处刀痕累累，稍不如意，师傅还打人，苦上加苦。几年后快要满师时，红军来到家乡，不准师傅打人，还装饭给他吃，他边吃便啪嗒掉眼泪，吃完一抹嘴，当了红军。

小篾匠学文化，就从这"红军青年冲锋季"开始。

那时当通信员，几乎天天都要写"密码性标语"。什么叫"密码性标语"？用现在的话说就是传达秘密信息的标语。比如，行军，岔路口画路标容易暴露秘密，通信员就在纸上写标语，压在石头底下。后续部队或者掉队的同志搬开石头，就会发现"打到某地去"之类的标语。人们从这些标语口号中的地点上，就能得到"向左""向右"或者"照直前进"等方向性暗示。这样的标语每天要写一大把，用的纸都是财主家单面印字的线装书裁成的。盛治华一开始不会写，天天跟在老通信员后面看。途中休息的时候，就以石子、木棍当笔，以大地为纸，边写边念，互帮互学。开始行军了，就把写着字的小木牌插在前边同志的背包上，边走边认。

不独盛治华如此，红军战士个个抓住时机，想尽一切办法学习，生怕自己落后，全军上下一派紧张而愉快的景象。慢慢地，盛治华能独当一面写标语了，三百字的任务也就不知不觉完成了。

半个多世纪过后，已成为赫赫将军的盛治华，回想当年，感慨万分地说，我们这些大老粗后来能担负起党交给的领导重任，一个重要原因，就是"红军青年冲锋季"逼出了学文化的兴趣。最初的三百字，奠定了红军战士乃至许多开国将军的文化基础。

除了识字运动，部队还举行各种活动，诸如歌舞晚会、卫生比赛、花枪表演、劈刺动作、投手榴弹等。每项竞赛活动都做到有布置、有检查，具体做法是：首长下令，紧急集合，用简短明快的语言，布置一两项工作，限期一到，再度集合起来，当众检查评比。此方式谓之"飞行集会"，将一项项活动推向高潮，部队的青年工作由此热气腾腾、虎虎生气。

1984年年初，北京。室外和五十年前一样春寒料峭，屋内却暖意融融。三位古稀之人——上将萧华和中将王宗槐、刘志坚聚集一堂，这些当年"青年冲锋季"的亲历者，你一句我一句，追忆那段逝去的激情岁月，《苏武牧羊》曲调的《四不五要三努力》的歌声，沧桑而有力，传出窗外，在乍暖还寒的春风中飞扬……不料，第二年，萧华将军便病逝于京，享年69岁。

长征途中学文化

凄凉的秋风阵阵吹来，于都河畔，长长的红军队伍集结，等待远行。1934年10月，"红军青年冲锋季"的热潮还未完全退去，蒋介石对苏区第五次重兵"围剿"，步步紧逼，红军迈出战略大转移的步伐。

正规的红军教育——红军大学、第一步兵学校、第二步兵学校和特科学校，四校已合并，称为干部团，在漫漫征途中边学习边战斗。

广大红军战士的业余学习，在国民党重兵前后左右一路围、追、堵的情况下，能持续吗？

2004年，江西吉安干休所内，一位穿着旧军服的83岁老人说："长征就是我的大学。长征路上，我不仅懂得了革命的道理，学会了打仗，还学会了识字。"

这位老人叫夏精才，贵州黔西县（今黔西市）人。1935年1月，天寒地冻，一群戴着红星帽的人来到家乡。14岁的夏精才像往常一样，背着一捆柴火去街上卖，听到很新鲜的话："我们是红军，红军是穷人的队伍，不打人，不骂人，官兵平等……"夏精才心里想：穷人的队伍，起码会让穷人吃饭吧。他挤进人群，问："你们要不要我这样的人？"得到一声很爽快的回答："要！"夏精才把柴火一扔，丢给旁边的老乡，报名参军了。

　　参军前，夏精才是地地道道的"干人"。"干人"是云贵川地区对穷人的称呼。夏精才的父亲很早就去世，母亲靠乞讨为生。夏精才小小年纪，就靠在地主家放牛，同时卖一些柴火来养活自己。至于上学，连学堂也没见过，大字不识一个。长征，成了夏精才的第一学堂。除了耳濡目染学政治、学军事，还学文化。单从识字来说，夏精才完成了一个文盲的蜕变。

　　早在"红军青年冲锋季"的时候，队伍里就发明了一种"看背后"的识字方法，具体的做法是：连队的文书或指导员写好字，贴在每一个行军战士的背上，后面的战士行军时，可以看前面战士的背，一次识一字，这样日积月累，识的字就多了。长征途中，行军的时间很多，这种方法被广泛地运用开来。

　　"因为太累，宿营时根本无法学文化。而行军时，由于太枯燥，学几个字，反而能减少行军中的困意。"夏老回忆说，"默默的行军中，那沙沙的脚步声，比安眠药都厉害。"

　　夏老还清楚地记得，自己最早学会的就是"红军""我""蒋介石"等字。如果偶尔有行军不是十分紧张的时候，连队的文书就会把大家组织起来考一考。蒋介石根本想不到，自己眼里的"逃亡军"，在飞机大炮轰炸的间隙，竟然还有心思学习？

　　衣不蔽体、食不果腹、枪炮呼啸、血肉飞溅、苍茫草地、巍峨雪山……十几岁的夏精才和他的战友们硬是闯过来了，还一点一滴、日积月累，学了不少字，摘掉了文盲的帽子。这是另外一种意义上的"长征"。

　　对广大穷苦出身的战士来说，也是个了不起的奇迹。其实，红军早就确立了文化建军的思想，红军绝不仅仅是一支战斗队，它还是传播革命文化的光荣使者。"没有文化的军队是愚蠢的军队，而愚蠢的军队是不能战胜敌人的。"毛泽东于1944年做了精辟总结。

　　文化建军，识字是基础，共产党领导人非常清楚。所以制定种种政策推行识字运动，并身体力行参与其中。第五次反"围剿"失败后，红军到了生死存亡的关键时刻，中央领导"三人团"只剩下周恩来成为中坚力量，他成了红军中最忙的人。可曾经在周恩来身边工作的红小鬼，比如，警卫员丁振愈、曾祺祥、魏国禄等，回忆漫漫长征路时，都提及一件琐事——

跟首长学文化。

　　红军开始了二万五千里长征。周副主席白天黑夜工作都很忙，睡得也很晚。到了第五天晚饭后，他把我们叫到跟前，亲切地说："小同志，这几天没有教你们认字，很对不起你们哟。现在就开始教。你们的名字写得出吗？"

　　周副主席行军疲劳，工作又忙，还把教我们学文化的事儿挂在心上，真使我们感动极了。听到他那诚挚的问话，我们爽快地回答："姓写得出，但写不好，名字更写不起。"

　　"你们先写一遍看看。"

　　看到周副主席慈祥的面容，听到周副主席和蔼的话语，我亲昵地靠近周副主席，拿起铅笔，伏在桌上，使劲地在纸上写了一个"丁"字，写得歪歪斜斜，还差点把纸给戳破了。

　　周副主席看了看我写的字，拿起铅笔，在纸上边写边说道："'丁'字的一横要写平，一横下面的一竖要拉直，一竖下面的钩也要打好。'振'字的左边是提手，右边是'辰'字。……"他反复写，反复讲。教了我，又教曾祺祥。大约教了一小时，他说要开会去了。临走前，还指示我们找点纸，订个小本本，利用休息时间，自己练习，下次再来，他要检查。

　　第二次学习时，周副主席果然先检查了我们订的本本，然后看了看我们写的名字，满意地说："好。现在，我教你们认、写'打土豪'三个字。土豪你们恨不恨呀？"

　　我和小曾异口同声地说："恨透了！"

　　周副主席随即在纸上写了"打土豪"三个字，要我们照着写一遍。他看我写的"豪"字写得不好，就转到我背后，伸出他温暖巨大的手，轻轻握住我持笔的右手，依着笔顺，一笔一画地写了一个"豪"字。过去，我持笔像有千斤重。这时，我觉得轻快极了。写好"豪"字，周副主席又对我们说："一时写不好不要急，只要用心记，多练习，就一定能够学好。"

　　后来，周副主席又先后教会我们"红军""农民""为人民服务""领导"等字、词和句子。他总是由浅入深，循序渐进地教我们。他那诲人不倦的精神，使我永生难忘。起初，他只要求我们能写、会认，后来又要求我们能解释。他还经常结合教文化知识，给我们讲秋收起义的故事；讲毛主席上井冈山的故事；讲红军在井冈山上吃红米饭、喝南瓜汤的故事；讲朱总司令挑粮上山的故事等等。听了这些故事，使我们这些年轻人了解了老一辈无产阶级革命家的光辉业绩，学习了政治、军事，学习了我军艰苦奋斗的光荣传统，使我们懂得了更多的革命道理。学习了"围剿"两个字，我们不但认识了生字，懂得了词的含义，通过周副主席的耐心讲解，我们还明白了"左"、右倾机会主义对革命事业的危害，提高了我们的路线斗争觉悟。

　　由于周副主席耐心教导，严格要求，我们越学越爱学，越学越有劲。长征刚刚进入贵州边境，我就基本上掌握了上百个生字、难词了，而且达到了"四会"。一天，我试着写了一封家信送给周副主席看，他仔细看了一遍，非常高兴地说："不错，写得蛮好嘛！就把这封信寄回家去，也好让你家里的人高兴高兴。"于是，我遵照周副主席的指示，寄出了有生以来亲笔写的第一封家信。我能写出这封家信，不知道敬爱的周副主席付出了多少心血啊！

　　不独丁振愈遇到周恩来这么好的老师，毛泽东、朱德、陈毅、徐特立等伟人身边的红小鬼都有类似经历。长征路上，战斗之余，从上至下时时都呈现出学文化的景象。

　　第二次国内革命战争时期，广大工农兵的识字运动，就是"用所有识字的，教所有不识字的"，不管在什么恶劣环境下，"工作人员教工作人员，战斗员教战斗员，群众教群众，老公教老婆……"共青团领导下的广大青年男女充当主力军、先锋军，苏区处处一派积极学习的好光景。

第九章　红军第一支无线电通信队

在苏区，除了儿童教育列宁小学办得红火，识字运动轰轰烈烈，也有很多专业的学校，如步兵学校、特科学校、干部学校、通信学校、卫生学校、农业学校、戏剧学校、银行专修学校等。其中，小红军聚集较多的是通信、卫生、戏剧这几类学校，最具特色的是红军第一支无线电通信队。

"一部半"电台起家

革命早期，红军打仗大多靠传令兵和交通员的两只铁脚板往来传信，条件好一点时，就骑马送信或者靠少量的有线电话来指挥作战。这种落后的通信方式随着革命斗争形势的发展，已很难满足战争的需求。

"敌进我退，敌驻我扰，敌疲我打，敌退我追……"1930 年 12 月 25 日，江西宁都小布，万木霜天红烂漫，口号声声冲霄汉，第一次反"围剿"军民歼敌誓师大会热烈进行。4 天后，在黄陂、小布地区隐蔽待命的红军，秘密西进，埋伏在龙岗，待蒋介石十万大军中孤军冒进的第 18 师进入包围圈，集中优势兵力，打了个漂亮的歼灭战。

红军中有个 16 岁的伢子炳崽，人小鬼大，第一个冲进 18 师师部，收服了一个未来得及逃跑的高个子军官，然后看到旁边还有一些机器，百般好奇，叫道："喂，快来看啊，这些是什么玩意儿？"几个红军战士你看看我，我看看你，谁也说不出。炳崽转身向高个子俘虏一扬，命令道："你讲，这是干什么的？"

"是，是无线电台。"高个子嗫嚅道。

"什么'店台''柜台'的，说干脆点，能不能打子弹？"

"不能。"

"能不能打炮弹？"

"不能"

"真话？"

"不敢撒谎。"

炳崽上上下下打量了一番，觉得高个子没有说谎，便举着马枪，边说边砸："好笨重的家伙，既不能打子弹，又不能放炮弹，留着干啥！"其他战士也一齐动手，"乒乒乓乓"将机器砸出千丝万缕的细电线和密密麻麻的玻璃管儿。然后炳崽就押着俘虏神气地离开了。

这一砸可闯大祸了！当识货的红军师长赶来时，他心疼不已，把炳崽他们痛骂一顿，责令做检讨，当即把被砸坏的电台送往红军总部驻地小布龚家祠。毛泽东叫人来仔细检验一番，好在没完全废掉。虽然这部电台的"嘴巴"没有了，不能发报，但它还带着"耳朵"，可以当作收听情报的电台用。毛泽东笑呵呵地说。随后下令："以后凡是在战场上缴获了敌人的东西，不懂的不能随便破坏，都要完好无损地上交。"

1931年1月3日，在龙岗打了个漂亮的大胜仗的红军又乘胜追击，在东韶消灭了惊慌失措的谭道源师。炳崽他们几个砸过电台的小战士特意到师部，搬回一部电台，完好无损地送到了小布红军总部。一旁的通信参谋说："炳崽，你这个带头砸电台的，应第一个去学电台。"

原来，炳崽在龙岗收服的高个子叫吴人鉴，是国民党18师的报务主任。现在，经过毛泽东亲自做思想工作转为参加红军了，改名叫王诤，还答应办班培养红军无线电学员呢。

1月中旬，红军总部利用这一部半电台在宁都小布的陈家土楼成立了红军第一支无线电通信队，王诤为队长，冯文彬为政委，新建立的无线电通信队除技术人员外，还有监护排、运输班、炊事班等。

从根本不认识、砸毁电台到娴熟运用电台，从一部半电台到后来数量逐渐增多，不到一年的时间里，红军无线电通信事业得到不断发展壮大：1931 年 6 月 2 日，红军实现了有史以来的第一次无线电通报；9 月下旬，实现了中央苏区与上海党中央的第一次通报；11 月 7 日，建立的第一个文字新闻广播电台正式开播。从此，无线电通信成为红军作战的主要指挥联络方式，实现了朱德"从无到有，从小到大"的预言。

曹丹辉苦学本领，无线电初显神威

1931 年 1 月 8 日，天阴冷，还下着没完没了的细雨。16 岁的曹丹辉吃完午饭半天了，还咂巴着嘴，好像还在回味那点糙米饭的滋味，突然有人通知：下午 3 点到首长（粟裕）办公室一趟。曹丹辉是师政委办公厅的青年科长，是个很有才干的小后生，但此刻，他却颇为忐忑。

"军委决定，派你去总部学习无线电，党和上级把这种光荣的任务交给了你，这是对你的信任……"粟裕师长大声地宣布。曹丹辉心里一阵惊喜，过后，担忧又暗暗涌上来：无线电是啥东西呀？我只是个小学生，能学得好吗？

说起学习，曹丹辉想起父亲，这个南康县浮石乡蔡屋村普通的贫苦农民，因三担租之事与地主打官司，被判刑两年。全家人又愤怒又无奈，决定——即使忍饥挨饿，也要送一个孩子去上学，不再吃没文化的亏，或许还能出人头地、光宗耀祖。

兄弟姐妹不少，选中了曹丹辉，虽然这一年，他已 10 岁。知识改变命运，这话在他身上得到实践。几年的读书生活，他不仅学到了文化知识，更直接接触到进步的革命思想。他 13 岁开始参加革命活动，15 岁正式加入红军，今年 16 岁，更是因为难得有年轻的红军"读过几年书"，他这个正儿八经进过学堂的"人才"被选入"第一期无线电培训班"。

几分激动、几分担忧，他拎着一个简单的小包袱，来到小布总部，参谋处郭化若处长接待了他，介绍他到无线电大队去，全大队除监护、运输两个排外，只有十二个同学，大队长是王净。

第二天，1月11日，天放晴。训练班举行开学典礼，朱德、朱云卿、郭化若、李井泉、左权、杨立三等总部领导都来参加了。两天后，毛泽东也赶来上政治课，指出："无线电通信是我们的千里眼，顺风耳……"朱德后来几乎天天晚上来，给大家讲故事、讲革命道理，一讲就是一两小时。

上级如此重视这个刚成立的小小班级，但训练班的办学条件却无法优越。

没有蜂鸣器，用口念电码，练习抄收电报。没有教材，把毛边纸放在大米汤里"过"一下，晾干当蜡纸，油印教材。没有汽油充电，用煤油代替。煤油也不多，其他部门的同志，把办公点灯用的煤油节省下来支援。没有钢笔，自己动手把小竹管或鹅翎削尖了当钢笔用；铅笔自己不会做，但每个人都有几副夹铅笔的铁皮管或竹片，手指头捏不住的铅笔头靠夹子照样用。没有电键，请铁匠打了几个"土造货"代替，因为它的样子挺像"榔头"，大家便被兄弟部队叫作"榔头兵"。但是，就是这些"榔头"也不够一人一件，还没轮上用"榔头"的学员，就用自己的左手大拇指当电键……

学习的各种必需品，都没有。

没有菜吃，自己利用课余时间上山拔野笋和挖野薯，每人每天只有三分钱的菜金，只够买点油盐。没有足够的口粮，每人每天只有一斤糙米，掺上黑豆煮成饭，吃起来发苦。没有煤油灯，自己上山砍松柴，劈成细条，借用老乡捉泥鳅的铁罩子架起来烧，这种"灯"点一会儿，满屋子就烟雾腾腾，一会儿工夫每个人都被熏成戏台上的"黑面包公"。没有被子，钻草窝睡觉，加上换洗的衣服不够，大家身上长满了虱子。讨厌的虱子，越是在忙的时候，越咬得人痒得难受。毛泽东来上政治课时还特意提到它："虱子嘛，不要怕，等我们把白匪军消灭干净，虱子也就不会生在我们身上了。"

生活的各种必需品，也没有。

朱德同志在训练班开学典礼上也说过一个"没有"——在红军的字典里，没有"困难"两个字。

红军战士，有的是战胜各种困难的智慧。曹丹辉心里暗暗地想。但是，让曹丹辉和同伴头疼不已的是——知识上的贫乏。

虽然大家是从各部队千挑万选来的“文化人”，有的初小毕业或高小肄业，有的在队伍里学过两三年文化，能写写墙报。但靠这点儿墨水要学无线电，还是搬楼梯上天——相差太远了：什么英文、电子学，过去莫说挨边，就是听也没听过；拿起笔来写英文字母，就像大男人拿绣花针一样；读起外文字母来，更是土话、外语含混不清，活像嘴里含了一个热芋子。大家边学还边怀疑，这堆几十斤重的东西，是不是真能替人送信？面对那块布满密密麻麻导线的电路板和什么低周变压器、电子管、电容和五颜六色的电阻等等，大家可真是有点老虎咬蓑衣，不知从哪里下牙。

但困难的对手是——一群历经困难千锤万打、浑身热血沸腾的小小革命者。

“再高的山都在脚下过，再难的关红军也能破！”

“红军战士天不怕地不怕，军阀土豪不怕，蒋介石的‘围剿’不怕，还怕几个洋文数码？吞也要把它吞下去！”

“党交给我们新的武器，把我们安排到一个陌生而又重要的战斗岗位，我们就一定要掌握好这新的武器，坚守住这重要的岗位。”

稚嫩而豪迈的呼声回荡在小布那座陈旧的土楼上。他们每天把教员讲的东西死死地记在脑子里，吃饭时在心里默念，走路时大声背诵，坐在一起就互相提问，晚上熄了灯后不许说话，他们便用手指在肚皮上画收发报机电路接线和走向，有的睡着了，连做梦都在念“message”……

蚂蚁啃骨头，骨头虽硬，一点一点，终被吞噬。四个月紧张的训练过去了，大家开始轮流上机实习了。

国民党的第二次大“围剿”也开始了。战争也是一种学习，毛泽东同志早就说过：“读书是学习，使用也是学习，而且是更重要的学习。从战争中学习战争——这是我们的主要方法。”还没有正式结业的红小鬼，利用被“炳崽”砸毁仅剩的半部电台在前面收报，用在东韶缴获的一部电台在总部收报和发报，靠初步掌握的新技术，第一次用无线电为革命服务了。

国民党派出 20 万兵力，稳打稳扎，步步为营，分四路逼近苏区。红军主力约 3 万人马，秘密转移到龙岗、上固、东固地区，待机歼敌。

曹丹辉和同伴盯着电台，一天又一天，昼夜不息，轮流监听信息。

5 月 15 日，整整一下午，与此前一样毫无结果。同队长王诤一起值班见习的曹丹辉，搓搓酸痛的眼睛，扭扭僵硬的脖子，望见时针正指向 18 点的下班时间，耳朵却听见国民党 28 师电台说："我们先驻富田，明晨出发。"

国民党吉安台问："到哪里去？"

答："东固。"

曹丹辉高兴得一蹦三尺，王诤队长叫他火速将情报送到总部。红军主力早就在东固隐蔽集结了 25 天，总部等的就是这个时机。情报收到，马上下令布阵。训练班也立即结业，随总部指挥所驻白云山。

第二天，曹丹辉和同伴们便收到国民党电台不断的"SOS"呼救信号。第三天，国民党师长公秉藩被活捉，其电台和技术人员全部俘获。红军首战告捷，乘胜横扫，连续打了几个大胜仗。

累累战果中有曹丹辉他们盼望的三部无线电台，分发到各军团和有关机构时，红军战士们与训练班的小鬼们兴奋极了，握手、拍肩、捶胸，个个说："好哇——有了这个，我们的耳朵更灵了，更能打胜仗了……"

欢笑过后，曹丹辉感觉更为沉重，信任、责任之类的东西在心底沉淀。此后，他一直默默奋战在红军通信一线，在后面的三次反"围剿"战斗、艰苦卓绝的万里长征、抗日战争、解放战争中，创下了鲜为人知的重大功绩。1955 年，当年 16 岁的电台小兵，成为一颗闪亮的少将之星，年仅 40 岁。

马背上的中国工农红军通信学校

第二次反"围剿"，第一期无线电训练班的红小鬼小试牛刀，初显无线电技术之巨大作用。同年 6 月底，第二期无线电训练班开办，学员 18 人。11 月，第三期无线电训练班开办，学员达 36 人。刚过一个月，国民党第

26 路军在宁都起义，大批人才与电台充实到红军队伍中。同时，其他苏区在战斗中也不断缴获电台和通信器材，无线电技术人才的缺乏频频告急。

中央军委决定，以第三期训练班为基础，于 1932 年 1 月在瑞金洋溪正式成立——中央军委无线电学校。1933 年 3 月，无线电学校迁至瑞金坪山岗，并正式命名为"中国工农红军通信学校"。

原苏区中央局电台台长、通信学校政委曾三在《星火燎原》中回忆当年："人数最多的时候，一共有八个队，六七百名司号学生，一百多名电话学生，一百多名旗语学生，和几十名无线电学生。除了电话队有些年龄较大的学生以外，其余都是些十四五岁到十八九岁的青年；教职员的年龄也不过二十来岁，真可以说是一个生气勃勃的青年学校。"

人数、专业均大大拓展，创办难度也较以往增大，特别是无线电技术专业队。"生源"严格、难找：从前线挑选，年轻战士，出身要好，政治坚定可靠。这类人不会少，难题是——文化水平高的这类人太少，开始的入学条件只要求"能看懂普通文件及简单书信"就行，后来却降低到"能识二百个字以上"，才找到"几十名无线电学生"，数量比其他专业少得多。"师资"方面主要来源于国民党，学校校长刘光甫就是从 26 路军起义过来的，很多教员也是共产党"优待俘虏"的良好结果。共产党在上海也有一个小小的秘密师资基地——"上海福利无线电公司"，以该名义秘密培养的红色无线电技术人员，陆续派往各个苏区，补充了一部分教员。"学校设备"和列宁小学一样遵循"因陋就简"原则，比曹丹辉在小布参加的第一期训练班好不到哪儿去。

至 1934 年下半年，红军第五次反"围剿"失败已成定局。苏区许多学校被迫解散，通信学校却接到上级通知：随军行动，原建制不变，代号是"红星"第三大队。

学校怎么办？驮上马背，边行军边办。

这真是世间罕事。但红军却真有此创举。

长征路上的无线电班是第 9 期学员，一共 8 人。行军必然是危险又疲惫的，但一到宿营地，无线电班的学员不是忙着休息，而是抓紧练习。身上连一张纸片也没有，大家就随着蜂鸣器发出的电码声用树枝在地上画，练习抄收。有时一人用口模仿蜂鸣器拍发电码，其他同志练习抄报。有时还互相测验英文和学过的功课。当时的英文老师沈毅力，是从国民党公秉藩 28 师过来的，在一次英文考试后，他深情地对这帮红小鬼说："我虽是你们的老师，但我从你们身上学到了不少东西，学到了红军战士的顽强意志。"

连周恩来和朱德两位首长也对这批电台红小鬼印象深刻。

那是 1934 年 12 月，寒冬已至，冲破几道封锁线的红军行军至老山界，这是赣粤边界五岭的最后一座高山，山路又陡又窄，队伍很长，后面的战士不知前面为什么走不动，也不知什么时候能开始走，一路走走停停，又累又倦又饿，加上天色正在变黑，许多人烦得叫起来、骂起来。但有一批人，队伍一停顿，就蹲在地上，不骄不躁地画着阿拉伯数码。路过的周恩来停步观察，亲切地问："你们是通信学校学无线电的？"他们站起身齐声答："是。"周恩来转身对朱德说："这些战士利用行军休息时间学习无线电技术，真不简单哪！"朱德和悦地看着大家说："好哇，有这股子劲就好办！这是件新鲜事，将来革命胜利了，你们要告诉后代，说红军在几十万敌人的围追堵截下，在敌机不断轰炸的间隙学习电台技术，这可是相当宝贵的传统教材啊！"

这么"宝贵的传统教材"对现代学子来讲，简直有点不敢相信。对此，2006 年《新华日报》记者采访红四方面军无线电台台长秦华礼时，秦老略带气愤地说道："这都是我亲身经历的事，怎么是'没有的事'呢？"原来，长征途中，除了中央红军坚持办学，红四方面军也有"马背上的红军通信学校"。

秦老回忆说，所谓学校，只有校长，其他什么都没有，没有教室，没有教材，一匹马就是一所学校。他是排长，等于是校长，什么都管，管教学，还要管打仗，还要站岗放哨。8 个月培训，只有头两个月在苏区的室内，其余全部在野外，在行军路上，边打仗边学，边走边学。电键不够，大家就轮流练。学英语，他发明了一个方法：两个人一组，写两个汉字，插在前面人的背包上，我说汉语，你答英语。

1935 年 8 月，胜利会师的一、四方面军将红星第三大队同四方面军报务训练班合并。11月，与陕北红军无线电训练班合并，在延安成立"军委无线电通信学校"。新中国成立后，学校几经更名，几经迁址，今落户西安，华丽转身为全国著名的现代化重点大学——西安电子科技大学。

四　战勤篇

"一定要帮助红军和赤卫军进行侦探、运输、交通、放步哨、救护伤兵、慰劳等工作"，1930年6月19日《少年先锋队工作大纲》明确指出。很多少先队员、儿童团员，没有直接参战的经历，但都执行过上述种种战勤任务。

第十章　小哨兵火眼金睛

　　站岗放哨，是儿童团、少先队最普遍的战勤任务之一。它主要的作用有：一、阻止特务、暗探到苏区来搞破坏。二、防止流窜逃亡的地主、土豪、富农。有一段时期，地方斗争比较激烈。《少年先锋队报》1934年2月22日登载：苍溪县童子团每天都要捉拿一两个反革命分子。一些豪绅地主，抗拒土地革命半夜携财潜逃，多被童子团查获。三、注意白区的行动。站岗的小鬼们在根据地的山岗上、屋顶上、大树上……凡是能看得远的地方，时刻向白区瞭望、观察和监视敌人的行动。各村之间都有规定的联络暗号，发现敌人有动静，白天就放倒红旗或稻草人，晚上就点上一堆火或鸣锣。这样，村庄连着村庄，山岗连着山岗，敌人一出动，后方就做好了战斗的准备。

　　这三项任务，考验着站岗小鬼们的意志与机智。

抓到"货郎"邓小平

　　会昌筠门岭，闽粤赣边陲一小镇，江西通往广东、福建的必经咽喉，中央苏区的南大门。1932年秋，裸露的大地留下一片片整齐的禾苑和一堆堆小山似的禾草，禾坪上金黄的谷子被笓子一块块铺开，翻身农民丰收的喜悦随同谷物的清香在空中、在心田弥漫……

　　弥漫的不止这些，还有浓浓的戒严气息。

蒋介石三次"剿共"连连败北，痛心不已：党国各地"诸侯"人马那么多，都被本座逐一铲除了，而共产党就这么一点人马，怎么就稀里糊涂地输了？其身边诸葛——杨永泰派人向蒋呈递了一份"万言书"，指出："吾随先生出师，细观江西诸地，渐觉共党不足为虑。所难之点为共党与'匪区'民众结为一家，两者合手，实为一严重问题。"

好好反省休整了一年多，蒋介石决定采取新策略——"三分军事，七分政治"展开第四次"剿共"。兵力较前次多 10 万，增至 40 万；暗探、特务化装成商人混入苏区，探听军情，散布反动谣言蛊惑群众。

大战将至，时任会昌中心县委书记兼江西军区第三分区政委的邓小平，会上三番五次强调：各地一定要及时加强和部署赤色戒严工作。

正午，秋阳也烈，村口一棵大榕树，四个小鬼正坐在四个树杈上。他们在掏鸟窝玩吗？不，他们竖起耳朵听响动，睁大眼睛看周围。这是严肃的站岗放哨，白天由儿童团员值班，晚上就由赤卫队、少先队值班。放哨，从内容上分类：有驻守边境哨卡的边防哨，有保卫重要目标的警卫哨，有重大礼宾活动的礼宾哨，有战斗状态下的警戒哨，有负责观察的观察哨；从执勤的方式来分类：有固定哨、游动哨、巡逻哨、明哨、暗哨、潜伏哨、徒手哨和武装哨。

显然，这四个小鬼执行的是边防哨、警戒哨、暗哨。听，有响动！有人来了！远远的弯弯的山路上，一个挑担子的货郎优哉游哉来了。

货郎来到树下，四小鬼纵身一跳，操起红缨枪，团团围住，叫道：拿路条来！货郎吓了一大跳，放下担子，这个口袋摸摸，那个口袋捏捏，可怜巴巴说道："小同志，真对不起，出门时忘了带路条，请你们行个方便，让我过去吧。"边说边打开货笼，拿出一大包糖果和饼干塞给他们。

花生、豆子不是稀罕物，禾坪上晒完谷子就晒它们，晒干后扔进砂锅翻炒一下，香喷喷。可花花绿绿的糖果、形状各异的饼干是稀罕物，以前见过地主儿子吃，红小鬼们还从没吃过呢！

四人捧着饼干和糖果，暗暗地吞了一下口水，然后，放回货笼里，大声地说："谁要你的东西！没有路条，走，跟我们到儿童局去！"于是，两人留下继续放哨，两人押着货郎到儿童局去了。

区儿童局长是比他们大几岁的朱仲友，他仔细查问这个货郎：从哪儿来？什么地方人？为什么没有路条？听着货郎用外地口音支支吾吾地讲不清，朱仲友想起了区苏维埃主席传达县委要"提高警惕，严防特务、暗探混进苏区"的指示，于是加紧追问。货郎无奈，一边求情一边从口袋里掏出一把银毫子，暗暗塞给小朱说："真是忘了带，我是好人，做正当生意，你就手下留情让我过去，我还要赶路呢！"朱仲友剑眉一竖，怒气冲冲地说："谁要你的钱，没有路条，谁也别想过去！"说完就和儿童团员一起，推推搡搡地把货郎送到筠门岭区政府去。

没有路条，放哨的小鬼是绝不让通过的，路条就是通行证。保留至今的一些路条已成为收藏家的抢手货。当时的路条一般都这样写："兹有我村村民××，由我村前往××村探亲，路经××、××村，希望沿途军民见条放行。此条限×日内作废。此致敬礼！"路条后面是该村的竖条公章。瑞金一民间收藏家现在精心保存着一张模糊残缺的路条，用以见证那段特定历史的特殊制度。

路途不算远，他们很快到了区政府，朱仲友先进去向吴日兴主席汇报了这个可疑货郎的狡猾行径。吴主席快步走出办公室，一见货郎，赶紧上前握手，然后，两人不停地呵呵笑起来。朱仲友和其他团员个个丈二和尚摸不着头脑，愣了好一阵。吴主席说："你们抓错人了，他就是布置我们加强赤色戒严工作的三分区政委邓小平同志，今天他来检查戒严工作。"邓小平拍拍朱仲友的肩膀，笑着说："你们儿童团的戒严工作做得很不错，以后要发扬光大！"

朱仲友和其他团员在惊奇万分中自豪地笑了。这时，邓小平又打开货笼，把一大包饼干和糖果送给儿童团员们，边分边笑着说："吃吧，吃吧，这是奖励给你们的。"他们高兴地接过糖果，连蹦带跳地站岗放哨去了。

蒋介石踌躇满志的第四次"剿共"，最终还是以失败告终，其哀叹："此次挫折，凄惨异常，实有生以来唯一之隐痛！"三分军事——被朱德率领那些不怕死的红军灵活巧妙打败；七分政治——小鬼们站岗放哨这一关都难过，"匪区"被当地群众围成水泼不进、风刮不过的不明之地，这政治"剿共"工作如何展开？

反之，共产党的政治工作之强硬有效却可见一斑：连村落里的蒙童都能坚决抵御各种诱惑，积极行动起来参与革命，更不用说村里大人、红军战士的政治觉悟了。兵民一体、上下同心的红军，貌似弱小，实则强大。

阿丕没条子怎么办

放哨小鬼们没认出来乔装打扮的邓小平，把他当坏人押到区政府。若是知道对方是长官，没有路条，小鬼们会怎么做呢？曾任少共中央儿童局书记的陈丕显，在回忆文章里提及这样一件事：

> 第二天清晨，东南方传来了隆隆的大炮声，还夹杂着隐隐约约的机枪声。看来，敌人已迫近我们的指挥中心，形势异常紧张了。我匆匆忙忙吃过早饭，就去"工农剧社"参加宣传会议。
>
> 正当这个时候，所有的大小路口，都有少先队、儿童团站岗放哨。我刚刚走出村子，弯上一条狭长的小路，站岗的孩子就迎了上来："喂，同志，哪儿去？有条子没有？"
>
> "哎呀！忘了。忘了打条子……我是在共青团省委工作的，让我过去吧。"
>
> "不行，没有条子什么人都不能过去！这是我们团部的命令。"孩子们坚决地说。
>
> "前几天，这里没有你们的岗哨，为什么今天特别严？"
>
> "白鬼子说不定会向这儿进攻，我们要查坏人，查开小差的。"
>
> "我要参加会议去，时间快到了，来不及回去打条子，还是让我过去吧。"我几乎像是在恳求了。
>
> "不行，不行，不管你是开小差的，或者不是开小差的。来，跟我走！"站岗的孩子们寸步不让。

正在七嘴八舌吵吵嚷嚷的时候，他们的队长红梅查哨来了。这简直是我的"大救星"。红梅一看见我，就热情地招呼说："阿丕同志，你怎么有空到这儿来？"

"我要去参加重要会议，忘记打条子，不让过去。"我向她诉说。

"嗨哟，这是阿丕同志，是我们的上级，是负责人，命令是他下的，条子也是他发的，快让他过去。"红梅向他们做了一番解释。

红梅虽然不过十七八岁，却比其他孩子显得老练多了，孩子们也听她的。

"你是共青团的负责人，你自己下的命令，为……为什么自己违反命令，没条子呢？"少先队员毫不放松地说。

站岗孩子的这一问，让陈丕显这个"负责人"着实尴尬不已，回答不出。

不仅这几个小鬼敢于直面上级、严格执行站岗放哨制度，当时所有儿童团员中流传着这样一首歌："站岗同志要认真，要把路条查分明，不怕军官（首长）此路过，父母相见无私情。"站岗放哨让小鬼们学会处理问题、学会坚持原则，让他们慢慢锻炼成为一名红色战士。

最后，陈丕显当然要通行去开会。不过，他很诚恳地做了检讨："少先队员们，儿童团员们，你们查得很严格，做得对，是我错了，忘记带条子……"散会后，他特意向"工农剧社"要了一张返回的路条。在儿童岗哨交验路条时，他还顺便问站岗的孩子们：

"不远处的炮声听见了吗？"

"听见了，已响了老半天。"

"你们害怕不害怕？"

"怕什么，我们有红军叔叔，还有我手上的红缨枪，"他们把红缨枪向前一伸，像大人那样拍了一下胸脯，说，"我们不害怕，我们顶呱呱！"接着，大家唱起歌谣：

> 红缨枪，
>
> 红缨飘，
>
> 手拿红缨守岗哨。
>
> 发现白匪放暗号，
>
> 好让红军叔叔把他消灭掉，
>
> 消灭掉！
>
> 特务和土豪，
>
> 休想混过哨，
>
> 我们的眼睛尖，
>
> 你想逃也逃不了，
>
> 逃不了！

站岗，绝不仅仅是拦截"邓小平""陈丕显"一类的诙谐喜剧，歌谣里唱道"发现白匪放暗号""特务和土豪，休想混过哨"，请看下一节：

土坎下有"鬼"

广昌，中央苏区的北大门。1933 年 9 月，第五次反"围剿"的战幕拉开在即。这里是后方的前线，又是前线的后方。盱江河水缓缓流淌，岸边，一群年轻的战士正紧张有序地进行各种军政训练，那是新成立的少共国际师。从宁都来的郭志清、肖长清就在其中，这一年他们分别是 14 岁、15 岁。

黄昏，太阳落山。轮到他俩去站岗放哨了。他们一个肩扛鸟铳，一个手持红缨枪，隐在一个小土坡后面。

不久，路上来了两个货郎。他们按惯例拦住，问道：

"从哪里来？到哪里去？"

"嘿嘿，小兄弟，我们从刘家村来，到李子园去。这是我们的路条。"

说着，两货郎撸起袖子，露出手臂上的红印章。

这也是路条？对，因为当时识字的人不多，纸张又十分缺乏，所以，有油印的路条，也有毛笔、钢笔、铅笔写的路条，有的路条就连字也不写，就盖一枚红印章在纸上，有的就连纸也没有，像这两个货郎一样，直接盖个红印章在胳膊上。

接下来，两个小战士凑近细看那红印章，没有发现破绽，郭志清正要让他们通过，肖长清小声嘀咕："我看这些印章，字迹模糊不清。"

"哎呀呀，老天爷，这印章在手上，磨来磨去总会有点模糊嘛。你们看，那'苏维埃'几个字，不是还很清楚吗！"一货郎叫起来。

两个小战士又凑前去看，但说实话，他俩都是睁眼瞎，大字不识一个，装模作样看了看，就挥挥手放行。两货郎挑起担子急匆匆通过，一会儿便消失在溟蒙夜色中。

"我总觉得，他们胳膊上的印章不对头，两个货郎不像是好人。"郭志清心神不宁地说道。

"那你刚才怎么不问仔细？"

"我有点害怕，好像看见有一个身上掖了枪。"

"真的吗？"肖长清惊得从地上蹿起来，"走，把他们追回来！"

两个小孩敢去追带枪的"坏人"？是的，他俩撒腿就追，抄近路很快就看见那两货郎，喊道："站住，前面的货郎站住——"

听到叫声，两个货郎一把丢下担子拼命跑。跑着跑着，又反身"唰——"地将一把响器射了过来，"噗——"，肖长清、郭志清两人都被射中了，身上麻麻痛！接住一看，却是银圆！两人把银圆塞入兜里，继续追！

"轰——"郭志清朝天扣响了报警的火铳。沉闷的铳声，击破了夜的宁静。不一会儿，不远的村镇回响起了钟声，随之又亮起了星星点点的火把。火把越来越多，呐喊声此起彼伏。这是他们这个区域的联络暗号、防守制度。

两货郎像受惊的野兔，慌不择路，一边咒骂，一边盲目地朝越追越近的郭志清、肖长清开枪。"砰，砰砰——""砰，砰砰——"

"轰——"眼见货郎就要钻进前面的松林了，先一脚的郭志清放出了第二铳。几十粒小铁砂，成扇面向货郎铺盖过去。这种农村的土铳，杀伤力不强，命中范围却很大，落在后面的货郎显然中了几粒铁砂，行动明显迟缓，一晃一晃，隐入林中。

熊熊燃烧的火把，将小松林团团围住。这是一座不大的山包，松林里灌木丛生，高低不平的红土地上，铺着一层厚厚的黄红色松针。人们擎着火把上上下下、里里外外，像梳头发似的梳了几遍，连个人影也不见。

"你们确定他们是跑进林子里吗？"领头的团政委再次问郭志清、肖长清。

"如果我骗了你一句，就是四脚爬的，马上死父母！"肖长清急了，咒重誓来证明，"再搜，再搜一遍，一定躲在这林子里！"

再搜一遍的结果还是零，政委命令撤回包围松林的警戒。郭志清气鼓鼓地不肯离开，一屁股坐下，坐在一个落满树叶的土坎上。

谁知，这"土坎"竟然颤动了起来，郭志清触电般闪开，惊叫道："有鬼、有鬼——"，邻近的战士猝不及防，都吓得乱跑乱叫。好一会儿，在政委的喝令下，大家才镇定下来。郭志清突然想道：这"鬼"，十有八九就是躲藏的"货郎"！"鬼，出来，再不出来就开枪了！"郭志清重新壮起胆子，大声喊道。

果然不出所料，正是那中了铁砂的"货郎"！郭志清、肖长清架着这战战兢兢的"货郎"凯旋。经审查，这人竟是博生县罪大恶极的土豪李生发。他常潜回苏区替国民党刺探情报，狡猾得让红军几次抓捕扑空，这次竟然栽倒在两小鬼手里，只可惜另一"货郎"暂且逃脱了。

后来，上级针对红小鬼们不识字这一问题加强了学习，还特地印发了《儿童团站岗读本》之类的教材，让放哨的小鬼们随身带着，一有空就背诵，诸如："我们儿童团，放哨要戒严。穷人分田地，富人心不甘，派些反动派，进来当侦探。希图探消息，破坏我政权。时时要注意，岗哨要加严，就是亲父母，盘问也要严。"

两个机灵勇敢的红小鬼郭志清和肖长清，历经少共国际师的各场战斗，走完了二万五千里长征，赶跑了日本鬼子。1949 年以后，回到家乡宁都担任了政府官员，还结成亲家，含饴弄孙，将这放哨的故事一遍遍讲述……

新人音版二年级下册音乐书上，有一首《儿童团放哨歌》，这是亲历过这段历史的女作曲家瞿希贤在 20 世纪 50 年代创作的：

> 手拿长梭镖，臂戴红袖章，站在山坳口，站在大路旁。眼睛看得远，耳朵听得清，坏人要是敢溜进来，嗨！儿童团的梭镖不留情，不留情！
>
> 手拿长梭镖，臂戴红袖章，站在山坳口，站在大路旁。从前放牛娃，今天上学校，下了课就放哨，嗨！个个都是红色的小英豪，小英豪！

生动活泼、激越有力的歌声，在一代代儿童间传唱，那段远去的、特殊的岁月在传唱间便消除了历史的隔阂，红小鬼站岗放哨的经典形象历久弥新。

第十一章 通信员军纪如铁

看了经典老电影《鸡毛信》，谁也不会忘记那机灵勇敢的送信娃——儿童团团长海娃。的确，"送信"这项战勤工作，与儿童团员、少先队员密切相关。

虽然正规的红军部队配有专业的通信兵，包括号兵、传令兵、电话兵和无线电报务员。但是，在革命初期，或者地方部队，通信设备往往不齐全，信息传递主要还是靠人徒步或骑马"送信"。因而，勇敢机智又熟悉地形的苏区儿童少年，自然活跃其中。

鸡毛信分为三个等级："急件"插 1 根鸡毛，"火急件"插 2 根鸡毛，"十万火急件"插 3 根。若一时找不到鸡毛，就在信封上画相应的圆圈代替。鸡毛信并非共产党首创，《汉书·高帝纪下》中记载："吾以'羽檄'征天下兵。"后来的朝代均有运用，曾从军务发展到琐事，以至泛滥。

鸡毛信也不是红军时期唯一的信件形式。在苏区，信件一般有信封，视情况紧急程度决定是否贴上鸡毛；在赤白交界处，则往往连信封都不用，尽量缩小以便隐藏。

浙江温州泰顺县松洋灵家山村，周德茂老人——当年的送信娃，现场给来访者演示：撕下一张信纸，信纸一会儿在他手里被折成长条形，然后捡来一块石头，用绳子将纸条绑在下面。"这是我父亲教我的。那时的信没有信封，信被我捏在手里或者放在口袋里，然后赶几只羊，翻山前往目的地。看见国民党兵背着枪来了，不能撒腿就跑，越跑越会暴露。我就将绑着信的石块朝远处的草丛扔去，假装是在'叫羊'（当地村民用石块赶羊的俗称）。国民党兵上前来搜身，什么也搜不出。"老人乐呵呵地笑着说。

　　周德茂老人的父亲叫周祖铨，是刘英的通信员。当时周德茂才10岁，伪装成放羊娃不容易被敌人怀疑。因此，他经常替父亲送信。

　　此外，大家熟悉的萧华将军，"最年轻的上将"，他还有一个鲜为人知的外号——"小鸽子"。

　　1927年，兴国县的党团活动被迫转入地下的时期，萧华的家成了兴国县共产党的秘密交通站和联络站，不少重要文件经过这里传递到各乡各镇。11岁的萧华由于年小机灵，不大引人注意，常常担负起大人不便胜任的送信任务。他经常扮着走亲戚的样子，巧妙地周旋在敌人的眼皮子下面，深入城区、城岗、鼎龙、江背等地传达信件，进行各种方式的联络。

　　他执行送信任务的时候，有两件东西必不可少，总是随身携带。一件是佯装走亲戚用的竹筐子，另一件是包着石灰粉的小布包。遇到警察盯梢和追捕，实在摆脱不了时，就瞅个机会将石灰向敌人脸上甩去，他便趁机逃脱。一次次躲过恶鹰的追捕，大家都亲切地称他为机灵的"小鸽子"。

　　送信的方式可以多样化，装扮成放羊放牛娃、串门走亲戚，甚至小乞丐流浪等，视个人才能、所处环境自由发挥。但送信的纪律却是钢铁一般，丝毫不能违反。《谭启龙回忆录》里曾提及自己革命初期送信的一段经历：

　　　　一天，贺可展同志交给我一封急信，要我交给场上村的团支书贺成祖，由他送到北乡花溪村的一个秘密交通那里去。我接过信，心里想：这可是个创造条件（好好表现，争取当红军）的好机会……于是我没去找贺成祖，径自下了山，在树林里躺到半夜时分，才借着月光摸进村。刚进村，就被保安队的岗哨发现了。我反身便跑。敌人紧追着，眼看快追上了，我连忙掏信，准备把它吞掉，这一掏，想不到掏出了一把铜毫子，这还是贺可展同志看到我天天打赤脚，没鞋穿，给我的鞋钱。我急中生智，把铜毫子用力往后抛去，铜毫子落地，叮叮响，队丁们以为是银洋，全都站住不追了，抢着在地上瞎摸。我趁机甩掉了敌人，钻进了庄稼地里，绕到村后，顺利地进了村，找到了秘密交通，把信给了他。

好险啊，多么机智的小鬼头！相信每一位读者看到这儿，都会发出这样的感叹。连十几岁的谭启龙本人也暗自佩服自己，高高兴兴地回到横岭界，向贺可展同志做了"生动"的汇报。可谁知，"他不但没表扬我，还狠狠地批评了我一顿，给我上了一堂'纪律课'。我这才知道，干革命是件挺复杂的事，并不是单凭大胆、不怕死就够了，还要服从领导，遵守纪律"。

被毛泽东誉为红军的"陕南王"的陈先瑞将军，为创建鄂豫陕革命根据地做出了重要贡献。在他16岁那年，却差点儿被红军师长枪毙了，原因在于那一次送信——

1930年9月22日，鄂豫皖苏区信阳县，寂静漆黑的午夜，突然被连天的炮火炸响。红一军第一师发动了对信阳火车站的猛烈攻击，不多久，还在睡梦中的国民党军便被击溃。

下一个任务：信阳县城，拂晓前开战！红军战士顾不上抹一下头脸合一合眼，个个磨刀擦枪，精神抖擞做好战斗准备。

不好，国民党援兵由南、北两面气势汹汹连夜赶来。军部第一时间获得敌情。随即下令：第二师掩护第一师撤退，并由二师向一师紧急传达命令。

天公不作美，下起了瓢泼大雨，四周如泼墨般黑，两个师部之间的路途崎岖泥泞，让谁去送这个命令呢？二师通信队队长犯难了。

"我来，队长！"一句坚定的话响起。循声望去，刚刚从勤务员转为通信员的小鬼——陈先瑞，正扑闪着亮亮的眼睛望着自己。

这个小鬼，年龄虽小，但做什么事都抢着去。但这次任务关键，不能派他。队长摇摇头。

陈先瑞急了，立即提出："保证完成任务！"

队长说："这不是闹着玩的，误了时间要掉脑袋的。"

"不怕，完不成任务，愿承担一切后果！"陈先瑞憋足了劲，字句铿锵地喊出这句大人样的话。

陈先瑞就怕别人说他小，小看他。去年参军，不让报名，当村苏维埃主席的父亲找人说情，才勉强被接下。可分兵时，竟没人来领自己，到最后，去团部当了一名勤务兵。不久，第三次反"会剿"战斗打响，陈先瑞和另外几个勤务兵勇猛前冲，一起抓了十几个俘虏。后来，部队改编，他被调到师通信队。

此时，队长迎着他坚定的目光，郑重地点下了头，说："一小时内必须送达！"

陈先瑞看了一眼时间：深夜 3 点整，揣好信，撑开伞，打亮手电，风雨无阻，前进！

路线是清晰的：先一段大路，再穿过一片田地，最后翻过一座山坡，就是目的地了。大路上，陈先瑞乘着寒风小跑前进，他要争取时间。田埂路上，他想快也不行，滑溜溜的，鞋底像抹了油，走三步，滑一跤，只有死死搂紧手电和雨伞，滚落了就难找。

终于走完了弯弯曲曲的油滑路，陈先瑞踏上了山路。越爬越陡，他停下来喘气，寒冷已被体内的热气驱散，恐惧却丝丝入侵，无边的雨声、风声，满山树影如同复活的鬼魅，摇晃着向他走来。他听到自己咚咚的心跳，双腿不由得加速逃离，"快，快，就要追上来了！"他催赶着自己，拼命地跑。"啊——"左脚突然侧滑，身子急速下滚，剧痛阵阵……终于停止，雨伞，挂在树杈间，救了自己。可眼前一片漆黑，手电不知滚落何处。

就这样，他被卡在树杈间，一动也不能动，任凭雨水浇灌。半晌，睁眼，雨水渗入，疼，一片黑……

山林间多了一种声音，许久，陈先瑞才明白，它发自自己的喉腔。雨水、泪水、泥水，还有丝丝血水，搅和在一起。丝丝剧痛，刺醒了他的神志，他想起共产党人不信鬼神，自己当儿童团长时还砸过菩萨呢！他想起了当初，自己死活要赖着当红军！他想起了……任务！他不禁颤抖了一下，一摸口袋，信还在！他小心地爬起，摸索前进……

一师师部，徐向前副军长坐镇。陈先瑞先口述军部命令，然后，哆嗦着把信掏出。徐向前问旁边参谋：现在是什么时间？答：已是拂晓 4 点30 分。

徐副军长当即下令：攻城部队，立即撤退！回过头，对陈先瑞说："小鬼，再晚 10 分钟就一切都晚了。部队一进攻，撤都撤不回。"

二师师部，师长正向通信队队长喷火："为什么不派一个老战士去？"陈先瑞终于回来，师长一面命令部队组织转移，一面让陈先瑞跪下。按战时纪律，贻误战机，律当枪毙！

在场的人谁也不敢讲话！正在这时，第一师的部队过来了。徐向前来到师部，他看到跪在那里的陈先瑞，一下明白发生的事情。"执行纪律是对的。但这次这个小鬼送信有具体情况，下雨、路滑，部队没有受损失。他还是个孩子，一身泥水伤痕，已经尽力了，重在教育就行了。"这一番让陈先瑞永世难忘的话，把他从枪口下救了出来。这差点掉脑袋的经历，让懵懂莽撞的送信小鬼在后来的无数战火中，慢慢磨炼成治军严明、爱兵如子的将领，1955年被授予中将军衔。

第十二章　侦察员深入虎穴

古人云：知彼知己，百战不殆。红军时期，正规部队培养了专业的侦察兵。技术上，除了派出人员到敌前沿或侧后实地侦察，还能运用无线电技术侦察。今天，特别要提的是"天然侦察员"，苏区儿童少年由于熟悉地形、身份隐蔽、年龄小，不太引人注意，为红军巧妙获取情报提供了种种便利。

1930年冬天的一个早晨，福建龙岩的一个村庄里，一群白军杀气腾腾地冲了进来。但是，他们却没有发现一个红军的影子。原来，驻扎在村里的红军部队接到命令，已经于前一天晚上撤走了。

抓不到红军，白军非常失望。这时，从一间屋子里传出叫嚷："抓到一个，抓到一个！"他们抓到一个衣衫褴褛的少年。

一个当官模样的人一把抓住他的脖子叫嚷："快说，红军跑哪去了？""不然一枪毙了你！"旁边的几个白军士兵也跟着叫嚣着。

少年惊慌失措，哀求道："我不知道，我不是红军，我是一个叫花子。不信，你们可以进屋去看看我睡的地方。"几个白军进去一看，只见屋里堆的全是杂草，又见他年纪小，穿得实在破烂，就把他给放了。

这个少年是谁？他真的是叫花子吗？呵呵，他叫郭滴海，1921年出生于福建省龙岩县龙门镇湖一村，他的哥哥是闽西红军和革命根据地的主要创建人——大名鼎鼎的郭滴人。郭滴海从小随哥哥生活，是部队中出了名的机灵鬼。

一天半夜，红军部队接到命令，立刻从村子里撤走，可黑咕隆咚的，到处都找不到郭滴海，大家很着急。原来他小子在一间草房里睡着了。第二天，还没睡醒，他就被白军拎起，就出现了开头那一幕。

白军占领这个村子后，并没有立即撤出去，郭滴海也不急着去找红军，怕白军怀疑跟踪。他白天到白军驻地大大咧咧地要饭吃，夜晚就在草堆上胡乱睡觉。渐渐地，他把白军的兵力分布、作息习惯等情况都了解清楚了。几天后，他趁白军哨兵不注意时溜了出去，找到了红军的侦察员，详细汇报了敌情。红军抓住时机，迅速地把这部分白军消灭了。战斗结束后，战士们高兴地称郭滴海是英勇的小侦察员。

嘿，"小叫花子"成了小英雄，郭滴海心里乐开花，一不做二不休，干脆找来一个破碗，一根打狗棍，将"叫花子"当到底。找上白军，白军走到哪儿，"小叫花子"就跟到哪儿。

可是有一天，白军突然把他抓了起来，恶狠狠地说："臭叫花子，我注意你好几天了，你整天跟着我们，一定是红军派来的，不招供就毙了你！"说着，"叭"的一声枪响，从郭滴海耳边划过，郭滴海哆哆嗦嗦地说："老总，一打仗，老百姓都跑光了，叫花子没处找食，只好跟你们要饭吃，可怜可怜吧……"白军逼问了几天，没问出什么结果，观察了一段时间，也没看出什么破绽，觉得那番话有点道理，就又放了他。

躲过这一劫，郭滴海更光明正大地在白军驻地转悠了。慢慢地和白军混熟了，便从白军口中，获得了很多情报。他又及时地报告给红军，成为一个名副其实的侦察员了。

一次，郭滴海探明白军有一个营在上杭、永定两个县交界的地方安据点，日夜修筑碉堡、工事。他把这个消息报告给了县苏维埃政府主席，可当时红军主力都在外地作战，只留下一个独立团，要攻下这个据点有一定的困难。

"引蛇出洞"！将白军引诱到一个不利的地形中，用埋伏战歼灭他们！县苏维埃主席和独立团决定用这个方法。可怎么"引"呢？大家苦思冥想不得法。

这时，郭滴海凑前说："主席，我来试试！我来引出这条'蛇'！"大家讨论了一番，将诱敌方法和伏击地点以及时间和信号等详细交代与他。

半夜里，郭滴海气喘吁吁地跑到白军营部，报告说："红军有 50 多人到了前面的庄子，现在分散到各家睡觉去了。"白军营长半信半疑，对他说："你再回去看看，有情况来报告我们。"郭滴海说："我出村子的时候，已经被他们的哨兵发现了，现在哪敢回去。"白军信以为真，忙召集队伍叫郭滴海带路去袭击红军。路上，白军营长感觉不太踏实，威吓道："小叫花子，当心你的脑袋，不要把路带错了！带好了，消灭了红军，赏你10块大洋。"

郭滴海不声不响地朝前走着，按预定计划把"蛇"引进了红军的埋伏圈，然后乘敌不备，一阵风似的钻进路旁的密林里。红军独立团立即用猛烈的炮火向目标袭击，"冲呀""缴枪不杀"的口号响彻山谷。白军被打得狼狈不堪，乱成一团，死的死伤的伤，有的趴在地上缴枪投降。几十分钟时间，红军就胜利结束了战斗。

可是，大家花了一小时、两小时，千呼万唤，都没找到郭滴海。直到天亮时，人们才发现他们的大功臣，受伤昏迷在密林中的石堆旁。经过一番救治，郭滴海的眼睛终于又眨巴眨巴起来，听到胜利的消息，咧嘴笑开了。

后来，中央红军主力长征了，郭滴海留在闽西苏区，坚持了三年斗智斗勇的游击战争。抗日战争爆发后，他毅然加入新四军二支队北上抗日，多次出色地完成了侦察任务。1941年1月，皖南事变，郭滴海，这位与"白狗子"周旋多年、立志赶跑"小日本"的年轻老战士，最终倒在国民党枪下。

新中国成立后，他曾经的战友——国防部长张爱萍将军，特意为之撰写了一篇纪念文章——《侦察英雄郭滴海》。还有许多无名小侦察员，和他一样没有看到共和国的旗帜在天安门前飘扬，但谁都应知道，五星红旗的一角是他们的鲜血染红。

第十三章　慰劳队情深义重

在慰劳红军的运动中，苏区妇女特别是青年妇女，发挥了重要的作用，是红军强大的后勤保障队。唱歌演戏、供给食品、编织草鞋、缝洗衣服等，精神上安慰鼓舞红军，物质上解决红军后顾之忧。各乡年老、怀孕、小脚的人员分成一队，留后方收集慰劳品；年轻力壮、勇敢、大脚的人员组成一队，可随时调动，完成各种突击工作。

在各种慰劳工作中，编草鞋是非常重要的一项。

红军行军打仗多在山区，鞋的损耗很大。耐穿的胶鞋在全国数量都过少，红军也难以购买到。舒适轻便的布鞋数量多一些，且适合长距离行军，但单薄的布制鞋底在坚硬山地易穿坏，很多红军战士到了实在走不动时，才从背包里拿出穿。

红军从上至下，大多穿的是草鞋。这种鞋子虽然也很容易坏，而且对双脚保护很少，但是它很容易编织，原料也到处都是。于是，草鞋成了每个战士的必带品，且随身带两到三双，以便于频繁更换。

"更换"的前提是，草鞋的数量必须足够多。每个战士都学会自己打草鞋。因为没有子弹也可以拼刺刀，没有粮食忍饥挨饿也可以支撑几天，但是一旦没有鞋子，必然会马上掉队。行军打仗时，掉队和死亡的概念是等同的。

国民党一次次"围剿"，红军战士一次次紧张地反"围剿"。后方慰劳队，有计划、分任务，把一担担草鞋挑上去，让战士开枪投弹的手多些休息，让目睹血肉飞溅的心多些温情。

许多鞋，从慰劳队姑娘的手，穿到红军小伙的脚。许多事，也就流传下来……

在赣南于都"中央红军长征出发纪念馆",摆放着一双与众不同的草鞋。它的原料不是稻草,而是黄麻——于都农村一种最柔软、有韧性、耐久磨的植物;它也不像其他草鞋只有底,它还有做工非常细致的鞋面,而且鞋尖上有一个彩色红心绣球——那是这双草鞋的主人、一个名叫谢志坚的老红军绑上去的。

话还得从 20 世纪 30 年代说起。

1934 年盛夏,中央苏区于都县,繁星眨着不疲倦的眼,望着睡梦中的岭背乡燕溪村。

"春秀,睡觉了,很晚了,明朝再做了——"娘翻身醒来,第三遍催她。

"嗯,晓得,您睡——"春秀头也没抬地应了一声。昏暗的灯光下,她搓、搓、搓,一遍一遍,粗麻变成一根根粗绳、细绳,双手搓得又红又粗。这麻绳是宝,明天做鞋少不了它。

各乡各村不断扩红,红军部队不停打仗,得多少鞋穿啊。乡里慰劳队决定,这个月每人做鞋 30 双。

打草鞋,又叫推草鞋。主要的工具有耙子、码子、锤子、橇竿和弯子。原材料是粗麻和稻草。主要的工序:首先是搓麻绳,将粗麻搓成粗绳、细绳;其次是捶稻草,选择较长较坚韧的稻草洗净、晾晒后,用锤子捶松软;最后就是编织草鞋了。推草鞋的人骑坐在长条木凳上,凳前木齿上,系上数根麻绳,这是草鞋的经,稻草用来做纬,搓、拧、交织,用拇指推紧挤压,制成厚实的鞋底,然后再把麻绳结股成束,以绳代帮儿,简易的鞋子便制成了。精致一些的草鞋,就在鞋帮鞋面处多缝些厚布。

打草鞋是一种看似简单,其实很见功底的手头活。春秀做的鞋又厚又牢,样式又好,是村里公认的打草鞋能手。

一根根麻,一根根稻草,到了 18 岁的春秀细长的手指头里,成了乖巧之物,任她将心思一条条细密地编织进未成形的鞋里。娘总在嘀咕:不是已经做完任务数了吗?还天天做鞋到三更……娘怎知女儿的心思呢?

心上人又来信了,信里热烈的话不多,仗一场接一场打,情况不太妙……明明说好了下次回来就办酒结婚，唉——

春秀的木箱里，整整齐齐地码放着草鞋，30 双？ 40 双？ 不，54 双，她打算做满 60 双，六六顺，穿鞋的战士个个顺。30 双交给慰劳队，统一送到前线去。另外 30 双，鞋帮、鞋面缝碎布，没有碎布用麻绳编，一定要让他穿得最舒服。

哦，这是嫁妆，嫁个当红军的男人，就准备这个最实用的东西吧。

娘怎会不知女儿的心思？

村头那个叫谢志坚的小伙子把女儿的魂都勾走了。两人一起参加儿童团，打土豪分田地。那一年，志坚当红军去了，春秀也要去，但部队不收，她伤心了好几天呢！后来，志坚每次回家探亲，春秀就同一伙人跑去听他讲战斗故事，渐渐地就迷上了。归部队后也你来我往，传起信儿来了。唉，可这兵荒马乱的年头，怎么谈婚论嫁啊……

盛夏的酷热渐渐消退，秋风渐渐袭来，春秀的心都吹凉了。箱底带面的草鞋早已打完 30 双，现在增加到 60 双了，可那事却不怎么顺心，他怎么好久都没来信了？

于都处于苏区中腹，春秀怎知整个苏区正面临四面楚歌。广昌战役、高虎脑战役、筠门岭战役……一场场血肉飞溅的战役，一扇扇防御之门被冲破。9 月的一天，区里领导说红军大部队要战略转移，动员大家积极筹备更多的鞋、粮等各种物资。10 月 15 日，寝食不安的春秀终于盼到了来信。信中说，他所在的部队正在车溪乡的铜锣湾休整，准备 16 日傍晚渡过于都河进行战略转移……

黑夜，瘦白的月亮望着床上辗转的人……

鸡啼一遍，春秀摸索着起床了。从床底下摸出一钵子平时不舍得吃的鸡蛋、甘草、茴香、桂皮、八角，还有茶叶，一样样配齐。

大黄豆子倒入水中泡，等一个个吸得鼓鼓时，用石磨磨出白白的浆。做豆腐，做豆浆米果，都少不了它。

…………

午后的阳光，金灿灿，苍翠的山路上，一个红点，引领着一条长长的挑担队伍移动。

　　翻过一座座山，穿过一畦畦田，她们来到了于都县城贡江河畔。熙熙攘攘的人群不约而同地望着这领头红得妖娆的姑娘，侧身让出一点通道。"春秀——"，一句熟悉的呼唤声传来。春秀望去，憔悴的面庞、破烂不堪的军装，"志坚——"，未语泪先流……

　　许久，春秀挣脱紧握在胸的手，揭开左箩筐，圆滚滚的茶叶蛋、金黄黄的油豆腐、豆浆米果，还有香喷喷的炒花生……一样一样往他嘴里送，往他包里塞。

　　掀开右箩筐，鞋，一双双精致的草鞋！包里塞两双，腰间挂两双，还有 56 双。

　　"红军兄弟们，今天，是我和谢志坚的大喜日子，请各位捧捧场，来来来，吃果子，鞋子每人拿一双，吃了穿了打胜仗，不忘回家乡！"抹干眼泪，春秀挤出笑脸，招呼周围的人。

　　谢志坚愣住了，全场的人都愣住了。红彤彤的落日余晖，洒在奔流翻滚的河水中，于都河，宛如一条飘动的红丝绸……

> 哎呀嘞——
> 送红军到江边，
> 江上穿呀穿梭忙。
> 千军万马渡江去，
> 十万百姓泪汪汪。
> 恩情似海怎能忘？
> 红军啊，红军！
> 革命成功早回乡。

　　同行的慰劳队姐妹不知谁带头唱起了歌，春秀跟着唱了起来，送行的男女老少都跟着哼起来了。动情的歌声中，红军战士捧着美味的果实、精致的草鞋，捧着一份新娘对新郎的心意，慢慢归队。5 时一到，部队踏上浮桥出发了。

　　"春秀，革命胜利了我一定会回来，你一定要等我。"

"我会等你的——"

话未说完，泪眼便模糊了渐渐远去的熟悉背影，灰黑的帷幕将瑰丽的晚霞遮住……

山盟海誓随那几双草鞋一路征战。

身为刘亚楼的警卫员，谢志坚渡过于都河后，血战湘江、激战娄山关、四渡赤水、强渡金沙江，九死一生，打了一个又一个恶仗。部队进入甘肃省通渭县、静宁县交界处时，谢志坚突然拉痢，连续几天，身体十分虚弱，行军打仗是不可能了，刘亚楼命令他隐藏到姓苟的族长家养病。这一留，曾经的山盟海誓便停滞了。为防止保长、民团的搜捕，苟族长将女儿许配给了他。

"革命胜利了我一定会回来！"1951年的秋天，谢志坚真的回来了。只是等他的人却无法承诺"我会等你"。原来，于都解放前夕，一直独身的春秀积极参加革命活动，被国民党杀害了，临死前还叫唤着那个日夜念叨的名字。

墓前，谢志坚慢慢地从包里掏出一双草鞋——十几年来细心留存下的黄麻草鞋。阴阳两界的交流，凝聚在这双无声的草鞋中……1954年，谢志坚辞去甘肃省静宁县十一区岷峄乡乡长职务，带着妻子儿女回到家乡于都，在副食品公司工作。

后来，"中央红军长征出发纪念馆"得知这么一双不平凡的草鞋，请他捐献存馆。再三恳求下，他依依不舍地交给了工作人员。临走，他又找来两个彩色红心绣球，慢慢地、细细地绑上。之后，他还经常独自到纪念馆溜达溜达。后来，他病重了，叫上儿孙，他坐着轮椅到纪念馆三次。他要永远守护好这双鞋、这份情。

有资料显示，中央红军长征前在于都县结集的10天时间里，于都人民夜以继日赶制出10万多双草鞋。夜渡于都河走上长征路的时候，每个红军战士的行囊中至少有两双草鞋。可以想象，这行囊中的一双双草鞋，蕴含着多少像春秀一样的苏区姑娘的深情厚谊……

在红都瑞金，也流传着一个关于草鞋的故事，故事的主人公是被网民誉为"共和国第一军嫂"的陈发姑。2008年9月12日，瑞金叶坪光荣敬老院，已达百岁的陈发姑溘然长逝。细心的人们在整理遗物时，发现床前屋角，赫然摆放着一双双或旧或新的草鞋。数了数，一共 75 双。16 岁时，陈发姑是村里慰劳队的队员，和姐妹们一起筹粮筹款、缝制军衣、打草鞋、洗衣裳、照顾伤病员……19 岁时，她与青梅竹马的朱吉熏结婚了。后来，丈夫朱吉熏便随中央红军长征了。这一走，便是 75 年。

年复一年，草鞋打了一双又一双，身子变弯，青丝变白，可等待的人却始终未归……两个关于鞋的故事。穿鞋的人活着，做鞋的人已化为土；做鞋的人活着，可穿鞋的人却血洒疆土。一双草鞋一段情，一生守望，情牵一段史诗岁月。

第十四章　共产青年团礼拜六

国民党对苏区的"围剿"一次次加重，红军反"围剿"的兵力也该相应增加。但红军兵源有限，只局限于狭小的根据地内。于是，苏区的劳动力在一次次反"围剿"中，逐渐被吸收到前线。"民以食为天"，红军数量越多，所需粮草也越多，但各乡村的男劳动力却越少，这个问题难倒了红军后勤部门。

远在苏联的列宁撰写了《伟大的创举》一文，倡导"共产主义星期六义务劳动"。地处穷乡僻壤且刚成立不久的中国少共苏区中央局，闻到这股气息。1931 年 2 月 19 日，上任不久的新官——少共苏区中央局书记顾作霖，发出开展"共青团员礼拜六"活动的号召：在休息日（星期六、假日）动员团员做一定的工作，如搬运粮食、挖战壕、运枪械，女团员缝制军衣、军鞋、修补军装等。这项活动一展开，便取得喜人的成绩。该年 11 月，隆重的苏维埃第一次代表大会通过《中国工农红军优待条例》，将"共青团员礼拜六"活动纳入正式条例——耕作红军公田，帮助红军家属耕田，帮助红军运输与收买粮食……

大娘不让干活

共产青年团，发起礼拜六，

帮助红军家属来耕田。

革命战争要艰苦奋斗，

我们前方后方齐努力，

一枪一炮，瞄准敌人射击。

英勇战士莫把家乡念。

一锄一犁，都为革命胜利，

快来工作莫要落人后。

共产青年团，发起礼拜六，

帮助红军多做半天工。

看那前方的炮火响连天，

敌人挣扎想把狗命延，

勇敢勇敢，冲上前去杀敌人，

阶级战士莫愁供应少，

努力努力，勇敢冲锋杀敌人，

最后胜利属于我们。

　　湘鄂赣苏区，革命烈士后人——年过九旬的朱正平老人，当年修水县列宁小学的学生、共青团员，用略带沙哑的声音唱起这首《共产青年团礼拜六》歌。

　　当年，每逢星期六，他们便响亮地唱着这首歌，高举着红旗，扛着锄头，挑着畚箕尿桶，一早从学校出发，一路兴高采烈、浩浩荡荡，奔向红军家属的田地。

　　有一次，队伍开向傅大娘的田头。

"哦，多谢多谢！我自己搞得了，不用你们帮忙，多谢多谢！我自己会慢慢做……"傅大娘死死拦住纷纷下地的学生伢子。

何老师说了，傅大娘的儿子光荣参军去了，家里缺劳力。眼下，她一个人要耘三亩多早禾，栽一亩多地的红薯，怎么干得了？大家心里犯嘀咕。

傅大娘抓这个的锄头，拦那个的扁担，一个也没拦住，急得嗷嗷叫、团团转。

何老师走向前，说："大娘，请放心，他们会种地。上周六都种了两亩地的红薯。还有，学校会送中午饭来，您就在田里指挥他们干活就是了！"

"活我相信他们会干，午饭……怎么好意思呢？家里的米……"傅大娘念叨着，眉头渐渐舒展。

"我们学红军的样，只干活，不受招待……"大家笑嘻嘻地忙开了。

别看这些十几岁的学生娃，头发还棕黄棕黄的，有的嘴唇上还拖着鼻涕，但干起活来，一招一式很地道。因为都是穷苦出身，从小劳动惯了。大家你追我赶，举行各种劳动竞赛，谁也不甘落后，一天工夫就把三四亩地的活干完了，再跑回学校挑了几十担粪，为庄稼上了一次肥料。

傅大娘高兴得合不拢嘴，从家里挑来一担芝麻、豆子茶，一碗一碗送到人家嘴边。临走时，千恩万谢的话说个没完。

回到学校，团支书把一天的劳动进行总结，好的表扬，差的批评。

曾任福建省长汀县大同乡师福村少先队队长的赖荣光，晚年的回忆录里也记载了"共产青年团礼拜六"：

> 一星期里，要算星期六最忙了。上午，帮助红军家属义务劳动。队里教育队员说："义务劳动是光荣体面的事。"因此，大家都自觉地参加义务劳动，谁少干了一次，都觉得不光彩。如果正巧星期六有事，第二天一早就自觉地补上；我们也学习红军的样，只干活，不受招待，不吃人家的饭，不喝人家的水。每次劳动以后，队部都要总结，公布成绩。

无牛捉到马耕田

1933 年春，于都县梓山镇潭头村，一丘田边，一伙年轻妹子，一个老师傅，一头大黄牛，热热闹闹。

"嘚！嘚！""啪！啪！""哟——""唔——"，赶牛的声音，脆生生的。村里的少共书记曾来娣正右手扶犁，左手扬鞭，吆喝着牛——学犁田！

那犁耙一会儿往右摆，一会儿往左歪，深一脚，浅一脚，哎呀，当心，要跌倒了！"往右——站稳！"一旁的老张师傅唤道，急忙搭了一把手。

牛尾巴"啪嗒啪嗒"，甩起一串串泥水，头发上、脸上、衣服上到处都是，来不及躲，也顾不上擦，标标致致的曾来娣变成一个"泥坨人"。

田埂边的姐妹，有的抿着嘴笑，有的为她捏一把汗，有的暗暗为她使劲，有的大声叫好。

老张师傅耐心教，来娣认真学，两顿饭的工夫就掌握了基本的套路。随后，大家便照她的样子，轮流下田，叽叽喳喳，边学边问边交流……

妇女学犁田？这唱哪门子的戏？古话都说，"妇女犁田会雷打，妇女插秧秧不长"。老张师傅一开始也是这么认为，所以来娣带领一伙姐妹上门讲这事时，还没说完，他便哈哈大笑起来："真是'无牛捉到马耕田'，冇这样的世道。再说，要你们学什么犁耙？我少抽两袋烟，就够你们累一天了……"

话还从前面的"共产青年团礼拜六"讲起，这项拥军优属的活动一开展便蓬勃起来，由团员发展到全体青少年，大家按照居住区域，组织耕田队、生产队包耕包收，组织服务队定期登门挑水、打柴、做饭。

可今年春，国民党对苏区的第四次"围剿"正激烈进行。村里的青壮年大都当兵打仗去了，连一直保存的耕田队员也走了一批。村里有两百多亩地，可连老带少只有男劳力二十来个，眼前春耕在即，要做到三犁三耙，无论如何都不容易完成……上级指示，男参军，女支前，要有组织地调剂劳动力和推动妇女参加生产。

来娣不急不躁，耐心地给老张师傅讲了这番道理，讲得老张师傅点头答应收徒，她们才兴奋地离开。第二天，田头便出现前面那热闹的场景。可是，学了几天，来娣的堂姐老管不住牛，气得甩牛鞭子走了；上屋的六秀更是，一不小心竟把犁头给折断了，老娘气得直戳她脑门："女的能学会犁耙，那鸡婆都能学会打鸣——"

学犁田的妇女开始有几十个，最后变成十几个。留下的是精英。在来娣的带领下，勤学苦练，最终学会扬鞭喝牛、扶犁耕田。事实胜于雄辩。流言烟消云散，接踵而至的是赞扬声、欢呼声。那些原先放弃的人又慢慢向她们靠拢。最后，连裹小脚的几个妇女也不甘落后，悄悄扔掉裹脚布，白生生的小脚踏入泥田。

典型榜样树立后，一个月时间，全镇80%以上的青年妇女学会了犁田，接着是插秧、收刈，学了一样又一样。她们代替参军的男劳力，撑起了生产的"整片天"，年轻快活的歌声到处飘扬：

哎呀嘞——
搞好生产保丰收，
多打粮食援红军，
同志哥，
消灭豪绅乐悠悠。

争捡粪便

亲爱的全体红军哥哥们：

你们坚决地在前线作战，消灭敌人，为着保卫我们土地，保卫我们儿童所得利益和解放而战，我们十分敬佩。我们只要求你们在前方安心作战，不要挂念家庭，我们后方儿童一定会协助苏维埃政府，帮助解决你们的一切困难。

我们儿童现在组织了牧牛队，帮助你们做礼拜六，坚决执行优待红军的条例。同时，我们正在进行着每个儿童节约三升米运动，来供应红军的给养，搜集废铜、铁、子弹壳，来充实红军的军器。我们已经节省米94.23斤；做布草鞋1003双，麻草鞋804双；动员了1030个人加入红军……

其次，我们要求和你们建立密切的联系制度，要求你们把前方胜利消息告诉我们，经常同我们通信。我们以后工作情形也会告诉你们。

红军哥哥，直到尽最后一口气，流我们最后一滴血，要坚决为苏维埃新中国而奋斗到底！致彻底粉碎敌人五次"围剿"的敬礼！

长汀县儿童局 启

这是一封刊登在团刊《青年实话》中的信，是长汀县儿童局代表全县儿童所写，由红20师政治部转给红军战士的信。信中隐约可见儿童团员小大人的模样。的确，在严峻的革命战争环境中成长起来的儿童，革命觉悟比一般的大人还高还纯，以力所能及的方式热情地参与革命。拥军优抚活动中，年幼的儿童团员不会耕田，但会帮助红军家属看牛、砍柴、除草、送肥、看水。

93岁的老外婆就是当年的一名儿童团员，她讲起"捡粪便"的往事：

狗屎、牛屎、猪屎，现在的小朋友看来，是脏臭东西。可那时候的小孩看见这脏臭之物，蜂拥而上——打抢。为啥？为的是儿童团的"肥料所"，在没有化肥的年代，"屎"是庄稼的宝。一大清早出门便一手提畚箕，一手拿个小耙子，四处闻、四处找。放牛的时候，看见牛屎拉出来，也毫不皱眉地用畚箕去装，以防"肥屎流入外人田"。大家相互竞争，比谁积的肥多，由儿童团长登记评比。肥料供给红军家属和红军公田（政府为缺劳动力的红军家庭设立包耕包种的农田），菜园收获的菜除了慰问红军或红军家属外，把卖了赚下的钱捐献给红军充作军费。

"共产青年团礼拜六"，作为一项典型的拥军优属活动，由共青团发起，领导广大男女团员、少先队员、儿童团员积极参与。最后，各根据地的各级党、政、后方军事机关，其他群众组织的工作人员纷纷效仿，活动得到普遍推广。

为什么国民党花钱都难"抓壮丁"？为什么苏区能出现"妻送郎、母送子、兄弟争相当红军"的火热场景？"共产青年团礼拜六"这项活动，也许能够告诉我们答案。

第十五章　扩红队花式动员

在消耗性作战中，决定战争成败的因素之一是兵源。"扩红"一直是共青团的中心任务。作为红军的后备军，动员团员、少先队员参军是各级团会经常的议题；作为红军的得力助手，各级共青团组织还举行各种活动，领导数量庞大的儿童团、妇女队，动员苏区广大青壮年参加红军。一旦扩红计划下来，他们便发挥各自的聪明才智，展开形式多样的扩红。

唱歌扩红

1932年，秋夜，群山沉睡，山脚下一户户人家，柴门紧闭。

"哥，明天扩红队肯定还会来圩场。"

"管他，大哥已经去当红军了，不会叫我们去了。"

"要不是妈这身子骨弱成这样，我还有点想去呢！"

"你都知道，妈做不了事，我们做豆腐，少一个人怎么行？"

"嗯。"

"早点睡，明天要起早床呢！"

…………

窃窃私语从一小窗传出，之后，鼾声大作。

胜利县马安乡，圩场不大，却热闹非凡。稻子、花生都从地里收起，农忙了好一阵的老表，纷纷来赶一个轻松圩，做不做买卖都没关系，喝喝水酒聊聊天。这几年世道大变，就说年初上宝土围拔除，真是大快人心。散圩，端两块豆腐或拎几个油饼回家，婆娘小孩都高兴。当然，街上真正的买卖人还是不少，现在是红军政府，好多人家都有存物拿去卖，一担担黄灿灿的谷子、一篮篮白生生的鸡蛋、一饼饼灰灰的鱼丝、一筐筐红的绿的黄的果蔬……吆喝声、讨价还价声，此起彼伏。

钟良光——胜利县共青团书记，领着钟秀萍等几个扩红队员，径直来到天保豆腐摊前，一字排开，唱起歌来：

> 对河一兜幸福桃，
> 要想摘桃先搭桥，
> 受苦穷人要翻身，
> 快当红军打土豪。

歌声清亮，看热闹的人很快围了一圈。

> 油菜开花满段黄，
> 宣传哥哥上前方，
> 保佑哥哥打胜仗，
> 缴到枪支用船装……

山歌一首接一首，这一片越来越热闹，除了侃大山的酒客比画着说长道短，爱打山歌的后生、妹子也拢上来跟着哼哼，里三层、外三层，围了个水泄不通。看样子，这圩生意难做了。卖豆腐的天保暗自发愁。天保今年18岁，摊前豆腐白嫩，他自个儿却长得黑瘦，这两年还长高了不少，否则，以前的他就是活脱脱的一个小孩样。对于眼前的表演，他尽量做出不在意的样子。哥说过，自己不能去当兵。

> 墙上一兜狗尾草，
> 微风一吹就动摇，

阿哥应该当红军，

莫坐骑墙狗尾草。

少共书记钟良光，今天锁定的目标就是天保，见天保不吭不气，便暗示秀萍唱了一首"带刺"的歌。秀萍在蓝衫团里唱过戏，又是共青团员，才艺觉悟都很高，人又生得标致，唱起歌来，半条街都静得下，歌声一落，大家的目光便转向面前的天保，哄笑了起来。

天保脸火烧火燎，坐立不安起来，大家看着他的窘态，更加哄笑起来。钟良光趁热打铁，上前握住天保的手。

"表兄，敌人又调来几十万军队进攻红区，要破坏我们的好日子。我们穷苦人应参加红军，拿起刀枪跟他们拼命，保卫红区，保卫胜利果实……"

钟良光说的是大实话。蒋介石不甘心前三次"围剿"的失败，进攻完鄂豫皖、洪湖苏区后，便集结50万兵力准备第四次进犯中央苏区。9月18日，钟良光到瑞金的少共中央局开会，会上再次强调"扩红"事宜，还具体拟出宣传动员的方式方法："1.加强支部的墙报工作，应以扩大红军问题为墙报的中心内容，用通俗生动的文字和图画，用动人而美观的式样，建立其在群众中的信仰，要使墙报成为扩大红军运动的一个主要的宣传和组织的工具。2.应动员青年妇女，首先是女团员，加紧扩大红军的宣传鼓动，鼓动她们的父伯兄弟和丈夫到红军中去，消灭妇女阻止其丈夫儿子当红军的不良现象。同时，应领导儿童团进行此种宣传鼓动工作……"

钟良光叫天保表兄是为了拉近关系，要追究起来，也算得上曲里拐弯的亲戚。今年3月、5月、7月都已开展过扩红突击运动。天保的大哥就是在春上参军的，可眼前上级又分下扩红的任务，只能扩天保这种对象了。

"坚决打退敌人的第四次'围剿'！"

"行动起来，誓死保卫中央苏区革命根据地！"

秀萍不愧是模范扩红队员，见钟良光在演讲宣传，关键时刻立即配合行动，领头喊口号，喊得大伙儿热血沸腾。

登时，便有几个赶圩的后生嚷起来，要报名参军。

天保眼红心热，说："钟书记，卖完豆腐，我也报名当红军！"

"好好好！"钟良光说着，和秀萍相视一笑。

这时，又有几个人围上来，打听报名参军的事，扩红队便各自忙开了。

快散圩时，秀萍一拍大腿，叫道："哎呀，册子上怎么不见天保的名？"一瞧豆腐摊，早已没影了。"这个滑头鬼！"

钟良光说："可能是回去和家人商量了。走，我们也去！"

天保家就在圩上豆腐摊后，过去是地主的作坊兼住房。以前，天保家祖辈受雇于地主，年头年尾挣不到几块钱，只能落得一些豆腐渣填肚，天保爹就是那样常年劳累饥饿得病死的。如今，斗地主、分田地，豆腐店分归天保家所有，自小传得祖艺的天保哥俩一个在家做，一个在外卖，钱全归自家，生活像豆香一样，甜甜润润起来。

送郎送到簸箕窝，
眼不流泪嘴唱歌，
愿郎革命革到底，
等他十年不算多。

打着响亮的山歌，扩红队走进了天保家，天保娘正躺在床上，天保哥在猪栏里喂猪，独不见天保。一问，竟回答："没回来过哩！"

钟良光心里明白，跟老娘嘘寒问暖之后，便指挥扩红队唱起歌来：

当兵就要当红军，处处工农来欢迎。
打倒土豪分田地，要耕田来有田耕。
当兵就要当红军，处处工农来欢迎。
买办豪绅反动派，杀他一个不留情……

山歌一首接一首，看热闹的人越聚越多。这是扩红队的保留节目。天保不出来，扩红队就不停地唱，今天过了明天接着来，直到把你唱出来。

"表哥，你都看见了，老人家卧病在床，我们家已有一个去当兵了……"天保哥实在受不了一屋子的人在家里闹腾，拎着一个脏兮兮的猪食桶挤了进来，一脸无奈地对钟良光说。

"表兄，反动派又来围攻我们苏区了，要更多红军来保卫呢！你家的情况我们清楚，你是个大孝子，再加上你将要过门的媳妇，肯定能把老人家服侍好，豆腐生意也照样做。实在心疼老弟，你去当兵，天保留在家也行！"

秀萍：

　　哎呀嘞——
　　当兵就要当红军，
　　红军真心为人民，
　　心肝哥哥参军去，
　　勇敢冲锋杀敌人。

钟良光：

　　哎呀嘞——
　　妹妹说话合我心，
　　哥哥当兵杀敌人，
　　若为主义牺牲了，
　　妹妹继续干革命。

山歌男女对唱，味道最长。看热闹的人不停地鼓起掌来！

"喀——喀——"不大响的几声咳嗽，却使场面一下静下来。老娘起身出了房间，有气无力地说："秀萍——你春生去当兵了没——"

众人愣住了，没想到她会这么厉害，一针见血，"尖"住了扩红队的骨干。

春生是秀萍的未婚夫，割禾前就定好了，准备年底结婚。春生是长子，下面 5 个妹妹，最后一个是弟弟，今年才 3 岁。春生娘产仔多了，身体弱，一大家子就靠春生和老爹。现在扩红由"三丁抽二"发展到"二丁抽一"，春生要不要抽去？

空气仿佛凝结了，大家都望着秀萍。

"嘎嘎嘎——嘎嘎嘎——"一群鸭子的聒噪声打破沉默。循声望去，天保！天保赶着鸭群回来了。

"姆妈——"天保叫道，"我去当兵！"

众人又是一愣。老娘、哥哥瞪着他，天保却接着说："我想通了，不去打跑反动派，我们的磨坊、田地又会给地主夺回去，我们还要过比以前更苦的日子。哥哥娶回嫂嫂，家里一样搞生产……"接着，天保又将钟良光在街上讲的革命形势说给老娘听，听得老娘边掉眼泪边点头。

这一家子人也不是政治觉悟低，只是舍不得而已。最后，扩红队又站成一排，秀萍感激地看了天保一眼，清清亮亮地领唱起一段告别山歌：

> 嘱我爹来嘱我娘，
> 饱食静眠心放开，
> 骨肉分离何时回，
> 消灭敌人就归来。

几天后的一个黄昏，日渐西斜，光秃秃的田地还没播种，但一畦畦排列，煞是齐整。

"秀萍，你真要我去当兵？"裤腿还没放下的春生，坐在田埂问。

"……"

"你真舍得我去？子弹都不长眼呢！"

"……"

"我真走了，家里怎么办？"

"跟你说过，农忙时我会帮你家。还有，政府还有很多优待红军家属的条例。"

"……要不，我们结婚后，明年再去？"

"春生，当初跟你相好，就是觉得你像个男子汉，能撑起一个家。'保家'还要'卫国'，没有苏维埃共和国，哪有我们的幸福小家？没有打破第四次'围剿'，到时反动派就会来烧杀抢，我们哪里能结婚？"

夕阳陡然一落，天地转眼昏暗起来。秋冬的夜，来得就是快。

"道理我知道，我就是——想生儿子。"

> 天上起云呀横打横，
> 你又想落雨又想晴？
> 老妹哇句直爽话，
> 圆房就圆红军郎！

参加革命胆子练大了的秀萍，转过脸去，看着天边打起了山歌。

1932 年 11 月，由于工作得力，宣传到位，在短短的 8 天里，胜利县就有 1207 名青年参军。当时的县委书记金维映在会上还特地表扬了钟良光，称赞共青团工作做得扎实。几天后，隆重的欢送大会就在银坑镇召开。

> 送郎去当红军
> 阶级要认清
> 豪绅哪地主呀
> 剥削我穷人哪
> 哎呀我的格郎 我的郎
> 送郎去当红军啊
> 切莫想家庭啊
> 家中哪事务呀
> 妹妹会小心哪
> 哎呀我的格郎 我的郎……

秀萍带着扩红队，一首接一首，把深情动听的歌儿唱给春生听、唱给天保听、高声唱给 1000 多名新兵蛋子听。送行的老老少少，将熟鸡蛋、炒花生、盐豆子、黄米果、小鱼干、道菜干、豆角干……一包包慰问品，塞到他们的手里。戴上大红花的后生们，眼里含着不舍，脸上写着兴奋，在噼里啪啦的爆竹声中，迈着不太整齐的步伐，浩浩荡荡出发了。

这热烈的欢送场景，一方面出于亲人邻里自发的感情，一方面也是"扩红"的一种仪式。"这样不但可以鼓起群众对红军的信仰和羡慕，并且可以增加红军官兵的勇气……红军从前线告长假回家，要举行欢迎慰问，请他们演说向群众报告奋斗的经过，表示敬意。"1930 年 11 月 12 日出台的《通告：扩大红军的具体办法》明确指出。

当然，这等扩红成绩，也不是光靠共青团干部嘴皮子磨来的，真正能让苏区青年积极参军，还是实实在在的好处——"分田地"以及各种优待措施。从 1931 年 11 月苏区政府出台的《中国工农红军优待条例》中摘录几条："1. 红军及其家属跟其他的贫苦农民一样享有分得土地的权利，他们的土地耕种应获得政府的帮助。2. 服役期间的红军及家属免缴苏维埃共和国的所有捐税，所居政府房屋免纳租金，享受政府商店 5% 减价优待，子弟读书免缴一切费用，相互通信免收邮资。3. 红军战士外出交通费用由政府报销。4. 受伤红军应得到细心照料，费用由政府负担；致残红军与退职红军应由政府供养；牺牲的红军应得到部队与政府的褒扬，其幼小的子女弟妹由政府教育抚养，其父母妻子由政府给予相当的津贴……"

后来，政府又连续颁布《执行优待红军条例的各种办法》《关于优待红军家属的决定》《优待红军家属礼拜六条例》与《优待红军家属耕田队条例》，进一步强化优待红军工作。一方面是为了保护自己已经得到的田产房产，另一方面从政府那里可以得到更多的政策实惠，苏区青年虽有种种家庭情况，但最终还是愿意走上战场。

剪发参军

2004 年 5 月，四川广元，晴朗蔚蓝的天空，飘着棉花一样的白云。86 岁的女红军唐树林，絮絮叨叨，追忆那段参军往事：

我 1918 年出生在通江，记事特别晚，只记得 9 岁那年我成了别人家的童养媳，这家人也很穷，早年丧夫的婆婆带着 4 个孩子，青黄不接时，经常去外乞讨过活。一次，好几天都没吃上一粒饭，婆婆一狠心，把我卖给了一家地主，换来一升玉米面。

地主家的生活更是暗无天日，作为粗使丫头，打、骂、饿、累是常事。但从地主老爷他们窃窃私语和惊慌神色中，我知道了"红军"，红军是他们的对头，"我要去当红军"的念头在一次次打骂中逐渐牢固。14 岁那年，我打听到通江城里来了红军，我瞅了个空，从地主家逃了出来。齐腰的长辫子一剪再剪，剪成短短的男式样，红绿的丫鬟服一脱，灰马褂、黑短裤一套，再加一根草绳中间一扎，脸上再抹上一把土，我就胆战心惊地上了街：地主家丁把我抓回去的话会把我打死的！婆家的人也最好不要碰上！红军是不是真的不要女的？

幸运的是，在街上我先看到的是——红军宣传员。

"我可不可以当兵？"钻进人群，我挨近宣传员，小声问。

宣传员上下打量我这个瘦得皮包骨的"小男孩"说："你走不动！"

"你们走多远我走多远，你们背多少东西我背多少！"我坚决地说。

宣传员没接下句话，他没说不要我，我就赖着不走。我也确实无路可走。

宣传员忙了好一阵，临走，看着蹲在地上的"小男孩"，就给带到了连队。

捧着生平第一碗满满的白米饭，我边吃边掉眼泪：当兵才能吃饱饭，才像个人样啊！

但是，当兵头一个月，除了训练吃力难跟上，生活上我也难熬。毕竟是女身，纸里很难包住火。我尽量不跟别人说话，一定要开腔的时候，脸上也会不争气地红起来；上厕所也要偷偷摸摸地去；洗澡就更难躲了……

我感觉到，背后常有人议论我。

一天，一个大姐把我拉到一边："跟我说实话，你是女的吧？"看着这位英姿飒爽的女红军，我壮大胆子挑明了真相。红军大姐笑着刮了我的鼻子一下，说："傻妞，走，带你去后方总医院当护士去！"

…………

这是发生在鄂豫皖广大地区的故事，这里的红四方面军与中央红军相比，有一点很特殊——妇女独立团，这是成建制的女红军队伍，既是战斗队，又当后勤队、运输队、医疗队。这一大批红军姐妹和唐树林一样，悲惨的生活促使她们义无反顾地参加了红军。但是，她们大多都壮烈牺牲了，唐树林算是极其幸运的，1935年长征开始后，她也被编入妇女独立团参加战斗，长征快结束时，她被分配到连队当卫生员，因而留在了延安，并在那里结了婚。

老人至今还保存着一张合影——生平第一张照片——结婚照，新娘子短发、分头，活脱脱的一个"假小子"。"从女扮男装参军到结婚，到现在，我一直是这样的发型。"老人笑呵呵地说。

中央红军中也有不少像唐树林一样的女红军，比如，被毛泽东、朱德一直喊作"矮子"、在长征路上抬担架最多、救人最多的——危秀英。

危秀英本是瑞金人，半岁丧母，6岁被卖到兴国当童养媳。1930年10月，她看到外面来来往往的红军，就悄悄剪掉长发并用头巾裹上（以免被家人发觉），一鼓作气跑到红军总部。可是红军却把她送回家，家人暗暗地将她打得死去活来，她就越发要去当红军，又一次偷跑出去，告诉红军：自己没有活路，一定要参军！红军这才接收下。

危秀英长得矮小，但干活手脚麻利又有力气。后来她就被派到妇女部长蔡畅手下当干事。长征出发前夕，婆家人把她卖了。红军去做工作，解救了她。经常碰面的毛泽东对她说："矮子，你还是跟我们走吧，要不，红军走了，你还得被卖掉！"这样，她幸运地成了30名长征女红军中的一员。

恋家儿郎归队

旧社会的工农群众生活苦，女子更苦，童养媳最苦。"打土豪，分田地"，吸引了劳苦大众踊跃参军闹革命，更吸引了深受重重压迫的女子参军。革命早期，共产党一呼百应，众人揭竿而起，参军基本是积极主动。

建立革命根据地后，为打破国民党的一次次"围剿"，共产党有组织地将苏区的男女青壮年，编入少先队、赤卫队，作为扩红的基本兵员。党员、团员有计划地宣传鼓动他们参军，这时，虽有计划有任务，但还是遵从自愿的原则。

从1933年开始，红军兵力损耗日渐增多，仅靠"自愿"参军远不能满足需求，共产党又不能像国民党一样"抓壮丁"，怎么办？"以充分的政治鼓动去代替强迫方法；以残酷的阶级斗争与苏维埃在这一方面的法令，去对付破坏扩大红军与领导开小差的阶级异己分子与不良分子……"毛泽东曾如此概括。少共中央局曾三番五次开会讨论：对于不愿参军的青年人，动员其妻子劝说，比如，汀东长宁区彭坊乡的江银子，劝说丈夫当红军，她的丈夫不去，她就到乡苏要求同她丈夫离婚，后来她的丈夫就报名当红军了。对于开小差跑回家的红军，应发动团员和青年群众，劝说他归队，与他讨论和解决一切困难问题。他若不愿归队，应发动儿童妇女群众耻笑他。更激烈的斗争方式还有，对顽固不归队的分子，召开群众大会来审他，把他开小差的错误及顽固不归队的事实在群众中揭发出来。

"秀萍，如果不要打仗该多好啊……"请假回来结婚的红军战士春生，抱着娇妻，望着跳动的红烛火说。

"你还有几天的假？"

"两天，我真想还有两年啊……"

良宵苦短。两天后的大清早，村头的捡秀婶婶便拎着大包小包，来到春生家千叮万嘱："春生，今朝你就走吗？这包是番薯干，那包是咸鸭蛋……这一份是送你的，那一份帮我带给我家明仔，不打仗的时候，当零食吃……"

"哥哥喂——你又要去打仗了？好，多多杀敌人！下次捡到子弹壳，带回来给我玩好不？"隔壁的小宝也蹭过来叽叽喳喳。

> 身上背上十带子，手中拿起驳壳枪，天天打胜仗。
> 送郎送到天井边，姐妹革命心要坚，莫恋小娇莲。
> 送郎送到大门口，手牵我郎往前走，我郎打冲锋。
> 送郎送到屋桥头，家中事务请莫愁，妹妹会留心。
> 送郎送到大码头，郎上大船好威风，送郎上战场。

少共书记钟良光带着一伙年轻妹子，唱起了清亮的山歌，唱得还贴着红艳艳喜字的屋子更热闹了。

秀萍不停地忙着招呼一拨拨的客人，春生则有几分呆傻：我还要上山砍两担柴回来再归队，我还要种完两丘田的豆子再归队，我还要……

"春生哥，今天下午耕田队就轮到你家，你爹说要翻两丘田……"钟良光好像听见了他心里说的话。

"你看，屋檐下一早放着三担柴。钟书记，是不是你派人砍的？"秀萍说。

我还要干什么呢？我还有什么好说的？春生心里苦苦地、傻傻地笑问自己。

"春生哥,你们俩是村里的'模范'。走,去贱生家,看他还好不好意思藏在家不归队!"钟良光说。

春生傻傻地跟着去了。

"……有的人怕死不愿去当兵,其实,去当红军不一定会死,有些人没有去当兵也会死。去当红军为革命从容牺牲也值得,也是光荣的事情。过去我们许多贫雇农被封建制度、地主土豪压迫剥削得冻死、饿死。现在我们起来革命,打败敌人,就是为了使贫雇农不会冤枉地死去……"

钟良光一番情理兼具的演说之后,春生在前,贱生在后,背后一股送红军的人潮,推动着他们向前走了。

这是另一种更高明的归队运动方式。

鼓动白军士兵反水

解决兵源问题,除了动员苏区青年参军,还时时打对手的主意:执行"优待俘虏"政策,俘虏感化后转变为红军,或返回白军中宣传红军政策;直接做兵运工作,拉白军士兵反水,拖枪过来当红军。这样既扩大红军队伍,又减弱对方的力量。

最典型的例子是"宁都兵暴"。共产党员秘密潜入驻扎在宁都的国民党26路军,然后发展组织,宣传政策,利用矛盾,最后成功地将1.7万余白军转为红军。

对整支国民党部队的策反难度很大,必须有革命倾向的军官配合才可能成功。红军最普遍的策反是针对一般国民党士兵。共青团在这方面做了不少工作。

1930年6月,少共苏区中央局下发《少年先锋队工作大纲》,提出"夺取国民党军队的士兵群众到革命方面来,组织士兵暴动,是整个青年运动最主要的一部分。少年先锋队要组织士兵宣传队向士兵群众做宣传鼓动……并调派队员去当兵,直接组织他们暴动和兵变,民团、保卫团……"

1930年11月江西省行委发布了第11号通告《加紧团的工作，号召广大青年群众实行阶级决战，与团目前的工作》，提出"在敌人进至赤区后，应有组织地派儿童做小贩与士兵接近谈话、唱革命歌曲等，并侦探其一切消息，因为儿童敌人不注意，而儿童年幼小，敌人喜欢和儿童接近（特别是士兵），这是非常有效果的"，"白军士兵运动这项工作特别是妇女能多有办法和机会去进行……应该利用卖小菜小物或替白军洗衣等，去接近他们谈话借以宣传，使敌人队伍无形中动摇恐慌而投降红军"。

1931年10月，少共闽粤赣苏区省委专门开会讨论："诱敌深入时，暂时被敌人占领的部分苏区，共青团不能以为红军走了，就无办法，无工作可做，留在苏区的秘密团员，要宣传白军士兵，同士兵谈话，打进白军士兵活动，引带士兵拖枪投诚红军。在敌人已经组织民团时，要派一部分秘密团员去加入，破坏民团的战斗力及鼓动杀团总、拖枪投入红军。"

在兴国革命烈士陵园，有一尊"马前托孤"雕像，这尊雕像的主人公叫李美群。1911年，李美群出生在兴国县坝南乡一户贫苦农民家。17岁那年，红军独立二团、红军独立15纵队来到兴国并成功组织武装暴动，李美群积极投身汹涌澎湃的革命浪潮中。第二年，国民党张与仁师进入兴国，占领了县城。全县各地的赤卫队集中起来，编成25纵队，与白军展开了拉锯式的游击战。此时，李美群任竹坝村少共书记，根据上级指示，她组织坝南、洪门一带的青年妇女，成立了"白军士兵运动委员会"，做白军士兵工作。

　　那时，女人胆小，见了当兵的就躲避，哪敢主动找白军做工作。李美群将上级开会讲的"士兵运动意义"，反复讲解给姐妹们听，并一起讨论用什么方式方法既安全又有效。做好充分的准备工作后，选了一个天气不错的日子，出发！

　　可就在快到白军驻地时，远远地看到白军手中乌黑黑的枪、明晃晃的刺刀，大伙儿还是怕了，你推我搡，最后对李美群说："你不怕，你先去，做个样子给我们看。"

李美群无言了，她心里也怕得要命。可谁叫自己是队长呢！为了消除姐妹们，也为了消除自己对白军士兵的恐惧心理，她挎着一个畚箕硬着头皮走向前，小心翼翼地在白军岗位附近转来转去。一个穿得破破烂烂、头发乱蓬蓬的捡柴火的人，白军士兵瞧都懒得瞧。不久，捡回半畚箕柴火的李美群，一根毫毛没少就回来了。

从此，姐妹们便经常三五成群地在白军驻地附近放牛、赶鸭、拔猪草、拾牛粪。一来二去，胆子更大些，还和他们做起了小买卖。烧米粉鱼、包子、油炸花生、米果、酒酿……白军士兵伙食差，闻到香味，个个馋涎欲滴。

一个士兵想吃白食——抢，李美群厉声叫道："抢了这一回，就再也没有谁会提来卖了，你们就再也吃不到下一次了！"旁边的几个士兵想想有道理，马上喝止那个无赖。

"可是我们没钱怎么买？"

"拿东西换也可以。"

白军士兵身上没有值钱的东西。有一个就直接问道："我们只有子弹，你们要不要？"

李美群等装作无可奈何地说："好吧，总比白抢去更好，我们拿弹壳作废铜卖。"

以"果"易"弹"，得到弹药补充的游击队直夸妙。可李美群她们还不满足。

"听说红军那边当兵的，经常有老表一担担的米果、花生、酒酿挑来慰劳哩！"

"你们官长克扣不克扣你们的饷银？"

"你出来当兵有钱寄回家里用吗？"

"你讨老婆了没有？"

"你们当兵到底有什么好处呢？"……

姐妹们你一句我一句，问得白军直叹气。兴国女子个个都是打山歌的好手，她们见机行事，唱起动听的山歌：

哎呀哩——

白军士兵哇你听，

莫给豪绅来卖命。

你们原也做功夫，

天下工农一家人！

哎呀哩——

欢迎白军当红军，

红军纪律最严明。

长官士兵一个样，

没有人来压迫人……

山歌一首接一首，唱得白军直点头。这时，李美群和姐妹们便将藏在篮子里的传单发给他们看，红军"取消一切苛捐杂税、兵差劳役；打土豪，将田地分给农民、士兵"等政策主张，便在白军士兵中传开了。

慢慢地，有的士兵偷偷开小差回家了，有少数则大胆拖枪过来当红军了。

年底，依照李美群她们提供的兵力布防情报，弹药充足的游击队将军心涣散的白军一举击溃。当然，有的白军根本就没跟游击队对抗，被红军缴械时还说："你闻闻，枪眼有没有火药味？"他们早就知道红军"优待俘虏"，就等着红军打来，自己理所当然地过去呢。

共青团员除了大胆活跃在被白军占领的苏区，还更大胆地活跃在两军对阵的火线间，鼓动白军反水。

老红军朱士焕，四川通江人，19岁加入共青团，任共青团区委组织部部长时，带领宣传队积极穿梭于火线间。

到了前沿阵地，首先是隐蔽好，然后对口唱山歌："啥子出来哎满天红？啥人起来哎闹革命？为啥起来哎闹革命？""太阳出来哎满天红，穷人起来哎闹革命，为了翻身哎闹革命。"

对面的白军一听见山歌，嗓子里就发痒，看长官不在就喊："你们是干啥的？"

"我们红军和白军兄弟摆龙门阵来哩!"

"都是当'兵'的,有啥子可摆吗?"

朱士焕一句,白军一句,就接谈上了。

"白军弟兄们,"朱士焕发动了政治攻势,"你们整天整夜地站岗放哨,操练打仗,拼命送死为了谁呀?"

"当兵吃粮嘛!"白军士兵答上了,反问,"你们打仗是为了谁呢?"

"我们红军打仗,为了天下穷苦人得解放,不受地主、军阀的压迫、剥削,也是为了自己。"

"为了自己的啥?"

"我们为了保卫自己分得的田地、房屋!"

"田地、房屋是谁分给你们的?"

"是我们自己革命得来的,是共产党、苏维埃和红军分给我们的呀!"宣传队齐声答。又问白军士兵,"你们替当官的送命,他们分啥东西给你们呀?"

"我们啥子也没分到!"一个白军士兵的话音刚落,另一个白军士兵接着又补充了一句:"我们常分得当官的巴掌和军棍!"

"你们替土豪劣绅、军阀头子当兵打仗,还成天挨打受骂,你们家里的父母、妻子、弟妹挨冷挨饿,为什么还要干哪?"

"有啥子办法呀?"白军士兵沮丧地回答。

"有办法,到我们这边来吧!"

"我们红军是共产党领导的军队,我们的任务是打倒帝国主义,铲除封建势力,打土豪,分田地,实行土地革命!我们这里官兵平等,不打人,不骂人。我们不杀俘虏,不搜腰包……"

宣传队你一句我一句地喊话,白军阵地上的士兵三个一群、五个一伙议论,看来是有点动摇了。朱士焕就进一步展开了攻势:"你们不也是穷人出身吗?穷人就要到穷人的队伍里来!"

喊话工作连续进行了几个夜晚,白军士兵与宣传队相当熟了。白军的长官来查哨时,白军士兵会告诉宣传队:"你们隐蔽起来吧,我们要放枪了!"

咔咔咔，砰砰砰！……一阵枪响之后，对方又招呼起来："你们出来吧！我们长官走了，刚才，你们说的都是真的吗？"

"是真的。我们红军、共产党从来不骗人。"朱士焕恳切地说。

时间长了，白军士兵好像也摸到宣传队的活动规律，到时间宣传队不说话，他们倒问起来了。当宣传队再次出现时，他们就问："你们那天晚上为什么没有来呀？"

"今天来了，还给你们带来了礼物。你们过来两个人，我们商量商量好不好？保证你们能得到很大的好处。"朱士焕的声音，他们最熟悉了。

不一会儿，就有两个黑影慢慢地向红军阵地爬来。

"是谁？"宣传队警惕地戒备着。

"是你们叫我们来的嘛！"白军士兵趴下不动。

"是穷人快来吧！我们表示欢迎！"两个白军士兵又向前爬了几步，就猫身跑来了。一个小个子白军胆怯地说："弟兄们都说红军好，叫我们先来看看！"

宣传队答道："欢迎，欢迎！"他俩用探听的口气问道："我们过来，你们能要吗？"

"要！为什么不要呢！你们的高级长官是军阀坏蛋，而你们是青年人，是穷人家子弟。"朱士焕说，"我们共产党、苏维埃和红军就是为穷人办事的，欢迎你们过来，欢迎多来一些人。把你们亲眼看见的事情，告诉给白军弟兄们吧！"

谈过之后，宣传队又给了他们一包油印的宣传品："请你们把这一包东西散发给弟兄们看吧！这里有苏维埃的十大政纲和土地法令……"白军代表连声答应："一定，一定！"

这样，在火线上，宣传队和白军士兵交上了"朋友"。有好几天晚上，他们都派人过来拿宣传品。由于常来常往，终于被他们的长官发觉。白军士兵过不来，宣传队就想办法把宣传品绑在狗身上送过去。

后来，战斗打响了。红军冲上去的时候，白军士兵就喊："你们不要打了，我们缴枪！我们都是穷人，不愿替当官的卖命。"战斗结束后，有人问被俘或投降过来的白军士兵："你们怎么知道红军的政策？"他们回答说："红军好，我们早知道。红军为了穷人打土豪分田地的啊！在苍溪县两方对峙的时候，就和你们的同志交上了朋友，还看过你们的传单哩！"

弱小的共产党走了"群众战争"路线，最终战胜了兵力雄厚的国民党。所谓"群众战争"，即除发动群众直接参军参战之外，利用一切可利用的方式与敌斗争，施展策反策略，把握条件壮大自己。上述史实就是典型。即使到了后来的解放战争，处于优势的共产党军队为了减少伤亡，也一次次策反国民党军队，加快了解放全国的步伐。

长征，一路减员一路扩红

有人做过粗略统计，红军长征开始时，四支主要部队（红一方面军、红二方面军、红四方面军、红二十五军）合计近 18 万人，最后到达陕北的合计 4 万人左右。在国民党飞机大炮重兵围追堵截下，在雪山草地大渡河等自然障碍前，红军减员惊人，但终剿未灭，这得益于红军战士的英勇顽强，也得益于长征途中一路的"扩红"。少共中央局机关随红军长征后，团中央机关只是名义上存在，工作人员都分散到红军各军团政治部做民运工作去了。所谓"民运工作"，即宣传群众、组织群众、武装群众以及建党建政等。"扩红"就是其中一项主要工作。

战争，使成千上万的红军纷纷倒下。但哪里有穷人，哪里就有红军的积极响应者，成千上万的农民、学徒、奴隶、国民党逃兵、工人，一切赤贫如洗的人，纷纷加入行列。

红军长征所过之处，大都非常贫瘠。当时的红八军团政治部宣传部部长莫文骅回忆说："贵州到处种植鸦片，人们吸毒成瘾，变得痴呆，丧失劳动能力。他们住的是用泥土和茅草、木板条盖的房子，屋顶盖着稻草，男人只在下身系一根遮羞的布带，有些少女连这样的布带都没有，赤条条地在地里干活，当地农民几乎都是赤贫如洗。"黔大毕地区流传着这样的歌：羊毛擀毡子，洋芋野菜过日子，要吃苞谷饭，除非老婆坐月子，要吃白米饭，除非二辈子。

吃饭穿衣对他们来说是头等大事。谁能让他们吃饱饭有衣穿，就足以让他们感恩戴德并为其卖命。因此，长征途中扩红除了写标语、发传单，最重要的方式就是打土豪分粮食、分食盐，甚至分财产。除了红军必需品外，尽量发给群众，并号召群众亲自动手去没收。这样，一方面可以使群众成为红军的受益者，另一方面也因其亲自参与没收豪绅财产而与红军捆绑。无论从哪个方面讲，都非常有利于红军有效扩充兵员。

共产党人将苏区时期的"打土豪，分田地"，灵活变通为"打土豪，分财物"，吸引沿途的劳苦大众参军，其中包括一个特殊的群体——少数民族青年。曾任少共苏区中央局秘书长的张爱萍，长征时任红三军团4师政治部主任，撰写《"倮倮"投军》一文，现摘录片段：

　　一天，十一团一营经越巂城。这里群众如见救星一般地欢腾起来，沿大道的两旁，挤得像人山人海一样。还有许多携儿带女地跪在街道上，手里拿着写有"红军总司令大恩人麾下……"的禀帖，口里不住地呼喊着："红军大恩人呀！申冤求救。"这些在城外是"倮倮"族民众、在城内是汉人的工农劳苦民众，他们各告着不同的事件：一部是说那个白军团长或豪绅、官僚杀了他的儿子、她的丈夫，为出不起捐款，而倾家荡产……一个（汉人）是诉说"倮倮"怎样杀了他的人，抢了财物，或烧了房子；还有彝民诉说城内（汉人）哪个杀了几个"倮倮"，抢了"倮倮"的东西，烧了"倮倮"的房屋……各诉各人的理由，各申各人的冤由。

　　后来，十一团的政治处作了详细考察，召集了群众大会，向群众指出官僚、军阀制造汉、彝民族仇恨的阴谋伎俩，告诉他们彝人与汉人的贫苦工农都是同一受压迫受剥削的人，汉人的贫苦工农与彝人应亲密地团结与联合起来，反对压迫者与剥削者的汉族官僚、军阀，不应自己互相争打，上军阀官僚的老当。并指出只有当红军自己武装起来，才是出路，才能打倒压迫者与剥削者等。最后，又在群众的报告与拥护之下，没收了一家罪恶昭彰的

土豪，将财物全部分给了当地汉人群众与彝人，并给予为当红军
而被害的家属以抚恤。

这里对红军的认识，更加清楚了。于是附近群众自动投入红军的愈来
愈多，在两三个钟头内，加入十一团当红军的达700余人，就是"倮倮"
加入红军的也有百余人。十一团各人各单位扩大红军成绩最好的要算第七
连与团政治处。素以小同志见称的宣传队长一个人也扩大了70余人当红
军……加入红军的彝族人另外编成了一个连，一般群众称之为"倮倮连"。

红军最大限度地争取了欢迎红军的各族劳苦群众。

深入翻阅历史细节，真正随大部队一路走到陕北的少数民族红军为
数不多，但对当时身处其地的红军却有巨大帮助，诸如筹粮、筹款、向导
等，对以后新中国民族政策的制定与推行更是影响深远。除征召分散的青
年当红军外，红军还直接对一些地方武装进行收编，使其成为红军队伍，
比如，对藏族头人马骏武装的收编，贵州的抗日救国军，以及"神兵""哥
老会"等一些帮会组织。一旦收编成功，对红军非常有利，因为这些地方
武装有作战经历，且有武器，对其进行训练也容易得多。

长征无疑是红军的一场战略撤退，红军依然是民心所向——沿途群众
纷纷加入队伍，红军终于到达了目的地，其核心力量仍完整无损，其军心
士气和政治意志的坚强一如往昔。在某种意义上来说，这次大的转移是历
史上最盛大的武装巡回宣传，所经十几个省的群众知道了，劳苦大众有自
己的队伍——红军。尔后，红军依然屡遭挫折，但革命队伍最终不断壮大。

五 参战篇

共青团是党和红军的后备军，"团经常派最好的、最勇敢和忠实于革命的工农青年去充实党和红军的队伍"。团的直属机构"少先队"，本身就是一种半军事性质的群众组织，还特别从中挑选了18岁以上，身体强健、政治觉悟高的男青年组成"模范少先队"，经常单独或配合红军及赤卫队开展武装斗争。从1932年到1934年，中央苏区多次进行大规模的扩军运动，各地团干部和少先队干部带头组建了工人模范师、少队模范师，输送给红军部队。也有很多红小鬼，年龄偏小不适合参战，但在严峻的形势下加入了作战部队。

第十六章　中央苏区少共国际师

苦难辉煌历程

阳春，红的桃花开，白的梨花开，地里紫的豆花也开。三三两两的老人，或散坐，或拄着拐杖缓行，或挥锄、担水……这是宁都西郊敬老院，院落深处，安静地隐藏着一块小小纪念碑，正面铭刻着"少共国际师成立誓师大会旧址"及概况……

1933 年，在四次"围剿"红军遭受重创后，蒋介石纠集大约 100 万兵力，采用"堡垒主义"新战略，亲自部署，对中央苏区准备进行第五次大"围剿"。苏区兵源有限，且历经前四次反"围剿"战斗已减员不少，满腔热血的青少年，高呼着"保卫革命根据地"，积极踊跃上前线。5 月上旬，红军总政治部在博生县（宁都）固村区召开全军青年工作会议，提议并通过了由少共中央局发出创建"少共国际师"的倡议。1933 年 8 月 5 日这一天，"少共国际师"成立誓师大会在博生县城西郊大校场隆重举行。

大校场，又叫跑马坪、大考场，是清朝时期周邻八县武举人应试的考场，平时亦做训练、教导之用，方圆百余亩，松林缭绕。1959 年，宁都早期农运领导人彭澎之女——彭国涛，受命在此筹建了一所光荣敬老院，收容了一批烈属老人。

大校场—誓师广场—敬老院，岁月更迭，世事变幻。少共国际师，在赣南苏区家喻户晓。当年 1 万多名小伙子，从兴国、于都、宁都、瑞金、长汀、建宁等地的千家万户，蜂拥而出，集聚到这个大校场。哪个村落没有后生在其中？哪户人家不牵肠挂肚？据载，当时长汀县洪山区，26名共青团员带头，一下动员了74名青少年报名参加少共国际师；胜利县（今于都、宁都、兴国交界的一小块区域）一个小县，就组建起了一个"少共国际胜利团"；兴国县仅在7月就动员了4000多名少先队员整排、整连地参加"少共国际师"。中央苏区各乡、区、县少先队员加入的积极性、普遍性，可见一斑，难怪三个月时间能组建完毕。

让家家户户挂心的原因还有一个：这些新兵蛋子，以前虽然也在少先队里闹革命，但毕竟还没离开过家。当时的少先队，是一支准军事组织，鼎盛时期，人数多达30万，一般有简单的武器，经常进行军事训练，配合主力红军、赤卫队作战，主要担任战勤任务。

少共国际师的1万多战士是各地少先队中的精华。全师平均年龄18岁，最小的年仅14岁，历任师长都是20多岁，师政委萧华上任时年仅17岁。大家扛着自己手头有的土枪、大刀、梭镖，光荣地加入红军队伍。这真是一支朝气与稚气并存的特殊部队！

成立一个月后，这群新战士就从大校场浩浩荡荡出发了。当时的少先队总队长张爱萍现写现教、战士们现学现唱一首歌《少共国际师出征歌》："我们就是'少共国际师'，九月三日在江西誓师出征去……"

出师第一仗——1933年10月，闽北拿口战役告捷，授予他们军旗的领导——少先队中央总队部党代表、红一方面军总政委周恩来，称其为"铁拳初试"。尔后，在抚州黎川，先后参加了村营、镗贤、将军殿、邱家隘等战斗，其中，让所有战士刻骨铭心的是1933年12月的团村战役，师长吴高群牺牲。紧接着，保卫建宁、保卫广昌、保卫石城，国民党军步步紧逼，少共国际师接受的血与火考验一场比一场严峻，1万多人最后只剩5000余人。石城、于都、兴国等县又陆续有2000多名后生雄赳赳气昂昂加入队伍，踏上漫漫长征路。少共国际师精神饱满地掩护军委机关纵队冲破一道道封锁线，在第四道——1934年11月底惊心动魄的湘江战役中，苦苦坚守了5天阵地，以极大的牺牲换来主力部队的顺利渡江。

1935年1月18日，遵义会议后，减员只剩下四分之一、长征途中又没有得到补充的少共国际师，被军委撤销编制，所部分散编入红一军团第

一、二师。少共国际师前后一共 532 天，苦难与辉煌并存的短暂历程！

杨思禄将军忆少共国际师参战广昌

　　在那场波澜壮阔的革命中，于都作为中央苏区全红县之一，共孕育了 16 位开国将军。家乡的杨思禄将军就是从少共国际师中成长起来的一位。"杨思禄，1916 年 10 月出生，江西于都县葛坳乡牛婆田布头村人。1930 年参加革命，加入共青团，16 岁参加少共国际师当战士……1961 年晋为少将军衔。"2017 年，笔者来到北京，见到 100 多岁鹤发童颜的老将军，乡音唤他一声"公公——"，他瞬间接通记忆，忆起家乡的"米炮糖、芋禾干"等零嘴，更回忆起少共国际师广昌战役那场恶战：

　　1934 年 4 月 10 日至 27 日，广昌保卫战，连续战斗 18 天。我们在赣南抚河两岸筑堡挖壕。我清楚地记得，大家扛着大刀、梭镖、步枪，刚上战场就遭到敌人飞机的狂轰滥炸，我们这些红小鬼，心都怦怦跳。前面的二连还没有进入阵地，就被飞机炸死炸伤好几十人。一起参军的战友仗还没打，一下子就被炸死了几十个，真难过。所以从那时起我就特别痛恨敌人飞机。在那场战斗中，堡垒对堡垒，死打硬拼，尸横遍野、血流成河，白天打仗，晚上露营，早晨醒来，发现和死人睡在一起；夜间口渴，喝河沟水，晨起一看，河水红色……

历史是有血有肉的，不是书本上干巴巴的日期与人数。

　　筑堡挖壕——由于满山尽是石头，工具缺乏，战士们挖掘起来，震得虎口开裂，手上血泡上叠血泡。加上天热得喘不过气来，汗爬水流，浑身没有一根干纱。大家忍着饥渴疲累，把陡坡挖成峭壁，使敌人无法往上爬，用粗大的樟木、松树，横一层竖一层架在工事上，垫好撬出的石块，盖上几尺厚的泥土，把工事修补加固得结结实实。再在工事外面挖出很深的外壕，埋设自造的手拉雷。然后把砍来的竹子，削成一根根锋利的竹尖，在锅里炒干，用尿浸泡，钉在木板上，铺在外壕前面，用乱草和泥土伪装起来。

狂轰滥炸——国民党的飞机、大炮一齐向阵地轰击，震耳欲聋的重炮弹、催人呕吐的硫黄弹、火焰熊熊的燃烧弹、浓烟滚滚的烟幕弹，像暴雨一样倾泻，一遍又一遍，整个山头左摇右晃，好像要被抬起来，摔进深渊，然后粉碎，刚赶修好的工事又被打塌，外壕前的竹尖，已被敌人成堆成堆的尸体铺盖得不起作用了。埋设的自造手拉雷，阻挡不住那些没死的亡命之徒的冲击……

或许是国民党飞机的威力、仇恨，给17岁的杨思禄留下刻骨铭心的记忆，新中国成立后，身为正师级干部、年龄已超大（苏联顾问说，世界上还没有32岁才开始学飞行的）的他，硬是顽强、刻苦地学会了开飞机。

……这一仗下来，少共国际师伤亡很大，有一个排，打到最后只剩下六个人，三个班长就只剩下一个。排长咬破手指，写下血书"以血还血"。萧华政委拿着血书教育大家化仇恨为力量，勇敢杀敌、保卫苏区……

广昌战役失利，红军节节败退，少数人逃跑，我在这时的火线上加入了中国共产党……

据史料证，广昌一战，红军主力损失达5500人之多，干部和党团员的损伤占到士兵损伤之半数，部队骨干严重匮乏，而红军战斗力的发挥主要靠党团员。部队损失太大，快速补充的多是无相当训练的新兵。在这样的背景下，参战不到一年的杨思禄就在火线上、在冲锋的那一瞬间入党了。

我们一家三兄弟都当兵参加了红军。当时党组织动员我们参军时，对我们讲红军是老百姓的队伍，将来革命胜利了，不仅我们能过上好日子，而且家乡父老乡亲也能过上好日子。后来，我们动员别人来参加红军时，也对他们这样说，参军打仗是为了将来我们能过上好日子，即使自己牺牲了，父老乡亲、子孙后代也能过上好日子。

打动杨老将军三兄弟加入红军并成为共产党坚定一员的原因，是一种信念：红军给他们讲的"将来"——能过上好日子，即使自己牺牲了，父老乡亲、子孙后代也能过上好日子。杨老将军看到了今天，他的信念成了现实。

那些生生死死的政委、师长

兴国县城有一个宽阔的广场，立有一个醒目的"将军园"雕塑群。这是兴国的地标，其间，有一座雕塑以三面鲜艳的军旗为底，第一面就是"中国工农红军少共国际师"。这面军旗的诞生地是宁都，但它却耀眼地、理直气壮地立在兴国。因为众人皆知，少共国际师的政委——17岁的萧华是兴国籍，1955年最年轻的一位上将。

不过，少共国际师首任政委并不是他，而是冯文彬。但一个月不到，军委将他调任师政治部主任，朱德、周恩来、杨尚昆三人联名保举萧华接替政委职务。此前，萧华为红军总政部青年部长，正穿行于前线的炮声与战火中。接到命令后，他顾虑重重、吞吞吐吐地对周恩来说，自己太年轻，可能挑不起这么重的担子，会有负于党的重托之类云云，周恩来耐心听完后朗声笑道：正因为你年轻，才叫你去嘛。年轻的干部带年轻的兵，部队更有朝气！

后来的事实也证明了周恩来没有识错人。萧华带领这支特殊的部队取得了一系列非凡的表现，经受了一场接一场残酷斗争的磨炼。1934 年 10 月，大家怀着沉甸甸的心情踏上茫茫然的远征路，用血汗冲过一道道封锁线时，少共国际师还能"打仗也罢，行军也罢，战士们总是快活得很。情况稍一缓和，兴国山歌和《上前线》的歌声就在长长的队伍中荡漾起来"，青春的活力、艰难中的乐观也随之荡漾。萧华这个年轻的政委，带出部队这番面貌，某些精神就会在队伍中慢慢沉淀，成为一种军魂，这是对手用任何先进武器都无法摧毁的。

从这支队伍走出来的上将还有：少共国际师第四任师长彭绍辉。他与萧华同年被授衔，不同的是，他是单手接过毛泽东授予的勋章。

1933 年 3 月底，第四次反"围剿"胜利结束，军民欢天喜地地迎来苏区新局面，可担任"草台岗战役"主攻、战绩显赫的师长彭绍辉却在痛苦呻吟，甚至悲观绝望。因为，他的左臂中了两弹，伤口已严重感染，必须截肢。自己还年轻，不能没有胳膊呀！没有了胳膊，今后怎么带兵打仗呀……他望着漫山遍野的野花野草，漫无边际地想着。

彭绍辉和毛泽东是真正的老乡，两家相隔不到 10 里路。但彭绍辉最早是跟随彭德怀闹革命，他一直找寻的老乡"毛委员"，直到 1928 年年底，随红五军一起上了井冈山才见着。此后，彭绍辉便随之"破井冈之围剿""闯赣南闽西"，冲锋陷阵，转战南北，打下苏区一片天地，成为毛、朱、彭手下的一员赫赫战将！

陆陆续续来了不少人做彭绍辉的思想工作，但他对谁都只喊一句话："我不截肢！"彭德怀与滕代远亲自到医院看望，他脸一沉，说："天王老子来了我也不截！"彭德怀静静地看他撒完气，然后动情地说："我也不想让你截肢啊……牺牲一条胳膊，你还有另一条胳膊，照样行军打仗！"知子莫如父，知兵莫如将，彭德怀这个老领导的最后一句话，说到彭绍辉心坎里去了。

手术条件简陋无比，截肢用的是锯木头的锯，没有麻药，便用一根麻绳将彭绍辉绑在手术台上，让他再咬住一条湿毛巾。3 天后，彭绍辉醒来，望了望空空的左臂，号啕大哭！

痛快淋漓地哭过之后，他叫人送来一大堆马列主义著作、各种报纸杂志，在治疗养伤之外，雇农出身、没有接受过系统教育的他，开始吃力而努力地学习了。伤更好些后，他还不断地练习独臂打绑腿、骑马等军事动作。这一切，需要多么顽强的毅力；这一切，只为一个目的——重返前线！

的确，前线非常缺人。在他住院治病的这七八个月里，苏区的形势发生了翻天覆地的变化，第五次反"围剿"频频告急，少共国际师这支历史上最年轻的部队也于9月3日誓师出征了。但出院后，组织照顾他，安排他到地方去工作，彭绍辉坚决地表示："我虽然没有左臂了，但还有右臂，还能指挥战斗！只要反动派不消灭，我就不离开战场！"

这个要求被当时掌握大权的李德拒绝了，他没法去找彭德怀兑现诺言，因为彭德怀在前线战得昼夜不分，他跑去找周恩来反复申诉，最后终于如愿回到战斗行列，担任了红34师师长。不久，在光明山一带的阻击战中，他再次负伤：下颌骨中弹。他再次住院，再次边治疗边学习、练习。

1934年5月，彭绍辉刚伤愈。红五军团军团长董振堂、政委朱瑞向周恩来等红军首长提出建议：拟调彭绍辉任15师（少共国际师）师长。此后，少共国际师在最后一任师长彭绍辉的带领下，进行了他们最艰苦的、最后的几场战斗。

尽管缺了左臂，但谁也不怀疑，彭绍辉强大的指挥能力及冲锋陷阵的勇气。尽管整个第五次反"围剿"红军输给了国民党，但没有谁敢说少共国际师打的是败仗。

7月下旬，广昌大寨垴。国民党军冲锋，红军反冲锋，一次又一次，子弹、手榴弹打光了，就用石头砸向敌人，石头砸光了，就跳出战壕与敌人肉搏，彭绍辉在最险要的山顶，身先士卒，冲杀成一个血人，一次次举起独臂，为全师竖起英勇顽强的标杆，打退了国民党军9次疯狂的进攻。

10月2日，石城。彭绍辉接令："少共国际师"阻滞敌军对石城的进攻，掩护红三军团转移。"阻滞"，即阻碍、迟滞对方的前进速度，以求得红军主力部队更多的集结转移时间。即便如此也相当不容易，因为稚嫩的少共国际师一师之力要面对的是国民党气焰嚣张的4个师。战斗开始后，彭绍辉所在的无名高地渐渐成了一座小火山。但国民党军始终无法逾越，敌我双方形成"顶对"状态。直至10月7日，"少共国际师"接令撤离石城。这是第五次反"围剿"最后一战，他们是最后撤离的一支部队。

11月底，湘江。少共国际师1个团直扑全州东南的鲁塘圩牵制敌人，另外2个团在湘西延寿圩抗击白军4个团的追击。彭绍辉带领部队打了整整5天5夜的阵地防御战，用鲜血换来每一分每一秒，一直坚持到主力部队过江，实现了战略意图。

强将手下无弱兵，彭绍辉率领上万虎犊，为世人演绎了一场场惊天动地的壮烈。

虽然残了一只臂膀，但彭绍辉毕竟还是登上了天安门，看到了自己用鲜血换来的新中国。而他的前任——第二任师长吴高群，则奉献出年轻的生命，长眠于他奋战的赣南红土地。

他率领少共国际师打了一场胜仗。这场胜仗发生的地点在闽北拿口。他和萧华等人商量，对方兵力强大，如果硬碰，肯定吃亏，不如把孙子他老人家的兵法搬出来，就地用上一招。这个地方不是叫拿口吗？那就干脆布一个口袋阵，诱敌深入，再围而歼之。大股白军追到山口，听到山内枪声大作，忙端枪急追，追到山内，却不见一个红军，只见树上悬挂着大小铁皮瓶，硝烟正从瓶口徐徐冒出，原来瓶内装的是点燃的鞭炮。此时的白军用气急败坏来形容是不为过的。而此时，吴高群他们已从一秘密山口潜出，甩开白军的追击，然后又折回来，直捣白军的后续部队。红军没追到，倒被割了"尾巴"，这一刀子挨得白军难以启齿。不过，少共国际师每人发的10颗子弹很快打光，接下来就只能拼刺刀了。但小战士们个子矮、力气弱，是国民党大兵的对手吗？不怕，使出声东击西法，两个处理一个，一个牵制，一个刺杀，杀得大兵顾得了前顾不了后。这一战用了不到两个钟头，干净利落地全歼了白军一个连。

两个月后，黎川团村激战，少共国际师继续发扬机智、灵活、勇敢的作风，多次打退了蜂拥而上的白军。然而，悲剧就在此时发生。堂堂白军竟被一群"毛孩子"打败了，白军恼羞成怒，派来几架飞机，狂轰滥炸一番。胜利在望的少共国际师完全没有预料，师长吴高群敏锐地跑到一棵大树旁，正仰头观察敌情，一颗炸弹飞来，他倒在了血泊中……不远处幸免于难的萧华，急忙唤来卫生员，简单包扎后，紧急将他送往福建建宁医院抢救。但流血太多太多，谁也无回天之力。晚上8时，他遗憾地离开了朝夕相处的战友，离开了他的少共国际师。

吴高群和彭绍辉一样，是从井冈山下来的老将。但他的革命生涯只有短暂的6年时间。1927年秋，17岁的他从上犹县一家杂货店跑出，独自一人到湘南投军，先在白军当兵，两个月后投奔了红四军。1928年年初，他在湖南郴州加入了共产党，跟随朱毛踏遍了五百里井冈山，经受了湘南"八月失败"的考验，先后担任排长、大队长并升为党代表。尔后随红军主力由井冈山向赣南闽西进军，为创建中央革命根据地冲锋陷阵百战不屈。除了拿口战役这个杰作之外，令人称道的还有1932年6月中旬那场与粤军的拼杀。那次他刚得胜漳州，千里回师赣南，就直奔广东南雄水口。为保卫苏区南大门，与粤军展开了三天两晚的拉锯式苦战，身为团长的吴高群带着几挺机枪，哪里阵地丢失，他就在哪里重新把阵地抢占回来。队伍伤亡极大，但最终将粤军15个团拒之苏区大门之外，让粤军在此后数年内都避免与红军对阵。

牺牲的噩耗传出，红军总部十分悲痛，《红星报》刊登悼文，指出："高群同志死时仅廿三岁，他是一个进步最快最易深造的青年指挥员，他的死是革命战斗中的损失，然而这种牺牲正是为着广大工农群众的解放，为着苏维埃的中国，是最有价值的啊……"

新中国成立后，萧华将军重游故地，忆起吴高群，触景生情，写下一首诗："青年雄师战团村，出奇制胜创敌军。恼羞成怒蒋飞贼，夺我战友吴高群。智勇双全好战将，赤胆忠心为革命。壮烈青春献大业，英雄形象高山鹰。"

从少共国际师走出去的将军远远不止萧华、彭绍辉两个。上文中的杨思禄也是其中的一名，而且是由普通战士成长起来的将军。据统计，当年这支平均年龄只有18岁、历时只有532天的部队，竟然一共走出23名开国将军。少共国际师精英荟萃之历史罕见，犹如一部传奇！

第十七章 红四方面军的"儿童军"

"少共国际师"令世人震惊、慨叹，但它并不是中国首创。1919 年 11 月，德国柏林一座不起眼的小房子里，一群热血沸腾的青年人据列宁提议，悄声宣布"少共国际师"（一译"青年共产国际"）秘密成立。自此，它成了世界各国青年团的联合组织和领导者。当初 14 个国家参加，后来在 56 个国家建立了支部，中国便是其中之一。但其他国家的"少共国际师"只参加后勤、安保工作等活动，起后备军作用，而中国的"少共国际师"则是成建制地加入红军的作战序列。

在中国，"少共国际师"也不是中央苏区独有，其他根据地也积极响应。1933 年 5 月，少共中央局发出号召，创建"少共国际师（团、营）"。

红六军团的"少共国际师"是红 17 师。它的历史沿革比较复杂：1932 年春，湘赣苏区红八军成立后，一些地方武装扩编成新独立 1 师；1933 年 7 月，红八军所辖 22 师、23 师、24 师各一部和新独立 1 师一起整编成红 17 师；后来，17 师与湘赣苏区 16 师、18 师组成红六军团，鉴于该师指战员平均年龄小，又有少共中央局关于创建"少共国际师"的指示，红六军团给 17 师命名为"少共国际师"，战士多是永新、茶陵、莲花等地方人，因此，其所辖 49 团、50 团、51 团分别称为永新团、茶陵团、莲花团。1934 年 10 月，红六军团与红二军团会师后，部队进行改编，红六军团撤销师级编制，"少共国际师"取消番号。

红四方面军的"少共国际师"是由"少共国际团"发展起来的。红四方面军从鄂豫皖苏区转移到川陕根据地后，取消军级编制，直属 10、11、12、73 四个师，"少共国际团"就在 73 师。1933 年夏，红四方面军将四个师扩编为四个军，"少共国际团"也扩编为"少共国际师"（92师），师长陈友寿，政委叶成焕。1936年年底，红一、二、四方面军会师后的红军整编中，红四方面军的"少共国际师"（92师）被分别编入31军的91、93师。

红四方面军还有一部没有命名"少共国际"，却是名副其实的"儿童军"——红二十五军。红二十五军本不是"儿童军"。原红二十五军是红四方面军的一支劲旅，于1931年成立，兵力高达1.2万人。1932年10月，鄂豫皖根据地第四次反"围剿"失败，红二十五军主力随红四方面军总部脱离苏区战略转移，剩下留守根据地的部队重组成新的红二十五军，此时兵力也还有上万人。

第二年5月，蒋介石见鄂豫皖根据地新的红二十五军又"活动猖獗"，即派出10万兵力发动第五次"围剿"。几经激战，红二十五军损失惨重，根据地日益缩小，处境日趋艰难，兵力仅有2980余人。1934年11月16日，根据中共中央的指示精神，红二十五军高举"中国工农红军北上抗日第二先遣队"的旗帜，开始了浩浩荡荡的长征。

1936年《共产国际》第7卷第3期中有一篇《中国红军第二十五军的远征》，文章开宗明义地写道："中国红军第二十五军的荣誉，犹如一颗新出现的明星，灿烂闪耀，光被四表！"后面的叙述是："最堪注意的，就是这支队伍，差不多没有年逾18岁以上的战斗员。从前的（指到现在还没有完全被征服的——笔者注）鄂豫皖苏区里，遭受异常残酷的恐怖，那些在战斗中牺牲者的遗孤，那些在1932年随红四方面军远征到四川的红军战斗员的子弟，便在这种恐怖条件之下建立起游击队，从游击队变为现在以'儿童军'著名的红二十五军。"

红二十五军因该文早早以"儿童军"闻名中外。为此，中央军委办公厅姜为民、军事科学院张明金，在2006年特别采访了当年"儿童军"的一员——刘华清，曾任新中国中央军委副主席的刘老将军自豪地证实道：

> 从当时的年龄结构看，说红二十五军是"儿童军"是有道理的。长征开始时，包括几位军领导在内，都很年轻。如军长程子华29岁，军政委吴焕先27岁，年龄稍大一点的是副军长徐海东，

也才 33 岁。营团干部多是 20 出头，连排干部大多数不到 20 岁。军部机关的工作人员和警卫人员也和我差不多，只有十七八岁。尤其令人感动的是，在这个队伍中，还有一批十二三岁的少年儿童。我记得，我们长征中每到一地，老百姓都叫我们"童子军"或"娃娃军"。

国民党的第五次"围剿"，最直接的影响是使红军兵力锐减，更大范围的是鄂豫皖的群众备受蹂躏：蒋介石认为，这里的人受共产党影响太深，即使抓不到"共匪"，也得拿他们开刀。于是到处烧杀抢掠，将村庄夷为惨不忍睹的废墟。这时的大别山区，青壮年早已当红军去了，留下的成百上千的老弱妇幼被集体枪杀，大批年轻妇女被送往河南、武汉贩卖，跑跳灵活的少年，则在大家的掩护下尽量逃脱，逃到人迹罕至的崇山峻岭上，寻找当红军的父兄。

《共产国际》的文章中对此有这样进一步的描述："他们还是幼弱儿童就如大人一样懂事，他们亲眼见过白色恐怖的一切惨状，他们在幼年童稚时代就领略了一些政治常识。这样就产生了新的红二十五军，产生了儿童军。这一部队大多数战斗员的年龄只是从 13 岁到 18 岁。"

就是这样一支由"分散的红军、游击队、寻父找兄的儿童少年"集中组建的红二十五军，却创造了红军长征队伍的奇迹。它一进入陕南，国民党各路大军就判断"'赤匪'徐海东股有由陕南窜入西川之企图"，西安各报纸连续不断地发出消息报道，认为徐海东要"率着自己的儿童们"，走红四方面军 1932 年冬由陕入川之路，"与他们的父兄会见"，"去与老朋友徐向前见面"。蒋介石在 1935 年 3 月 24 日给杨虎城的手令中说："将来成大患者，非徐向前，恐为徐海东也。"

最后一句，被蒋介石言中。"儿童军"在徐海东的带领下，在与其他主力红军完全失去联系的情况下，与数倍于己的国民党军周旋，转战豫、鄂、陕、甘等省，行程近万里，人数不减反增，战斗力愈打愈强，装备越来越好，成为第一支结束长征到达陕北苏区的红军，成为红军三大主力最终会师西北的开路先锋。

辉煌的战绩并不是与生俱来的。独树镇战斗，是"儿童军"长征途中生死攸关的一次恶仗。刘华清将军记忆犹新：

那一天是 1934 年 11 月 26 日，寒流突袭，北风怒吼，雨雪飘飘，天地间一片混沌迷茫。我们的衣服被雨雪湿透了，当时饥寒交迫，行进十分困难。许多人的鞋子被烂泥粘掉了，我脚上的鞋子也没有了，只好光着脚板走路。我们知道后有追兵，前有堵截，必须抢在敌人的前面穿过公路。因此，当时什么也顾不得了，就一个念头：走，走，快点走。

我们只顾埋头疾进，丝毫没有察觉大批敌军已经抢先占领独树镇附近的有利地形，构筑工事，布下罗网。刚进独树镇，忽然枪声大作，敌人发起猛烈进攻，我军立即陷入十分被动的境地，前面的队伍潮水般地退了下来。由于天冷，枪栓都冻得拉不开，打不响，零星打响的火力又不管用，没有办法实行有效的反击，慌乱中只得后撤。

就在这千钧一发之际，军政委吴焕先抽出大刀，像战神般屹立着，大声命令："坚决顶住敌人，决不后退！共产党员跟我来！"他边喊边冒着弹雨冲上前去，与敌人展开了白刃战。当时我就在吴政委的身边，跟着他举枪"冲啊""打啊"。独树镇是平原地带，没有什么遮蔽物，我跑着跑着突然感觉左腿被重重地敲击了一下，身子一歪就倒下了，我赶紧爬起来，一看左脚腕骨上被子弹穿了一个洞，鲜血直流，当时也不觉得痛，还要继续冲锋，但刚站起来就又摔倒了，被后面的同志抢救下来。

这番血战幸亏吴政委及时赶上去，顶住敌人的进攻，赢得了短暂的时间，使后续部队投入战斗，终于将敌人打退。在两军"狭路相逢"之际，红二十五军以压倒一切敌人的英雄气概而立于不败之地。

渡泾河之战，是"儿童军"的又一场血战，更让全体将士刻骨铭心。

我记得，在翻越六盘山后，我们于 1935 年 8 月 21 日，正冒雨在泾川县西南方向渡泾河，这时国民党三十五师二〇八团乘机向我军猛扑而来，企图逼我背水作战。敌三十五师是回民组成的骑兵部队，非常骁勇，红二十五军从来没有见过骑兵冲锋陷阵的阵势，很快败落下来。

这时吴焕先及时赶到，他大声喝道："我是吴焕先！同志们，绝不能让敌人逼近河边！把敌人打下去！"听到吴政委的吼声，战士们的勇气倍增，他们有的抱住敌人的马蹄子或马脖子，有的用大刀砍，与敌人肉搏、拼刺刀，硬是把这支骑兵打败了，敌团长马开基也被击毙。这时的红二十五军，由于 10 个月的连续行军作战，减员很多，已不足 4000 人，大多数是十五六岁的半大孩子，但打仗都是不要命的。敌人被这支衣衫褴褛但视死如归的娃娃兵吓破了胆，1000 多人的骑兵部队敌二〇八团被全歼了。

然而，悲剧却在众人喜悦万分之时发生了。

清理完这次战斗的战场，吴焕先集合部队，准备稍作总结讲话后就出发，这时躲在暗处的溃散敌兵，打冷枪击中了吴焕先。红二十五军的领袖，就这样牺牲了，时年只有 28 岁。全军上下无不热泪盈眶，悲痛不已。

如果要问：红二十五军这支原本羸弱的"儿童军"，为什么能够迎着国民党军暴雨一样的子弹发起一次次的冲锋，创造红军长征的奇迹？

以上两场战斗已告诉我们一个最重要的原因："儿童军"中，冲在前面的永远是杰出的共产党人和优秀的指挥员。对红二十五军的官兵来说，身先士卒的吴焕先是一面永远飘扬的大旗，战斗中军首长徐海东、程子华也都负过重伤，年少的战士们在他们身上，懂得了什么是革命，什么是光荣，什么是中国工农红军。

家破人亡，生灵涂炭，让小战士记下了这笔血海深仇；舍生取义，冲锋陷阵，红军领袖给战士们最深刻的灵魂指引。仇恨的力量、榜样的力量，让"儿童军"愈战愈勇，无坚不摧。当然，长征不仅仅是残酷的战斗，也有欢娱的时刻。17岁就担任红二十五军共青团委书记的黎光回忆说：

> "红色的青年战士志气昂，好比那东方升起的太阳……"部队出发前集合场上，歌声嘹亮。"唱得好呵唱得妙，再来一个要不要！"相互拉歌，此伏彼起，歌声不绝。
>
> 部队休息时常开晚会，演出许多自编自演的小节目。也常开"问答会"，政治学习教育后，出题目大家回答，将题目写在纸条上，捏成小纸球，大家抓，你抓到什么题目就请你回答。这种活动就是在长征路上还进行过多次。部队士气始终是旺盛的，尽管条件那样恶劣，生活那样艰苦，但部队没有开小差的，连放在群众家里养伤的，伤养好后就要找回部队来。

谁都知道，战争应该让孩子远离，但孩子们走不开，却自有原因。即使在战争生活中，也应让孩子们知道生活中不只有仇恨、冲杀之类的字眼，还有歌声、知识的殿堂等。这些，让部队士气旺盛、理智战斗。

1935年9月15日，那些自命为"天上飞的老鹰"的国民党军，无可奈何地看着这些"地上跑的小兔子"，跑到陕北延川县永坪镇，与陕北红军第二十六、二十七军胜利会师，并合编为红十五军团，继续谱写新的凯歌。

第十八章
陕甘游击支队少年先锋队

少共国际部队最出名的，要数中央苏区的红 15 师，而最早建立少年武装的，却是陕北红军。在中央苏区少共国际师热热闹闹集结于宁都大校场时，陕北黄土高原上的"中国工农红军陕甘游击支队少年先锋队"，已跟随刘志丹、谢子长活跃了两年多，把陕北的革命之火烧得红彤彤。

1931 年冬天，大雪纷飞。白茫茫的陕甘高原上，两个半大孩子在陡峭光滑的雪坡上慢慢挪动。饥肠辘辘，衣衫褴褛，步履维艰。突然，一脚打滑，瘦一点的那个眼见就要摔倒，胖一点的那位一把拉住，随即，两人簌簌一起滚下了山。已经是第三天了，他们仰望着铅云密布的天空，再也没力气爬起来，饥饿、寒冷渐渐侵入骨髓，模糊的意识中，胖一点的那位攥紧了拳头，手中的半张传单死死地掐着……

与此同时，刘志丹带领一支红军游击队正在山中行进。走过一道道山后，突然发现了雪地里躺着两个孩子，他急忙跑过去摸了摸，又趴在孩子的胸口上听了听，然后向后摆手说："有救！"说着，他和另一个战士同时解开老羊皮大衣，分别把冻僵了的孩子暖在了怀里。两个孩子终于苏醒了，他俩望着这群扛着枪支却满脸慈爱的人，激动地哭了起来。他们想，那半张传单、传单上的革命队伍应该就是他们！

胖一点的少年告诉刘志丹，自己叫王有福，15 岁，是地主家的小羊倌。那个低矮黑瘦的少年，是小乞丐，因为他爱蹦爱跳，外号叫跳蚤。一天，小乞丐跳蚤在街上捡到半张革命传单，给小羊倌王有福仔细看了看，两人都是受尽压迫和剥削的穷小子，合计了几天，决定到山里去找穷人的队伍去！于是就有了开头那千辛万苦找寻的一幕。

但是，游击队却不要他俩，苦口婆心劝他们回去。的确，游击队行军打仗的生活太艰苦、太危险了，他们还小，不应该出现在这里。但哪里才是他们合适的安身之处呢？王有福家徒四壁，还不时有地主逼债，跳蚤早就流落街头，四海为家。他们死缠活赖要加入游击队。游击队没法拒绝，收下两个，就意味着收下之后越来越多的孩子。这个社会，有多少和王有福一样的孩子啊。

几个月后，陆陆续续真的来了十几个，他们大都十三四岁，最小的小柱子只有 11 岁。游击队准备出发。突然，队伍的尾部，传来了一声"立正"的口令。王有福和小伙伴们端端正正地站在队伍的排尾，一个个双脚并拢，胸脯挺起，神气十足地注视着前方。王有福跑到刘志丹面前立正敬礼，大声报告："娃娃班应到 11 人，实到 11 人，一个不短！"刘志丹望着这些可爱的孩子，眼圈感到一丝湿润，和谢子长交换了一下眼色，好一会儿，温和地说出："好吧，等指挥部讨论一下，看是不是可以成立个娃娃班？"

第二天，娃娃班正式成立了，王有福任班长。总指挥部还派来了一位指导员——脾气好、才艺多的边德荣（陕西耀县交王村人，矿工出身，后任陕甘边骑兵连连长，1936 年在战斗中牺牲）。在边指导员的带领下，娃娃班每天朝气蓬勃地操练、歌唱、说故事、捕猎……雪原白茫茫，娃娃班的生活却丰富多彩，仿佛在美丽的天堂。

战火却不期而至。

一天晚上，部队驻在艾蒿洼，娃娃班驻在离村二里多路的小窑科。孩子们正在睡觉，突然，从艾蒿洼传来了激烈的枪声。王有福一骨碌爬起来，叫醒小伙伴，赶忙跑出村，朝西北的一条驴巴梁上爬去。等爬到了高高的石崖上边，他们发现，在崖下不远处的村庄，硝烟弥漫，黑压压的敌人，正在机枪的掩护下，向村子里进攻。

游击队的处境十分危险。孩子们的心里万分焦急。忽然，他们发现石崖下边的小沟渠里，驻着一群敌人。王有福传令：备齐所有的子弹、手榴弹，还有大量的石头块。然后，狠狠地打！敌人头顶开花，大吃一惊：石崖顶上还有游击队从背后袭击？火力不算猛，石头却如雨下，不知底细的敌人不敢恋战，慌忙逃奔，指挥失灵了。村子里被围困的游击队，趁敌人慌乱的机会，猛冲猛打，反败为胜，把敌人打跑了。战斗结束，游击队员们夸赞娃娃班出奇兵捣敌营解了围，机智勇敢、人小志气大！

娃娃班的小战士抹了抹满头的血汗、尘土，咧嘴傻傻地笑了……战火磨砺着稚嫩的心，一遍又一遍，磨砺成坚强如铁的战士。1932 年 2 月 22 日，甘肃省正宁县三泉原，游击队总指挥谢子长宣布：娃娃班正式改名为红军少先队，刘志丹把一面绣着"中国工农红军陕甘游击支队少年先锋队"的旗帜，郑重地授予少先队队长王有福。

打土豪、分粮食、学文化、学军事、宣传革命、站岗打仗……孩子们不亦乐乎地忙活着。正月初二，太阳刚露头，在通往耀县财主何姑绅城堡的路上，走来一群拜年的少年："跳蚤"引着一条大黄狗，边走边玩；"七石子"戴着学生帽，穿着黑制服，提着一个马头琴盒子，走在"跳蚤"后边；余免娃扮个新媳妇，骑在黄马上；王有福是个揽工汉，牵着马；边德荣手里拿个旱烟袋，走在后边。城门前，民团哨兵正在检查行人，对这"来拜年的一家人"没有特别注意。"跳蚤"大摇大摆地走到哨兵跟前，伸腿一绊，后面的边德荣和王有福立即蹿上，一人一个，轻松拿下哨兵。埋伏在后边的游击队员，立刻冲进城去，开始收拾城里的敌兵和土豪。

孩子都爱玩过家家，但革命并不是轻松有趣的过家家。即便一次次的战斗孩子们都化险为夷，即便陕北的童谣里传唱着：先锋队，是旋风，来无影，去无踪。说打你鼻梁，不撞你眼睛，靠你凡人，怎能胜神兵？ 1935 年秋，被大家称作"旋风队""神兵"的红军少年先锋队迎来了发展高峰：陕北红军 26 军、27 军，每个军下边的每个团，都有一个少先队或先锋连。人数发展到二三百人。

与此同时，"旋风队""神兵"红军少年先锋队也遭遇了自成立以来最严峻的考验——直罗镇战役。

1935 年 10 月，毛泽东率领中央红军历尽千辛万苦到达陕北，与刘志丹、徐海东的红 15 军团顺利会合，蒋介石一路费尽心机"长剿"失败，对红军的会师极为恐慌，派出多于红军一倍以上的精良东北军，要趁红军立足未稳之时，构成东西、南北封锁线，一举"剿灭匪军"。

毛泽东的策略是牵住国民党气焰嚣张、突出冒进的牛元峰 109 师，诱其深入，打歼灭战，然后各个击破。直罗镇，依山傍水，易攻难守，便于从山头居高临下冲击，并用火力封锁镇子四周，是个打歼灭战的好地方。11 月 20 日，红军部队已将 109 师引诱至此，并悄悄包围，只待一声令下捉拿瓮中之鳖。

但假若战斗打响，109 师必向国民党重兵云集的黑水寺逃窜。红 15 军团决定摸清黑水寺等地的地形、敌情，以便及时派出主力断 109 师退路，使之孤守无援，达到全歼目的。黑水寺，国民党重兵把守，战前戒备森严，红军部队侦察极为不便，一着不慎，会打草惊蛇。刘志丹眉头紧锁，在屋外踱来踱去，少先队一伙小鬼蹦蹦跳跳跑来："首长，这个任务交给我们吧！"

这是陕北红军成立以来最大的一场战斗，这些红小鬼明白其中的重要与危险吗？刘志丹望着他们明亮的眼睛，一一摸了摸他们的小脑壳。很快，小柱子、张标、王芽等 12 名小队员组成了一个特殊的红军侦察小队，分别装扮成小乞丐、小羊倌、放牛郎之类，分批分道摸进黑水寺街。黄昏到达，小队员们在村东头一个小土庙会合，趁白军开饭时展开行动：爬大树、钻狗洞、翻围墙……前探路，后望风，中间的则专心画敌方的指挥所及火力布置等地图，分组分片，进展顺利。

天已黑，一轮寒月高挂。任务完成，小队员们陆续到丁字路口会合，准备返回。突然，远处传来一阵哨声，随即是白军追赶的跑步声和呐喊声——不知是哪个小队员惊动了白军！"快，从大路口出村！"张标向全体队员发出了撤退的命令，大伙撒腿就跑。待白军乱糟糟地追到村头，机警的小队员们早跑得无影无踪了。白军在苏区吃了不少亏，黑地里哪敢随便出动？只好站在村头望月兴叹，三三两两地钻进了营房。

好险啊！跑出好一段路，12 名小队员各个松了一口气，在月光下追逐嬉戏着回驻地。可危险又悄悄逼近。前方一群白军已发觉他们，正隐蔽两旁，待他们靠近统统拿下。小队员们寡不敌众，搏斗抗争全然无效，被抓进了直罗镇，关在油坊大院一个漆黑的房子里。

这一天，是国民党 109 师占领直罗镇的第一天，也是毛泽东带领红军指战员攻打直罗镇的前一天。12位小队员挤在一间黑屋内，院落中不断传来的嘀嘀嗒嗒的电报声、"我是师部，我是师部"的呼话声。他们心里明白了：油坊大院不仅是关押他们的牢房，更是敌人师部的临时驻地。这是一个非常重要的情报！必须设法告诉部队！可每个人的手脚都被缚住。

月儿渐渐向天边隐去，东方晨光熹微。忽然，门"哐当"一声打开了。一个家伙气势汹汹闯进来，把张标和根虎提了出去，小伙伴们心一阵抽紧。明晃晃的刺刀向张标和根虎使来，两人眼睛一闭，"刺啦"一声，不疼，刺刀所向绳索断！"去，给老子放马去！"那家伙咋呼道。

良机来到，张标、根虎互示一下眼色，拉着马，溜达到了宝塔山下川头的草坪上。当然，那个家伙在张标他俩屁股后跟着。要想跑掉，必须先干掉这个"丧门星"！分分秒秒的时间在不停流逝，但必须耐心等待时机。那个家伙终于盯得有点无聊了，抽出一根烟，擦火点，但西北风阵阵，火头总被吹灭。他只好转过身去，背着风圈着手，一根一根继续擦。机不可失！

张标和根虎一个箭步跃到那家伙身后，一人用两手搂住了他伸长的脖子，一人用石头用力地砸下去，那家伙笨拙地倒向了草丛。但同时，那家伙慌忙中抽出的枪也毫无目标地打响了。一大批白军被惊动了！

张标把战马缰绳向根虎一递，让他先走。可根虎却喊道："你骑马骑得好，你快走，快走……"

把生的希望让给他人，理由就这么简单。张标来不及感动，飞身跃马，两腿猛地一夹，缰绳猛击马身，战马像箭一般向前奔去。

根虎飞快地跑到了那家伙的尸体边，抽出他身上的一颗手榴弹，把拉火线套在了自己的食指上。大股国民党兵匆匆赶到跟前，只听到轰的一声巨响，便血肉飞溅了。根虎拉响了手榴弹。他选择了同归于尽。草坪上卷起了一股冲天的烟尘……

张标，快马加鞭，风驰电掣。但，比他更快的是追兵"嗖嗖"乱蹿的子弹。他突然觉得小肚子一阵发麻，疼得险些滚下马来！他紧咬牙关，一手将抖搂出来的肠子塞回肚子，紧紧捂着，一手仍抢着缰绳，催打着马向前狂奔……

朝霞如血，漫天流淌。

许久，张标听见了熟悉的呼喊。他睁开了双眼，看见周围一张张熟悉的脸。"敌人，敌人师部，在……直罗油……油坊……"话未说完，他一头扎在了刘志丹的怀里。

进攻直罗的号角就要吹响，火红的朝阳就要升起，他却再也听不见、看不到了。16岁，人生最鲜活的年头。

直罗镇油坊，一个白军军官，瞪着猫头鹰眼，提着明晃晃的马刀，指着剩下的10名小队员问："你们是干什么的？"

"干革命的！"

"干打倒反动派的！"

…………

"你叫什么名字？"

"我叫红军战士！"

"我叫少年先锋队员！"……

白军军官又追问："包围我们的红军有多少？快说！"

"我是红军宣传员，打起竹板才能说，你给我竹板。"小柱子说。

白军军官不懂竹板，只好答应自己用刺刀敲枪筒，叫小柱子说快板。小柱子说："猫头鹰眼，先别转，包围你的红军你看不见，满西北、遍江南，人数好有几万万……""猫头鹰眼"气得眼睛都快要鼓出来了，命令士兵在隔壁房间准备好刑具。小柱子却毫不口软地继续说着快板，其他9个少先队员一齐和着他的调子："同志们，齐步走，红彤彤的太阳在前头。少年先锋队真英勇，永远跟着共产党，向前走啊，向前走……"

接下来是意料之中的各种酷刑：鞭打、吊拷、压杠子、坐老虎凳、上夹棍、竹签钉指头、烙铁烫……小队员们一次次晕厥，又一次次被凉水泼醒。但鲜血淋漓的嘴没有吐出半个不该吐的字。投降、变节的字样根本没有在他们人生字典里存在过。

窗外，太阳破晓欲出。"哒哒哒，哒哒哒……""轰隆隆，轰隆隆……"直罗战役在毛泽东的亲自指挥下打响了。晌午，红军攻击部队已进入直罗镇。镇子里、谷川里到处是枪声、炮声和喊杀声。红军渐渐逼近白军师部——油坊。师长牛元峰一边命令惊慌失措的部下拼死抗击，一边叫副官处长带领亲信们向黑水寺寻找退路，准备逃生。油房大院乱作一团。

小队员们个个激动亢奋，虽然绳索紧缚，遍身伤痛。可气得快要发疯的、穷凶极恶的"猫头鹰眼"，在败退之际，将这些宁死不屈的小红军，一个个拉到院中，用刺刀狠狠地捅！惨不忍睹。只有天空，与小队员们不甘示弱、不甘在尚未取得胜利时就突然离去的眼睛，苍茫相望。

牛元峰带领"猫头鹰眼"等500多名官兵，逃到了一个土围子。刘志丹亲率部队死困土围子，绝不允许恶贯满盈的敌人跑掉！第二天，红军主力赴黑水寺——小队员们侦察过的地方，在西线迎击白军增援部队，又全歼白军106师617团。

直罗战役，圆满结束。歼国民党1个师另1个团，毙师长牛元峰，俘敌5300余人，缴枪3500余支。这是红军长征后第一个大战役的全面胜利，彻底粉碎了国民党向陕甘革命根据地的"围剿"，给共产党把全国革命大本营放在西北的任务，举行了一个奠基礼。

不久，300多名红军少先队员进行了整编，编成了三个少先连，一个少共国际营，高举红旗，唱着《抗日少年先锋队歌》，雄赳赳地奔赴抗日战场。

直罗镇葫芦河水不停地哗哗流，流走了多少烈士的鲜血，留下多少不朽的传说。一个瑰丽的早晨，厚葬12名小烈士的葫芦河畔肥沃的土地上，升腾起一个个神兵，向天上飞去，样子可威武啦！当地人传得有模有样。

但愿他们化作的是天使，扑着晶莹的翅膀，飞向那白鸽成群、橄榄枝鲜绿的天堂……国防大学教授金一南曾在《苦难辉煌》一书中总结："那是一个热血时代、青年时代！是一个年纪轻轻就干大事、年纪轻轻就丢性命的时代！"少共国际师、红二十五军儿童军、陕甘少年先锋队就是其中典型的代表，他们用稚嫩的肩膀担负起改天换地的重任，用奔腾的热血书写了一部令世人永远仰望的传奇。

六　游击篇

第五次反"围剿"失败后，红军主力走上二万五千里的漫漫征程。留守苏区的少共组织，在国民党重兵"清剿"下，陆续解体，或合并于党组织之中。许多少共干部、共青团员、少先队员惨遭迫害，隐蔽下来的，则在党的领导下，开始艰苦卓绝的游击战争，对付搜剿、寻机偷袭、探听敌情、为游击队筹米筹菜、递送情报、当向导……

第十九章 生死突围
——记游击战里两位少共高级干部

1934年10月，中央红军撤离中央苏区进行战略转移，共青团中央机关大多干部随红军主力走了，时任少先队中央总队长的李才莲，年仅21岁，却被留下，专门负责领导留守苏区的共青团工作，被任命为苏区少共中央分局书记。同时，与项英、陈毅、瞿秋白、毛泽覃等11人一道，属于苏区中央分局委员。

与李才莲一样留下的少共干部还有"阿丕"——19岁的陈丕显，共青团中央苏区分局委员兼儿童局书记。形势不断恶化，偌大的红色苏维埃共和国只剩下一小块巴掌大的三角地带——新成立一个赣南省，陈丕显被调该处任少共书记。

《陈丕显回忆录》曾言：本来我以为会跟红军主力长征的，没想到领导要我留下来。留的原因谁也不知，留的结果却由历史告诉了后人。

1935年2月，春寒料峭，乌云满天。赣南于都一个叫禾丰的小乡镇，聚集着留守苏区的所有红军高级干部。正在进行的会议热烈而低沉：目前的形势是险恶的，但革命的前途是光明的。我们要杀开一条条血路，跳到敌人的包围圈以外，开展游击战争……所有人员分成九路突围。第一路便是李才莲，率领独立第七团，从瑞金铜钵山区向博生县（现宁都县一部分区域）北部突围转移。

"才莲同志，你是中央分局最年轻有为的委员，我相信你能率领同志们一起胜利突围。如果有可能，你们再折回头，西进宁都以北地区，去领导和恢复那个区域的游击战争。"项英神情庄重地说。

李才莲敬了一个标准的军礼，坚定地说："你放心！我坚决完成任务！"

生死握别，没有儿女情长，坚定的革命力量在指间传递。突围部队一出动，就遭到国民党的疯狂堵截。北部陈诚的 10 万大军、南部陈济棠的 6 万部队，挤压、追堵、拦截。大大小小 10 余次生死搏斗，整整 8 天的日夜兼程翻山越岭，李才莲率领独立第七团离开上堡，经会昌，终于到达了汀瑞边的白竹寨。

可前方侦察兵报告：闽赣边国民党军重兵把守，严密封锁，根本无法通过，也无法和闽赣省军区取得联系。出路何在？李才莲一次次地思索，一遍遍地探索，李才莲最后带领队伍，于 4 月折回到瑞金铜钵山区。此时的瑞金，处处都是国民党张开的虎口。铜钵山区，原是瑞西特委所在地，但 3 月中旬，国民党就已聚集了 3 个师的兵力。瑞西特委浴血突围，剩余的在安治集中。折回的李才莲率独立第七团一部与突围出来的瑞西特委一部会集。

国民党很快得知消息，两个师的兵力，加上瑞金全县的地主武装，蜂拥围攻安治前地区。必须马上做二次大转移！刚会集的部队马上又分成两个大队突围！第一大队队长便是李才莲。

5 月的鲜花，漫山遍野地开放着。国民党粤军的"清剿"，也漫山遍野地展开了。一天，危险再次悄然迫近。李才莲当即率小部分红军战士吸引、钳制进攻之敌，以掩护战友突围，另一面命令大部立即转移。很快，主阵地形成了激烈的"拉锯战"，双方厮杀得难解难分。劣势逐渐显现：红军、游击队的子弹越打越少，伤亡越来越大。最后结局必然是弹尽粮绝。人人皆知。

李才莲本是政工高手，历任各县、省少共书记，尤其善做青年工作。"血战到底，决不投降！"已战成血人的红军战士，个个呐喊着，挥动大刀，用石头砸、用肉体搏，和敌人打在一起、抱在一起、死在一起……已杀红眼的国民党军也有些望而却步了。

见过李才莲的人都知道，他长得多么清秀俊美，加上《红色中华》《青年实话》上发表的一篇篇文采飞扬的文章，谁都会认为，他是一个标准书生。但毛泽东早就有言"书生意气，挥斥方遒"，我们无法想象，他如何以书生的羸弱之躯带领战士们一次次击退强敌，如何同普通战士一样勇猛地搏斗。现存史料只知，打到最后，他给自己存留了一颗子弹。

"啪！啪！……"迎面而来的枪声依然不断，李才莲一次次灵活躲闪开。突然，背后传来一阵剧痛，心脏的鲜血顿时喷涌。从背后射来的子弹？从15岁加入共产党起，他就没怕过"牺牲"一词。但从没想过的是，自己竟然会毁于自己人手下！毁于自己的警卫班副班长之手！可恶的叛徒正从自己身上解下那个小包袱，那里有为数不多的革命经费……李才莲昏迷渐深，牙关咬紧，用最后的气力，将最后一颗子弹射向即将逃离的叛徒。

两年前，他曾对妻子说：要是哪天有人说我牺牲了，你千万不要相信，革命成功后，我一定会回家来接你。此刻，他却不得不食言，无力地永远地闭上年轻的明眸。一起掩护突围的战士，终于发现了他。悲痛，无法言说，唯有化作更强大的力量继续战斗、战斗，直至最后全部战死，追随而去……

　　　　"由于李才莲的衣着等，与红军一般干部、战士之间并没有明显的区别，我们当时并不知道，战死人员中有一位是红军的高级指挥员。所以，事后只做了一般的战况上报。"多年后，一名参加过该次战斗的国民党战士如是说。

多年来，李才莲的下落成了一个"谜"。直至50多年后，在党史工作者的深入调查下，在张爱萍、陈丕显、冯文彬等领导的关心、支持下，谜底才被揭开。而他的妻子，一直到2005年，一直到95岁的生命走向枯竭时，仍念叨着："才莲该回来了，他一定不会抛下我的……"

突围，往往是九死一生。分九路突围的红军，六路遭受堵击，损失惨重。所幸，有三路未全军覆没。隶属第八路的陈丕显，是其中的幸运者之一。

第八路是蔡会文、阮啸仙、刘伯坚、梁柏台等率领的独立六团，以及赣南省领导机关和"工农剧社"、《红色中华》报社等 1800 余人，拟在于都南部坚持游击战争。时任少共书记的陈丕显，在晚年仍非常清晰地忆起当时，九路突围的人员路线一布置下来，"蔡会文同志对我望了一望，像征求我的意见似的说：'你跟我一路走，高兴吗？'我高兴得几乎跳起来，连说：'好极了，好极了。'蔡会文是一个地主出身，但对共产主义深信不疑的、年仅 27 岁的老革命，时任赣南省军区司令员，是一个文武双全的将才"。

1935 年 3 月上旬，国民党军分南北两路向于都南部进攻，第八路人员决定突围到三南（龙南、定南、全南）与信丰活动。3 月 4 日从于都的上坪地区出发，5 至 6 日行至于都祁禄山乡畚岭地区被粤敌包围。激战数小时，部队被打散。刘伯坚、梁柏台在突围中受伤，被俘后英勇就义。阮啸仙在信丰小埠被流弹击中，壮烈牺牲。突围部队只剩蔡会文、陈丕显等 80 余人，他们转向定南，又转回信丰，艰苦奋战，沿途收集失散人员共有 300 多人，于 4 月上旬到达油山，与刚刚到达油山不久的项英、陈毅以及李乐天、杨尚奎部会合。

陈丕显对这样一首诗烂熟于心：

料峭春寒融，

强敌跟踪，

夜行山谷月朦胧。

林密坑深惊敌胆，

莫辨西东，

血染遍山红。

士气豪雄，

餐风饮露志如虹，

倦卧茅丛石作枕，

若醉春风！

这是渡过桃江突出重围后，蔡会文所作的诗。激烈惨痛的突围过程被诗化成冲天的英雄豪情。陈丕显是该诗的第一读者。自突围以来，他一直紧跟蔡会文。

> 敌人这时已感到侧面的严重威胁，就用机枪、步枪向堡垒的缺口密集射击，子弹像飞蝗一样，落在我们的前后左右。我跟着蔡司令员，时而匍匐，时而前进。突然，他举起手臂，往西一挥，发出命令：朝这个方向冲，猛冲！黄兴洪连长和警卫班的战士们照着蔡司令员指挥的方向，拼死杀开一条血路……
>
> 天黑了，雨还在下着。像头天晚上一样，没有一点星光，找不到任何可以辨别方向的天然目标。蔡司令员凭着风雨刮来的方向，看着指北针上微弱的荧光，来确定前进的路线。我紧紧跟在蔡会文同志的后面，幸亏他个子高，依稀看得见他的身影，我就跟着他的身影前进……

那天天还没亮，陈丕显下意识地摸了摸旁边铺位，竟没人。一惊，霍地爬起察看，只见蔡会文正伫立在哨位上站岗。他激动地说："司令员，你也该休息一阵子。"蔡会文笑着递给他一张纸："这是我刚刚在膝盖上写的一首诗，题目是《突围行军纪事》，帮我看看。"

陈丕显一直与蔡会文形影不离，患难与共，直到1935年4月"长岭会议"后，在"统一指挥，分散行动"的思想指导下，赣粤边先后开辟了五个游击区。陈丕显随项英、陈毅坐镇北山，蔡会文则带领两个大队到崇义、上犹边境一带活动。

1936年初春，燕子低飞，带来一个坏消息：一次次突出重围的蔡会文，最后被国民党包围，走完短暂绚烂的革命生涯。几十年以来，陈丕显一直珍藏着那些用生命谱写的瑰丽诗篇。一提及，诗主人朗读时所洋溢的必胜神采，便一一浮现……曾是蔡会文庇荫下的小雏——阿丕，在三年艰险的游击战中，摔打成日益强健的雄鹰。

　　……冻得翻来覆去，浑身像打摆子似的，一刻不停地打战，上下牙齿碰击得又酸又痛。许多游击队员病倒了，一些伤员因无药得不到治疗而牺牲。

　　……当我们转过一个山头的拐角时，发现距我们约一百米的地面，有一支南雄"铲共团"的队伍。警卫员眼尖手快，叭叭地打了两枪，就从斜刺里溜走，躲进荆棘丛中隐蔽起来。我随着枪声转身同老丁等招呼了一声，也火速跨过左边的围埂，钻进了深山密林。敌人鸣枪追赶。当我刚上山时，就听得树叶瑟瑟作响，原来敌人已窜到山脚。我就从山腰爬到山顶，钻进更加茂密的森林里，观察着敌人的动静……

　　疾病、饥饿、"围剿"在游击战中是必然出现的。出色的工作却也是在此等环境下创造的。

　　1936 年 9 月，"两广事变"之后，特委"九月决议"制定了新的政策和策略——争取分化和严厉打击相结合，积极争取国民党乡、保政权人员为红军游击队服务，允许他们搞"两面派"——挂着国民党的牌子，为共产党干事情。已是 21 岁的阿丕立即瞄准对象——弓里村黄承祥，人称黄老拐，弓里保学校的名誉校长，在国民党那边还吃得开，常在大余县城、池江一带活动。他想当池江区区长，但他有一个张姓对手，两人明争暗斗，闹得很厉害。这个姓张的家伙，思想很坏。

　　某夜，月黑风高。一行人悄悄摸到弓里村屋背山上，从屋脊围墙上搭上一块"桥板"，过了桥，转弯抹角进了村，径直摸进黄老拐家。黄老拐一见，魂魄都吓掉了一半。没错，这些突然降临的天兵天将，就是阿丕一行游击队员！阿丕坐下，给他讲革命发展形势、红军游击队的政策，给他指明出路，恩威并施，要他做一个对革命有利的"两面派"，云云。后来，在游击队和地方群众的帮助下，黄老拐顺利当上了池江区区长。他对红军游击队开始履行诺言，为游击队做些掩护。比如，国民党军队要搜山，黄老拐就想办法带信给游击队。对游击队派人到池江购买紧缺物品，也不追查，装不知道。

池江区成了游击区第一个区级的"两面政权"。黄老拐见到国民党的官兵喊"老总",见到红军游击队喊"同志",两边应付。

阿丕智取黄老拐,成了做"两面派"工作的典型。因此,尽管三年来,国民党对红军游击队严加封锁,却没有办法把红军游击队困死、饿死,并且出现了人们所料想不到的新局面。正如陈毅同志在游击战争开始时所说:红军的干部战士都应该是革命的英雄。胜利的时候要当英雄,困难的时候更要当英雄。真正的英雄是从困难中锻炼出来的。年轻的陈丕显,历经考验,从困难中锻炼出来,走向新中国。

第二十章　潘聋牯与《梅岭三章》

——记陈毅身边警卫员潘益民

5月的赣南，天空时而暴雨倾注，时而日头高挂。连绵不绝的丘陵，被蒸腾得氤氤氲氲。大余县海拔七八百米的巅峰——梅关，立着一块精神丰碑。梅关乃唐开元四年（716），左拾遗张九龄奉诏开凿，两侧植梅，历时三年功成。曾经"商贾如云，货物如雨"，也曾经"一骑红尘妃子笑，无人知是荔枝来"。

梅关最大的看点是一块石碑：碑身高约 1.50 米，宽 2 米，厚 0.35 米。座基高约 0.50 米，宽约 2.50 米。汉白玉碑身上刻有苍劲有力的镏金字体：

梅岭三章

断头今日意如何？

创业艰难百战多。

此去泉台招旧部，

旌旗十万斩阎罗……

再熟悉不过的诗句，读来依然让人荡气回肠。这视死如归、正气凛然的革命情操，激励了一代代的读者。据考，该诗的第一读者是一个叫"聋牯"的小伙子。

1935 年 3 月底，项英、陈毅历经千辛万苦达到油山。一看，大山连绵起伏七八百里，千沟万壑，林深草密，又处信丰、大余、南雄三县交界，真是个打游击的好地方。他们与先一步到此创建游击区的李乐天、杨尚奎等人会合。随后，蔡会文、陈丕显等也率领赣南军区突围的队伍前来会合。几路人马连同主力红军转移时留下的伤病员，共 1400 余人。国民党很快调兵遣将，对油山实行重兵"清剿"。粤军第一军军长余汉谋，指挥所属部队及赣南 20 县的保安团、"铲共团"，以超出红军游击队 60 多倍的兵力，对油山进行铁桶般的包围。余汉谋是国民党中少有的颇有谋略的军阀，他深知红军游击队的生命线在于联系群众和依靠山险。他制定了长期的"剿抚兼施"的战略。

政治上，以重金、高官等条件诱惑游击队内部人员"反水"，项、陈二人由此几次差点被抓。后来，主要领导都采用化名，如陈毅叫作"大老刘"。军事上，在油山四周的村庄修筑碉堡，每日出动部队进山"搜剿"，通过听响声、看烟火、跟脚印等方式搜寻游击队，或伪装成群众引诱红军，或在各个隘口险处设立埋伏。经济上，实行严密的封锁，对所有能吃、能用的物品，特别是大米、食盐之类，严加控制，不准流通，到处设卡拦截。再者，强化保甲制度，实行联保连坐法，发现一户"通匪"，株连十家，将保甲内的青壮男丁编成"铲共义勇队"，带领军队上山"抄剿"。同时胁迫群众集体上山砍树烧林，捣毁所有的寮棚、炭窑，使红军游击队失去栖身之处……

效果显著。1936 年 12 月，游击队部队被分割成十几支，在深山周旋。项英、陈毅带着十几个机关人员，加上侦察班共 20 多人，进入了大余与南雄交界帽子峰西麓的梅岭，过起了陈毅在延安对美国外交官谢韦思所说的"像野兽一样的生活"。国民党军并非都是草包，知道越是像梅岭这样地势险恶的山域，越是红军游击队的藏身之地。

粤军第二师一个营由江西保安团第一团二中队配合，开进梅岭进行"抄剿"。他们卡住了所有的小路，在许多山坳上设伏瞭望，发现人迹动静就猛扑上去。用他们的话说，对红军游击队实行"放水捉鱼"：围困，半个月下来，不把红军你消灭掉，也得让你在山上冻死、饿死。毒计果然得逞。这支 20 多人、最核心的游击小队伍，多次与白军遭遇，牺牲了好几个人，被冲得七零八落，各自三三两两地找地方躲藏。

陈毅与项英离开很多天了，互无音讯。

幸好，"大老刘"陈毅身边，一个叫"聋牯"的小伙子一直紧紧跟着。"聋牯"真名叫潘益民，今年19岁，个子不高，长得又黄又瘦，典型的营养不良的赣南农村小伙。来大老刘身边半年多了，天天像影子一样紧跟着。就说现在这次已近20天的"围剿"，几次被冲散，他几次不要命地找到大老刘，几次被心疼地骂："聋牯，傻子！"

潘聋牯不怕挨骂，就怕大老刘受冻挨饿。

入冬了，天气寒冷，又经常刮风下雨，大老刘经常露天废寝忘食写材料，双手不知不觉冻僵了，聋牯要给他撑伞、擦手。他最喜欢听首长说："好冷啊，聋牯，擦得好……再用点力……再快点……生热啦……好……"冻得又青又紫的手，经潘聋牯一擦，又能够活动了。

可撑伞这活就没那么容易了。特别是在寒冷的夜晚，笔直地站在背后，时间越久，潘聋牯越发闭紧嘴唇，为啥呢？为的是不让牙齿打架。可是，哪能忍得住呢？时不时地，牙齿就像打机枪一样"咯咯咯"地响上一阵。为了不让首长听见，他还用手捂住嘴。但是，一次、两次听不见，次数多了，还是被听见了！大老刘转过脸来，说："伞给我，你去找根绳子来。"潘聋牯解下捆文件包的带子，赶紧递过去。只见大老刘把带子叠成两股，拴在伞柄的上端，伞柄的底端插进右边的衣袋里，然后，两根绳子头从右肩上拉到背后，又交叉着从背后拉到胸前拦腰结死，到底干什么呀？潘聋牯急巴巴地望着。三下五除二，捆好了。大老刘故意地摇了摇身子说："怎么样，比你拿着好得多啦，快围上夹被暖暖去吧。"说完，他又提笔写起来。潘聋牯傻愣了一会儿，只好默默走开。

挨饿，是游击生活的家常便饭。大老刘却在《赣南游击词》里诗意地写道：

> 叹缺粮，三月肉不尝。
>
> 夏吃杨梅冬剥笋，
>
> 猎取野猪遍山忙。
>
> 捉蛇二更长。

即使不缺粮的时候，也难得几顿新鲜的饭。因为白天不好动炊（怕"围剿"队发现），往往夜间做好饭，第二天吃一整天。若是遇上连续几天转移，情况就更糟了。夏天，米饭往往坏得干饭不像干饭，稀饭不像稀饭，用牙一嚼，满嘴是酸水。大老刘就说："咳，这米饭太不坚强了，连点热都撑不住。"冬天，米饭有时冻得白沙沙的，吃到嘴里就像咬冻硬的雪团一样，咔嚓咔嚓，凉入骨髓。他又风趣地说："咳，冻得好，这东西吃到肚里才经饿呢。"

潘聋牯每次心酸难过地端出这样的饭，又破涕为笑地收回吃得干干净净的碗。最让潘聋牯苦恼的是，饭不够时，该怎么办？心疼大老刘，跟大家一样翻山越岭，还经常绞尽脑汁写东西熬到半夜……潘聋牯也会绞尽脑汁想办法。

就说前阵子还剩一缸子米饭那事。

潘聋牯小心地端去那一个人吃都嫌少的米饭，转身就走。大老刘忙完手头工作后，叫道："聋牯，老宋（另一警卫员宋生发），过来我们一起吃吧。"

潘聋牯不由得伸了一下舌头，急中生智地回答："你吃吧，我们都快吃饱了。"

大老刘听了，没有再说什么。瞧瞧，潘聋牯一点不"聋"，聪明着呢！过了两三分钟，正当潘聋牯暗暗高兴时，突然又听到喊声："我的饭不够了，把你们的饭拿些来给我吃吧！"

糟糕！向哪里弄饭呢？潘聋牯和老宋焦急地小声商议着、争吵着。

"怎么还不拿来呢？我的饭早吃了啦。"说着，大老刘走了过来，一看他们两人的尴尬劲儿就笑了，"噢！你们这两个家伙，人小心不小啊，都骗到我头上来了。快过来吃吧！"

潘聋牯和老宋的脸都红了，两人你看我，我看你，谁也不愿过去。当然，两人最后还是乖乖地过去分了一点，因为，大老刘使出惯用撒手锏——你们不吃，我也不吃。

眼前的情形更为糟糕：队伍被冲断，潘聋牯和大老刘两人被围困已多日，所带的炒米和红薯已逐渐吃光——今天，完全断粮了。挨饿兼着受冻。时令已是冬至，夜凉如冰，两人都身无棉衣，仅穿一件当地人叫作"卫生衣"的薄棉绒衫。晚上，两人半躺着背靠背取暖，胸前各抱一团茅叶御寒。
大老刘不敢熟睡，怕自己打鼾被潜伏在周围的敌人听见。潘聋牯也不敢死
睡，怕保护不了首长还拖累了他。这样挨到第三天，情形更坏了——大老
刘冻出病来，发起高烧，并引起原来的脚伤，新病旧伤同时发作。潘聋牯
急坏了，他像狗熊那样小心地爬到附近的山窝，寻找能用的草药和能吃的
野果野菜。可在这大冬天，这些，都非常有限。

潜出山去，潘聋牯接连做了几次尝试。可发现：山脚下，白军架起一
圈军用帐篷；山顶上，也驻扎了他们的一个排。要把一个病人带出去，几
乎是不可能的。看着大老刘难受得张开嘴大口大口喘气，潘聋牯一遍遍骂
自己无能。可是，除了继续像狗熊一样爬到山窝，用缸子舀回点泉水外，
他一点办法也没有了。就这样又熬过了三昼三夜，情形没有丝毫好转。六
天没有吃什么东西，潘聋牯自己也有些虚弱无力了。

躺在茅叶上的大老刘半睁着眼睛，自语般细声咕哝着："可恶的国民
党，莫非晓得老子藏在这儿？"停了少许，他抬起手对潘聋牯无力地招
了招。

潘聋牯慢慢地挪过身子，凑前去。"你，你先出去吧，不要管我了。"
大老刘吃力地说。潘聋牯嘟起嘴，用力地摇摇头。这句话他已经听过多次
了。如果要走，他早就离开了。

即使不被白军搜到，时间久了，也会饿死冻死，这事潘聋牯非常清
楚。可要将大老刘丢弃不管，特别是在这种时候，这是龟孙子才做的事！
大老刘长长地叹了一口气，这聋牯啊，就是傻子、一根筋！约莫再熬了两
天，两人都已是浑身软绵绵。冬天的山野，干枯而死寂，头脑仅存的意识，
也逐渐随山风模糊而去。

"嘎——咕咕——"当新的一天晨光如约而来时，一阵奇怪的野鸡声
冲破耳膜直入大脑。大老刘忽地打了个激灵，脑子突然异常清醒：现在形
势已是非常严重之时了……他忽然想起了什么，费力地翻动黄布挎包。潘
聋牯也睁开了眼，伸手过去，帮他从包里拿出笔和纸。他知道，大老刘要
写东西了。灰白的土纸上，半截铅笔落下了那气吞山河、光照千秋的诗句：

> 断头今日意如何？创业艰难百战多。
>
> 此去泉台招旧部，旌旗十万斩阎罗。
>
> 南国烽烟正十年，此头须向国门悬。
>
> 后死诸君多努力，捷报飞来当纸钱。
>
> 投身革命即为家，血雨腥风应有涯。
>
> 取义成仁今日事，人间遍种自由花。

潘聋牯咧着嘴，看那些字儿龙飞凤舞，也跟着虚弱的大老刘心潮澎湃。"人间遍种自由花"，父亲给地主当了一辈子长工，自己从小给地主放牛养鸭，自由在哪里？连日子都过不下去！要不是起来闹革命，哪有自己的田土？今天会怎样都没关系，以后大家一定能过上"自由"的好日子，大老刘说过的……

想着想着又昏过去了，不知多久又醒过来了。反反复复多少次记不清。醒来，就摇摇水壶，空了，潘聋牯就爬出去装，然后一点一点喂给大老刘喝。水，生命之源。天，不绝人路。熬啊熬，就在他俩快坚持不下去的时候，侦察班的战士找来了。原来，连续围山20多天的粤军也打熬不住，撤走了。

历史就此改写。赣南的山水，藏下一位未来的共和国元帅，同时也留下潘聋牯这位忠诚坚定的共产主义战士。预留衣底的绝命诗也在此后大放异彩。1997年，当地政府决定，就在元帅当年藏身处——大余县城西南12公里梅关乡梅山村黄坑北侧山坡上，建立一块供后人追思的诗碑。许许多多的读者亲临此地，包括一些红军将领及其后代。可却没有第一读者潘聋牯——潘益民。

1940年，已是新四军一名营长的潘益民，在苏北战场上光荣牺牲，年仅23岁。

第二十一章 游击伉俪

——记特委书记李乐天身边的两位女青年

　　林木葱葱遮天蔽日，梅兰幽香杜鹃点点。木头架构的山棚里，有树条钉成的桌子和矮凳，上面堆放着山林里捕来的黄猄、雉鸡、石鸡（山青蛙），还有几坛黄酒。一首首山歌，一阵阵笑声，从中欢快地飞出……

　　这是 1935 年春天，赣粤边特委机关新驻地帽子峰，一场热闹而简朴的婚礼正在进行。站在前头的美丽新娘是 19 岁的共青团员吴丙秀，英武的新郎是特委书记、军分区司令李乐天。在场的还有很多大人物，项英、陈毅、杨尚奎、陈丕显等。陈毅扶着拐杖哈哈大笑说："国民党还以为我们在仁凤山区哩！嘿，我们却在油山上说话了，还在办结婚喜酒！"

　　新娘子拎着锡壶走过来，给他们一一加满酒。这位端庄秀敏的姑娘，是本地大兰村吴屋人，1916 年丙辰年出生，取名"丙秀"，1933 年参加红军游击队。大她 11 岁的李乐天经常教她学习文化知识及革命道理，在共同的理想追求和战斗生活中，两颗心渐渐走到了一起。

　　接下来从 1935 年春到 1936 年春，对大多数游击队员来说，这一年的时间，很难熬。"北山事件"，叛徒让游击队失去大批骨干，连项英、陈毅也差点被抓了；移民封坑，国民党要把游击队冻死、饿死、困死在山上。

　　对吴丙秀来说，这一年虽艰苦，但有爱人的陪伴，有爱情的结晶——他们的女儿出生，日子苦中有甜。

　　直到那一天——1936 年 1 月底的一天，见证了他们喜庆婚礼的陈毅，郑重地把那个疯传的噩耗告知与她：乐天同志率领三南游击队和当地群众，积极开展反"封坑"斗争。在信丰县的凹背村，被国民党广东军队一个营包围。在突围中，乐天同志腿部受伤，流血不止，他毅然甩开战友，大声命令：你们快走，我来掩护！他举枪击毙了几个追上来的国民党军以后，用最后一颗子弹射向自己，为革命英勇捐躯。

天悲泣，地恸哭。几天前，临别时给她捋起额前头发的温存还在。如今，这个铁打一般、历经无数险恶的 31 岁汉子却一去不复返。但她相信，当爱人把枪口指向自己时，会想起共产党崇高而未完的事业，也会想起他们共同战斗生活的日子，甚至还会想起早就说过的要带几尺土布看望寄养的女儿……

她唱起一首歌，一首南雄的山歌，南雄爱人乐天亲自教会她唱的山歌：

> 竹笋出土尖又尖，
> 工农团结不怕天。
> 砍了竹子有竹笋，
> 拗了竹笋有根连……

山风呜咽，竹林回荡。真的勇士，敢于直面惨淡的人生，敢于正视淋漓的鲜血。发动群众，反"万人搜山"；利用"两广事变"，积极恢复扩大游击区；迎接国民党第 46 师疯狂的"清剿""再清剿"……吴丙秀这名女游击队员，这名坚定的共青团员，以更积极的行动回答国民党的迫害。火炼中，她愈战愈强。

1937 年 3 月，游击队发动和组织各地群众"闹春荒"。吴丙秀随陈丕显在大余的小汾一带打游击做工作。打土豪、筹款项、开粮仓、发粮食，救济群众，斗争热火朝天，有力地反击了国民党的"清剿"。

4 月的一个晚上，小汾一个姓黄的老表家，气氛热烈而严肃。吴丙秀和另外三位队员正召开部分群众会议。突然，站岗的老表发出紧急的信号，从南雄来的"铲共团"包围了小汾，正挨家搜查游击队。情况万分紧急，绝不能连累老黄，吴丙秀 4 人急忙从屋后的一个菜园突围。菜园围墙有点高，三位男队员先后翻过，个子不高的吴丙秀也终于爬过。然后，在一条田埂拼命地奔跑。跑过这条百米田埂，便是自由的大山了。

春天的田野，庄稼幼小低矮，田埂曲折泥泞。刺眼的手电白光闪过，外围的"铲共团"很快就发现目标，"啪啪啪……"一阵乱枪扫射。年方二十的吴丙秀倒下了。当鲜血汩汩流淌的时候，她想到的是什么呢？未完的革命事业、最亲的爱人、蹒跚学步的孩子……浓黑的天空骤然雷电交加，随后，暴雨如注，仿佛是天地为之恸哭。"铲共团"匆匆离去，那家姓黄的老表，没有受到丝毫牵连。

1936 年 1 月，李乐天及其率领的三南游击队员，大多在信丰惨遭"围剿"，壮烈牺牲。有一人极其幸运地躲过这一劫。她就是随军的卫生员钟妹子。虽然是卫生员，可随军不多久，钟妹子自己却先病起来，全身莫名地日渐浮肿，行动不便。组织便把她调回油山休养。

不幸造就了有幸。回去后，有人悉心地为她治疗——新婚的爱人医生老彭。说起结婚，在一般人看来，钟妹子嫁给老彭，简直不可思议！老彭年纪偏大，相貌又不好看。钟妹子则是十八姑娘花一朵，做事勤快又吃苦。李乐天大吴丙秀 11 岁，老彭大钟妹子不少于 21 岁。

战争中的婚姻，特殊是必然的。超越年龄、相貌，愈显革命真情。钟妹子是山下新田镇李家的童养媳，红军来了之后，受够了婆婆虐待的她，毅然投奔了革命。老彭是个赤脚中医，很早就参加了革命，亲切地接待伤病员，用草药治好了不少病人，是个难得的人才。在极其艰难的条件下，卫生处办起了一个医院，医生就老彭一个，护士则是刚来的钟妹子。钟妹子给伤病员熬药、喂饭、洗脚、洗衣、洗绷带，不怕脏，不嫌苦，与老彭配合得很好，一个医院办得有模有样。

日久能生情。但别人当"月老"来提的时候，年轻的钟妹子还是犹豫了。犹豫过后的钟妹子，最终还是应下来了：老彭对革命忠诚，同他结婚，彼此有个照顾。相反，要是找了个不可靠的丈夫，一旦"反水"，那才糟呢！朴实的钟妹子，用简单的头脑，做出这个不简单的决定。杨尚奎知道后，特地给老彭写了封信，说了些祝贺词，还说"老彭，你现在一定要把烟戒掉"云云。从此，两人真正"投身革命即为家"——医院就是他们的家，对伤病员，他们悉心照料。

在"清剿"频繁的时候，游击队几乎天天要转移。最艰难的是伤病员，行动不便，安置不易。一天晚上，雨下得很大。钟妹子和老彭各自搀扶着伤员，一步一滑，好不容易到达了宿营地。可何处安身？四下寻找，钟妹子眼尖，发现一个草木掩映的山洞！伤员们有着落了。一一安置好，这个不大的洞里，连过道也没有了。钟妹子踮起脚，从一个个空隙里轻轻踩过，拿起洞口的雨伞，拉着老彭往外走。一棵浓密的大树下，他们手擎着雨伞，背靠着树干，依偎着进入沉沉梦乡。他们舍己为人，夫妻风雨同舟……

下半夜，雨更小了些，他们却从睡梦惊醒。"听，异样的响声！"钟妹子说。老彭说："可能是伙夫烧竹子做饭，搞得乒乓响。"老彭轻悄悄到伙房一看：伙夫被打死！"铲共团"来了！两人连忙悄悄跑去山洞，一一推醒伤病员。伤员转移，钟妹子走在最后，以防伤员掉队。

"铲共团"还是发现了，追上来了。游击队四处逃散。钟妹子甚至听到枪栓拉得哗啦响的声音。更要命的是，还有一个狂喊："不要打枪，有个土匪婆，捉到呱呱叫！"钟妹子没命地往丛林跑，"铲共团"死命地在后头追！越追越近！

情急生智，旁边有一个山洞，钟妹子一头钻了进去，"铲共团"追过了头！半晌，黑乎乎的洞里，钟妹子大气不敢出一口。"铲共团"又折回来了！朝洞里吼叫，钟妹子不出来；砰砰打乱枪，也不出来；点火烧山，还是不出来！刚下过大雨，湿漉漉的山烧不着，天也助她。黑暗中，钟妹子圆睁着眼睛到天明。第二天中午，她小心翼翼出洞，摸索着寻找队友，一遍一遍，终于看见了几个队友，看见了老彭。衣衫褴褛，满身血痕，面目全非，两人拥抱着喜极而泣……

还有伤病员呢？钟妹子挣脱爱人的怀抱问。老彭摇摇头，说逃散了。一声声呼喊，一遍遍翻寻，每找到一个，都让人激动不已。十多天后，伤病员一一被找回，只有一个不幸牺牲。

陈丕显在《赣粤边三年游击战》中写道："当度过三年艰难岁月的时候，在许许多多的普通战士中，我很自然地想起了在革命熔炉里锻炼成长的两个普通战士……"几十年光阴过去，让陈老记忆犹新的这两个普通战士，即是钟妹子和老彭。"他们的事迹很平凡，但又十分感人……"

为战友、百姓，先后壮烈殉职的特委书记李乐天、吴丙秀夫妇；为伤病员，默默奉献一生的普通战士老彭、钟妹子夫妇。他们的家庭小爱融入革命大爱中，他们的青春恋歌伴随着腥风血雨。

第二十二章　山野与牢狱之炼

——记瑞会游击区政治部主任赖荣光

1934 年 10 月，中央苏区主力部队战略大转移，留守苏区的有：中央军区直属部队红 24 师及三个独立团，各地方军区部队，连同留下的伤病员，有三四万人。他们接替准备撤离的主力红军防务，并伪装成主力红军，迷惑白军，掩护转移。

长征的波澜壮阔被后人反复称道，留守的艰难曲折也堪称千古绝唱。

大多数留守人员在国民党的重兵"围剿"下，或壮烈或默默牺牲，如刘伯坚写下《带镣行》后慷慨就义；一部分投敌叛变，比如，龚楚带 1 营人，投向广东军阀；突出重围并坚持游击战争的人数没有一个确切的总数，因为各区域分散作战，因为"清剿"、疾病、饥饿等因素，牺牲或被俘的人数逐步增加，真正坚持到 1937 年下山改编为新四军的人少之又少。

其中一位游击队员特别突出。他坚守在白色恐怖最严重的闽赣边游击区，历经了艰苦的山野游击战争，以及残酷的牢狱之炼，最后幸存，迎来新中国的诞生。他的名字可能并不广为流传，但他的经历却是广大共青团员在游击战争中的突出代表。

他叫赖荣光，1913 年出生在福建省长汀县大同乡师福村，少年时代当过抵债长工和学徒，1931 年开始参加少年先锋队，同年年底加入共产主义青年团。从此，组织模范少先队，配合红军作战；轰轰烈烈开展"扩红"运动；帮助红军家属，参加礼拜六义务劳动；宣传破除封建迷信、剪发放足，反对买卖婚姻，等等。18 岁的赖荣光找到年轻人自己的组织，干得一身劲儿。1933 年 5 月，年仅 21 岁的赖荣光被选任大埔区苏维埃主席。1934 年 1 月，光荣地出席了中华苏维埃中央人民政府第二次代表大会，当选为中央工农监察委员会执行委员，并被任命为中央巡视员、特派员。1934 年 9—10 月间，主力红军已准备秘密转移，他奉命组织汀州的共青团员、少先队员和赤卫队员，组成游击队，配合红 24 师出色地完成"河田阻击战"，使得该处的国民党部队一个多月也没有前进一步，无法按原方案 10 月 1 日前占领中央苏区。10 月底他奉命回到瑞金，本该随中央机关北上长征，但项英找他谈话，让他留守中央苏区，担任瑞（金）会（昌）县委副书记、代理书记，瑞（金）会（昌）游击区政治部主任。

激烈的游击战争，从"河田阻击战"拉开帷幕，更为艰险的日子，却还在后头。晚年，赖荣光著述《在红色摇篮》，我们依稀可见那段峥嵘岁月：

> 到了一九三五年的初春，敌人疯狂地对苏区进行"分割"和"围剿"。为了牵制敌人，配合主力红军作战，粉碎敌人的"分割"和"围剿"，在福建军区的领导下，我们游击队活跃在瑞金以东的古城和瑞金以南的武阳一带山区。
>
> 这儿方圆数百里，山连山，山叠山，山外有山，山上有山，奇峰峻岭，树高林深，地形险要。敌人用了几个师，以大于我们百倍的兵力，团团围住这一带山区，企图用分进合击、按钉扎点的办法，把我们一网打尽。面对这样的形势，硬拼是不行的。我们根据毛主席的战略战术思想，把游击队化整为零，以小队为活动单位，避实击虚，转战于崇山之中。

大自然母亲以其特殊地形，庇护着受挫的红军游击队与大批的国民党军周旋。但住宿方面，条件就差了。

> 山里的二月天，风大，雨多。我们当时不是住山崖石洞，就是露宿于无边无际的大森林中。树当房，地当床，一觉睡到天大亮，有时天上下大雨，树下下小雨，天上出太阳，树下雨淋头。

衣服淋湿了，晚上冷得受不了，就几个人挤得紧紧的。那时白天不能行动，主要靠晚上，为了不让敌人发觉，有时前面走，后面还要留人埋掉脚迹。

"住"可以简单些，"吃"却是必不可少的。

山区村庄差不多被烧光了，剩下的也多被敌人所控制。许多老百姓被杀害了，有的被迫逃走，留下来的群众很少很少。这造成我们很难和群众取得联系，供应极其困难，十天八天搞不到一粒粮，弄不上一顿饭，经常是靠野菜野果充饥。幸而大山里果树很多，有山桃、杨梅、竹笋、野菜，特别是野栗子，用火一烤，喷香的，像花生豆一样哩。当然，一天到晚都吃这些东西，酸甜苦辣，肚子闹成五味瓶，再喝上冷水，既胀肚子又拉不下屎，是很不舒服的，可是比起饿肚子还是强得多啊。

留得青山在，不怕没水粮。苏区的山，也有革命性。既掩护，又供养、磨炼着红军。

有一天黄昏，我们顺着树木丛生的山沟转移，忽然发现小道上有两袋米。"米！"一个战士小声惊叫起来。好长时间没吃过粮食了，从来没有感到米那么诱惑人，我们小心地观察了半天，这是怎么回事呢？群众送来的？他放在这里，不是等于告诉敌人这山上有游击队吗？"不，不可能！"我们分析之后，断定这是敌人搞的诡计。好吧，我们就来个将计就计，等到天黑，我们故意在山上踩了很多脚印，一路洒着米，沿着要道埋上地雷，然后，连夜扛上两袋米越过封锁线，转移到另一个山上去了。第二天，敌人发觉米不在了，扬扬得意，把山围了一道又一道，蜂拥而上，谁知立足未稳，地雷轰隆四面开花，游击队没找到一个，却丢下一片死尸。

　　生活极其艰苦，但游击队并非消极躲藏，只要有把握，便积极开展军事行动，瞅准机会，把小股白军狠狠揍一下，打了就跑。

　　一到夜晚，就是我们的天下。这山打两枪，那山打两枪，扰得敌人一夜不安。有时我们用石子在交通要道上，摆成"共产党万岁""苏维埃万岁""红军万岁"等大字，旁边埋上地雷，敌人一见就火了，跑去一抓一捣，轰的一声，地雷开花了。以后，敌人被炸怕了，看见大字标语，也不敢再碰它一下了。

　　有一次，我派两个战士，摸到离古城十五里的碉堡附近侦察。天刚黑，他们摸索着前进。忽然发现一个匪兵，撅着屁股在树底下拉屎，他俩迅速接近匪兵，一个箭步扑过去，那家伙冷不提防，给推得屁股朝天嘴啃泥。"别闹！老子刚下岗。"他还以为谁跟他闹着玩呢。我们从俘虏口里得到了当天晚上的口令，于是决定当天晚上就去搞掉"乌龟壳"，向国民党"借枪""借弹"。

　　这天正是月黑头，伸手不见五指。我带了一个小队，迅速摸到碉堡附近。探照灯光像条白蛇从乌龟壳里伸出来，在地面上扭动着。我们留两个班做掩护，一个班化装成敌人，大模大样地走过去。敌人哨兵缩在碉堡里可"威风"呢，"谁，口令！"接着就是枪栓一响，我们沉住气，回答了口令，敌人这才放了心。我们走到哨岗，令其开门查哨，这家伙开了门，刚露头，就给一个战士扼住了脖子，我们一拥而进。

　　碉堡又圆又矮，顶梁上挂着一盏半明半暗的油灯，像鬼火似的晃动着，墙边点了一炷岗香，地上铺着茅草和鸡毛，臭烘烘地像个母猪窝，匪徒们横七竖八地躺着，呼噜呼噜地睡得正香呢。我们把枪弹收过来，就挑开被子喝令匪徒们起来，他们还揉着血红的眼睛，骂骂咧咧地直嚷嚷。"不许动，我们是红军！"一个战士大喝一声，匪徒们才清醒过来，吓得直往被窝里缩。

　　我们一枪没放，俘敌一个班，一把火烧掉了乌龟壳。等敌人发觉，我们早已翻过山坡了。

这一次，我们搞了八支步枪，一挺机枪，两箱子弹，战士们乐得直蹦。特别是那挺机枪，谁都想摆弄一下，好几天人们都围着它转。我们小队的这个战绩，受到了上级和共青团组织的表扬。

胜利，哪怕是小小的，也足以给处于劣势的红军游击队莫大的鼓舞。当然，更多时候，游击队面临被"清剿"的危险。让赖荣光记忆尤深的一次是"冲过火焰山"。

敌人对我们一点办法也没有，封锁吧，封锁不住；打吧，打不着；抓吧，也抓不到，反而经常挨打，于是，他们便采用更毒辣的办法了。只要他们发现疑迹，就围山放火烧。有一次敌人烧山，险些把我们小队给烧着了。那天敌人追了我们一天，我们为了摆脱尾巴，连夜转移。走到天亮，正好走到山腰茅草窝里藏起来，等候夜晚来临，谁知早饭后，敌人就放火烧山了。茅草偏遇顺风火，山窝像个汽油桶，顷刻变成了火海。火趁风势，风助火威，很快逼近我们，浓烟呛得泪流滚滚。怎么办呢？跑吧，四周都是敌人，又是大白天，很难跑得掉；不跑吧，火不饶人。我仔细观察了地形，出路只有一条，冲过一百多公尺的火海，跳过两个火山之间的大沟才行。但是，这火海能冲得过吗？我们爬到一起商量了一下，共产党员、共青团员们一致表示：死也要冲过火海！我们扎紧草鞋，提起枪，纵入火海，只觉得风热得像烈火，火舌又像咆哮疾驰的狂风，想吹倒我们、吞食我们。大约经过两分钟的苦战，我们冲过火海，滚下了山沟。也多谢烈火浓烟的掩护，敌人没有发现我们。这场战场上的大火，虽然把我们的衣服烧烂、头发烧焦了。但是，它更坚定了我们的斗志和信心。共青团员们经常开玩笑说：孙悟空七十二变，也过不了火焰山，只得去借芭蕉扇；我们凭着共青团员和红军战士的革命意志，硬是冲过了火焰山。我们是经过火炼的呀！

一次次毒辣的"清剿"，一次次英勇机智的突围，但在 1935 年 4 月的一次突围战斗中赖荣光等不幸被捕。国民党军把他们带到会昌县城，随后又押往南昌监狱。

暗无天日的南昌监狱，同时关押着革命领袖方志敏。那儿，透着一丝光明。

几番开庭审讯，赖荣光死死咬定：我就是个小小的游击队员，其他什么都不知道。

1935 年 8 月，方志敏被判死刑，秘密杀害。与此同时，身份没有暴露的赖荣光，被判处有期徒刑 20 年。那一年，他刚 22 岁。

牢间有个难友，一天到晚愁眉不展，说："兄弟呀，我觉得没指望了。别说这日子难熬，就算不被打死、病死，判我 15 年徒刑，我已经是 40 多的人啦，出狱后还能活几年？还不如早早死了好！"

"你参加革命，就是为了去找死吗？"停顿些许，赖荣光接着说，"红军三年就会反攻回来的，那时我们还要回到红军中去……"

"亲爱的朋友们，不要悲观，不要畏馁，要奋斗，要持久地奋斗，把各人所有的才能智慧提供于民族的拯救吧！"赖荣光从内衣口袋里小心地掏出一片纸条，轻轻地念道。这是方志敏留给狱中难友的一段话。

赖荣光找到难友乔信明（方志敏身边的一个未暴露的团长）等人，一起筹建了狱中秘密党支部。考察联络狱中党员，团结难友，包括国民党军事犯中的进步分子，争取同情红军的狱卒和看守，利用几个挑水、倒马桶的狱工，充当联络员，在狱中伙房的水井边设立了一个总联络站。

监狱，时刻笼罩着白色恐怖。狱中秘密党支部的活动，隐隐进行着。

迫害愈来愈厉害。监狱员经常带着几个狱警，提着军棍，在各个牢房门口来回监视。稍有不顺眼，轻者罚跪，"照相"（罚站），重则一顿毒打，加重手铐脚镣。克扣本来就少得可怜的伙食，有时三餐都是馊食加几勺漂在浊水上的烂白菜汤。病号和死亡的越来越多了，几乎每隔一天就有一具尸体拖出去。

狱中秘密党支部酝酿着更大的反抗斗争。一天下午开饭前，赖荣光收到送饭难友悄悄递来的条子：装病，住病号牢。病号牢房里，监视和管制较松，犯人在这里行动较自由。他们曾在这里秘密碰过几次头，召开狱中支部秘密会议。赖荣光开始整日里哼哼不已，不吃不喝。几天以后，如愿转到病号间去了。乔信明等其他党支部成员也依计陆续转到这里。

一个可靠病友放风，里面抓紧开会——发动请愿斗争：一、反对打骂虐待犯人；二、不准克扣犯人伙食，要改善生活；三、增加放风时间；四、犯人生病要给予医治；五、犯人有说话的自由；六、开放号子门。

狱中党支部统一领导，但为保存狱中党的力量，除赖荣光之外，支部其他成员没有出面活动，并尽量争取了一些国民党军事犯参加。十多名难友联合在请愿书签名，并让一个叫刘沛的国民党军事犯带出监狱，呈送南京最高法院。几个星期后，这些"病号"先后"痊愈"，除一个叫曾如清的难友外，其余都回到了各自的牢间，积极联络难友，做好斗争前的准备。

各个牢间规定了联络的暗号，难友都发动起来了。敌人似乎预感到了什么，防范得更严了，有时到了放风时间也不给开号子门。有个小难友实在忍不住了，把头探出铁栅栏，问一个绰号"亡国奴"的看守："为什么不给放风？""亡国奴"啪地给他一记耳光，还狠狠地骂道："小赤佬！"小难友忍着痛，骂了一声："呸，'亡国奴'！"

"亡国奴"血红着眼睛"咔嚓"一声把牢门打开，当胸揪住小难友，举起军棒，就要往他头上敲。这时一个叫赵萍的难友一个箭步上前，用手臂挡住了军棒，说："你凭什么随便欺侮人？""亡国奴"喝一声："你少管闲事！"将赵萍推开，一把拽住小难友，拖出牢门，挥舞着军棒劈头盖脸就是一顿毒打。一边还凶狠地骂着："老子今天就是要杀个鸡给猴看，揍死你这小兔崽子！"

"住手，不准你打人！"这时，赖荣光出动了，他眼睛喷着火，冲到铁门前，大声喝道。

"不准打人，不准打人！"牢间的难友们也挥着拳头，跟着喊了起来。这时各个牢房里都一齐喊了起来。上千名难友从胸膛里爆发出来的愤怒吼声，震得监狱墙壁好像都要晃动起来。

喊声震惊了监狱里所有的管理员，监狱四周架起了机枪，监狱长在一群荷枪实弹的狱警宪兵簇拥下，惊恐万状地奔了出来。"你们这是干什么……不要胡闹！"监狱长声音嘶哑地喊叫着，但他的话很快就被难友们愤怒的吼声淹没了。监狱长哭丧着脸，脖子上的十字架来回摇晃着。他不断地揩着额头上的汗珠，嚷道："各位……大家静一静。有话好说嘛。你们有什么要求……可以商量嘛，何必这样呢！"

这时，赖荣光把准备好的请愿书，扔到监狱长脚下："那就请你过目吧，我们的要求都在上面写着。"

监狱长拾起请愿书，草草看一遍，脸唰地变成猪肝色。他眼睛直愣愣地望着年轻的赖荣光，语无伦次地问道："这、这……这是你、你的要求？"赖荣光一挥手，指着牢房里说："是全体难友的要求！"接着，整个监狱都吼起来。

监狱长额头上的汗珠直滚下来，贼眼转了几下，换上一副笑脸："好吧，我们研究研究，再答复你们。"说罢，带着"亡国奴"等一群人，灰溜溜地走了。

难友们谈论着团结起来的巨大力量，激动欣喜。监狱长的报复和镇压，却悄悄来袭。第二天傍晚，赖荣光和另外两人（赵萍、史如光）被"请"到监狱办公室去了。办公桌前，监狱长冷冷地坐着闭目养神，这个假教徒，今天特意穿上了一套平时很少穿的黑警服，旁边立着"亡国奴"和几个杀气腾腾的打手。好一会儿，他才慢慢地直起身来，用手摸一摸那撮胡子，开腔了："知道我今天特意把你们三位请来，是干什么的吗？"

三人怒视着他，谁也不吭一声。

"你们以为我真的会考虑你们的要求，和你们这些'赤匪'、囚犯坐在一起协商？实话告诉你们吧，今天请你们来，就别想囫囵着回去，要让你们尝些带头闹事的滋味！"他冷笑一声，又换一种口气说道，"当然啰，你们如果愿意回去告诉你们的人收回那些无理的要求，我也可以……"

"够了，收起你那一套吧，你有胆量，把这些话对全体难友说去！"赖荣光气愤地打断监狱长的话。

"放肆！"监狱长一拍桌子，胡子竖了起来，"你们煽动监狱犯人暴乱，已经触犯了最重的狱规，我随时都可以把你们处以死刑！"

"这你是做得出来的，而且你已经把我们不少难友迫害致死了。可是请你记住，我们提的都是正当的要求，你们如果不答应，难友们是决不会罢休的！"赖荣光理直气壮地反驳道。

监狱长气急败坏。忽然，从抽屉里取出一份材料——请愿书！"你们以为我不知道你们的秘密活动？我早就知道，这里有共产党的秘密组织！你们说，这些材料是谁写的？怎样带出去的？谁是你们的幕后策划者和领导？要不说，一个也别想活着回去！"

同行的国民党军事犯赵萍挺身而出，顶下这种种"罪名"。监狱长气得两眼直翻白，他暴跳如雷地狂叫着："他妈的，都不想活了？来呀，都拖下去！"

动刑室，是老一套的毒刑拷打。皮开肉绽，血水染湿衣服。多少次昏过去，多少次被冷水浇醒过来。最后的最后，完全昏死。半字未吐。铐上十多斤重的脚镣，三人各自被拖进不同的死囚犯铁皮号子。预备押送南京处死。早先被争取过来的王看守，悄悄向赖荣光透露消息。当然，党组织正设法营救，狱中反抗斗争仍在继续。牺牲，是从参加革命那一刻起，就准备好的。有狱中党支部的领导，大家是不会向敌人妥协的，斗争一定会取得最后胜利的。

　　赖、赵、史同志：

　　　　你们在敌人面前所表现的坚强品质十分可贵。坚持下去，相信党和同志们的力量。

　　　　另：各个牢间的同志都要我代向你们问好。向你们学习。

　　　　　　　　　　　　　　　　　　　　乔信明

第二天，王看守悄悄递来这张纸条。心中坚定的信念、党和同志们可贵的鼓励，是世上最好的疗伤药。虽然狱方一方面对赖荣光三人进行了残酷的镇压，但另一方面，却也同时不得不开放号子门，生活、管理比以前稍有改善。这是他们惯用的伎俩。

艰苦的斗争继续进行着，黎明的曙光照进监狱。

1936 年，西安事变后，国共开始实行第二次合作。历经几个月折磨的赖荣光三人，被押回各自的牢间，国民党放弃杀害的打算。1937 年 7 月，抗日战争全面爆发。在中国共产党的强烈要求下、全国舆论的指责和压力下，国民党不得不开始分批释放政治犯。

衣衫褴褛、胡子拉碴的赖荣光也从南昌监狱出来。但随即又被投入高安县牢。因为，他同乔信明等人，被视为重要政治犯。12 月底，他们从高安被转移到长沙，又从长沙半夜赶往常德。国民党百般刁难，几经转狱，拖延释放时间。新四军南昌办事处、长沙八路军驻湘通信处和八路军驻汉办事处时时跟踪、多方交涉。次年 2 月，党中央派徐特立同志亲临监狱解救。

1938 年 2 月 22 日，湖南常德板市镇，一群面黄肌瘦的人，互相搀扶着，走在大街，引吭高歌：

起来，饥寒交迫的奴隶，

起来，全世界受苦的人……

这个日子，赖荣光永生难忘。党，是再生父母。与赖荣光先后入狱的地方游击干部有很多，每个人今后所选的道路不尽相同。于都县委副书记兼游击大队政委曾如清，在狱中秘密支部任组织委员，选择和赖荣光一样积极斗争到底。

18 岁加入少先队、共青团，21 岁开始艰苦卓绝的游击战争，山野、牢狱，将赖荣光磨砺成一个优秀的共产党员。出狱后，他带领战友钟连胜、单子辉、张意全等几个同志，奔赴延安。

第二十三章　交通员出生入死

潘冬子原型鲍声苏送盐上山

1935年冬，江西柳溪一圩口，"严禁盐米上山，违者严惩不贷"，一块白字牌子醒目竖在路边，几个站岗的白军，吆喝着来来往往的人。一个扛竹篙的打柴汉子，站着，任他们从头搜到脚。

"去！""慢——回来！"

刚走几步的汉子站住，那领头的白军，将竹竿一把夺过，长刀朝中间一捅，白花花的米粒从中流了出来。

"抓走！刁民！他们连骨头都是红的！给我仔细仔细地搜！"

后边的一老一少愣住了，少年瞪着仇恨的眼睛，老人掏出烟袋，叹了一口气。连续数月，国民党大军"围剿"山上的红军游击队，却未能达到目的，气急败坏地施行"移民并村""封坑"之计。游击队活动的山区，群众全部被强迫出境，到山外的大屋场居住，一切粮食均要搬出，否则，即以"通匪"论罪，予以枪决。各山坑及要道由军队经常巡察、埋伏，以使游击队无法出山。同时组织谍报队、守望队、观火队，寻找游击队的踪迹，企图把游击队冻死、饿死、困死在山上。游击队当然没有被困死，1937年，他们纷纷下山组建了新四军。陈毅的《赣南游击词》点出答案：靠人民，支援永不忘。他是重生亲父母，我是斗争好儿郎。革命强中强。

白军有新招，游击队有应招：在被赶出山之前，老表们把自己的口粮、食盐等物资埋在地下，做好暗记留给红军游击队。被赶出山之后，三天两头去闹乡公所，要求进山去种地打柴，从而达成协议：初一、十五为"开禁日"，允许百姓进山。久而久之，开禁日的口子越开越大，春耕、夏耘、秋收、冬藏……老表们趁机把干粮、食盐、干辣椒、咸鱼、腊肉、报纸和国民党活动的情报，带到深山里埋藏好，并一一做上记号。游击队得到消息，晚上去摸，便得到了供给。

国民党也不是傻子，他们渐渐发觉了，对进山群众严格搜查。大家须采取更隐蔽的法子，比如，把挑柴竹杠的竹节打通，里面装上米、盐和其他食物，然后把这根竹杠丢在山上，下山时另砍一根竹子当竹杠，挑柴回去。白军也越来越狡猾，不断识破老表们的法子。更鬼的是，白军也学着老表们，故意把物资丢在山里，然后，等着"鱼儿"上钩。游击队吃过几次亏后，更加警觉了，一定要交通员得到了老表们的情报才动手。过了几天，国民党军看看他们丢的东西还在，以为这山没有游击队了，就不来搜山，游击队倒可以过几天太平日子。要是山上的野兽把丢在那里的东西吃掉，游击队反而非赶紧转移不可。

眼前这一老一少犯难了，老人手上拎着的那个装水竹罐，可不一般。那是山下各家各户从牙缝里抠出来的盐——游击队最迫切的物资。长期没有吃盐，全身浮肿无力，谈何行军打仗。盐巴已溶于水，可狡猾的白军盘查不出吗？少年拎过竹罐子，转一个弯，不见了。老人先一步通过盘查，上山了。

一会儿，少年左手拎着竹罐子来到哨口。一戴歪帽的白军伸手去拿，少年将罐子从背后传到了右手。"歪帽子"气呼呼地去夺，竹罐子又机灵地从右手传到左手。几个回合后，气得跺脚的"歪帽子"终于夺得，往地上一摔，对准劈开，伸手一舔，白水？

"你赔！你赔我罐子！"少年冲向前，扯着"歪帽子"的衣服，叫嚷着。

老人折回，赶紧拉少年离开。行至无人处，叹息："可惜可惜！但我们也不要灰心，下次……"

"您看——"少年笑着掀起厚厚的棉衣一角，里面一片湿漉漉。老人伸手一摸，一舔，咸咸的。

上了山，少年端来一盆水，将棉衣浸洗，再把这盆水倒进锅里，架上柴火，水煮干了，白花花的盐又出来了！好一个机灵的小鬼头！此时，你或许会猜：这不就是潘冬子吗？对，就是他！这机灵的小小交通员，的确是《闪闪的红星》中的影视人物。作者李心田老师曾说："我小说里的潘冬子是有生活原型的，主要原型是鲍声苏，湖北麻城籍开国将军鲍先志的儿子。"

鲍声苏，出生于湖北省麻城县（今为市）顺河镇西张店鲍家湾，父亲曾是村苏维埃主席，后来加入中国工农红军，随大部队长征了。随后，母亲被国民党还乡团贩卖到了外地，未满10岁的鲍声苏则被贩卖给了地主，在地主家中受尽折磨。几年后出逃，先后跟不同的共产党地下交通员一起生活过，送情报、买米盐，成为红军游击队最忠勇的小交通员。新中国成立后，在磨难中成长的鲍声苏，终于找到了父亲鲍先志。

潘冬子也不是单指某一人，是从一群人身上凝结成的"点"。作者李心田老师曾在部队文化速成中学当教员，接触了很多红军子女，他说："'潘冬子'身上既有鲍声苏，也有许光（许世友之子），还有千千万万与他们有相同经历的人的身影。"

"张小鬼"护送"大老刘"

游击战争中，确有许多活生生的"潘冬子"。

打游击主要是分散行动。赣粤边游击队建立了一整套的联系制度——秘密交通站。以油山为中心，一条线伸向三南，一条线伸向梅山，再由梅山到北山，这是干线。支线是各个地区自己的联络路线。这一套联络系统在当时就是游击队的生命线，因此都选派了最忠诚、最可靠的人来负责。

交通线上每个联络点的交通员，有严格的纪律和保密制度。按规定的暗语、暗号联络，情况变化，随时更换。秘密交通员们不分白天黑夜，不顾雨暴风狂，不避艰难险阻，奔波在高山密林间，来往于敌人的碉堡间，收集情报、保存物资、采购粮食、转运文件，时刻保持高度警惕以保证绝对安全。

这一批秘密交通员中，有许多非常年轻的面孔。共青团组织在残酷的游击战争中被摧毁了，但年轻的心依然向着共产党。

现居浙江宁波的老红军张更生就是其中的一位。他生于1920年，广东南雄人，在家乡念过几年私塾，14岁加入中国共产主义青年团。1935年的一天，北山区委书记袁达焦派人找到他，接他上山，然后，会见了他人生中最重要的一个人物——陈毅。此时的陈毅，与项英刚突出重围，来到油山。他们急于找一个熟悉情况又不易引人怀疑的本地人来担任交通员，为各游击区传递情报。

张更生特别机灵，土生土长熟悉地形，年纪小不容易引起注意。因此，年仅15岁的张更生成了陈毅的交通员。油山，坐落在信丰、大余、南雄三县边界，横跨江西、广东两省，邻近湖南。进到山里，山山相套，山湾相环，好像进到了迷宫。

张老笑着回忆："那时候，整天在山里头跑，也没穿什么军装，当时见到陈毅，大家叫他'大老刘'，叫我'张小鬼'。有些情报是口头的，不能用笔记下来，只能在脑子里记住，一站一站传递。有些情报不需要碰面，往往只告诉你到哪里拿东西，但到底拿什么、见什么人都不知道。带着情报上路，也根本没有交通工具，就是靠两条腿走出来，每天山里走上个二三十里很正常。"

有一次，他带着一份机密文件，从上乐送到坑口去，然后从那里带着项英的回信，经宰子坑返回上乐。在返回途中，他来到下坊屋场，环顾四周，见没有什么动静，便到一家老乡的门口，讨了碗水喝，解解渴，歇歇脚。才一会儿，就听见有人叫："兵来了，兵来了。"他马上站起来，夹着雨伞就走。拐到屋场背后，见小河边有个钓鱼的小孩，正爬到树上去摘果子，把钓竿丢在河边。他火速地跑过去，把文件和雨伞藏在深草沟里。然后，拾起钓竿，悠悠然地钓起鱼来。

不一会儿，白军便气势汹汹窜到屋场来了，东窥西望，对着他大声喊叫："喂，见到一个撑伞的人没有？"他头也不回，慢吞吞地回答："有一个，刚过去了。"爬在果树上的那个小孩，马上接着说："看，那个人正在对面那座山上跑呢！"白军听了，连忙追了过去。他迅速地从深草丛中取出信件和雨伞，拐进另一条平常很少人走的小路，回到了交通站。原来，当他撑着雨伞在秃岭上行走时，山下的白军早已从望远镜里发现了他，随后马上跟踪前来。

好险啊！事后，陈毅表扬了他，并亲切地教他："张小鬼，当交通员要眼观四面，耳听八方，可不能有半点疏忽啊！"

数不清多少次类似的经历，验证着这些话句句是真言。除了送信，有时还护送人。让张更生印象深刻的是 1936 年 5 月那一次。当时，国民党部队加紧了对游击区的"清剿"，特别是油山、北山一带，他们猜测陈毅等红军领导人很可能在此，对此重兵"围剿"。陈毅、项英决定转移到其他游击区。转移的路线中间，要穿越一条公路，是国民党的封锁线。

大家反复研究安全转移路线，对要穿越的那条公路，百思不得法。

"张小鬼，有办法！"陈毅一拍大腿，想到了"张小鬼"。他记得"张小鬼"聊天时说过，他外婆家就在那里，小时候还在附近放过牛，对那一带很熟悉。

张更生愉快地接受了任务，吃完晚饭，陈毅、项英、四个警卫员，加上他自己一行七人就下山了。天上没有月亮，脚下的山路看不清，但对他们来说，这未尝不好——更不易被对方发现；而对于他们自己，连架在山间的圆杉树独木桥，都能轻快通过，他们早已习惯了夜行，何况有熟悉地形的"张小鬼"带路。

快到 11 点钟时，一行人来到了公路边。这时，意想不到的事发生了。附近一处据点里，白军可能听到了动静，一边喊话，一边出来了几个点着火把的人。大家非常警觉，立刻随着张小鬼冲进路边的稻田里。5 月的稻子，长得只有半人高，但没办法，附近都是稻田，还有几块是更低矮的花生地和菜地。虽然天黑，但张小鬼非常清楚这几块地的布局。

"我们几个人只能尽量低下身子，不敢动。这时，巡逻兵过来了，冲我们这里打手电筒。一边嘀咕着：'好像听见声音了，人在哪里？'最近的离我们只有二三十米。"几十年后，张老回忆起来，仍心有余悸。

不熟悉地形的国民党兵历来是怕夜战的。况且，他们在明处，游击队在暗处，单独走得太近，一下给游击队给"摸"掉了，这种经历也是时常有的。所以，这些巡逻兵装模作样地照了好一会儿，还是没发现他们。等巡逻兵一过去，张小鬼立刻带领大家，从稻田间的小路匍匐穿过，各自顺手拔了一把草，掩饰头部，然后跑过十米左右的空地，到另一边的小土坡去，那里有一丛茂盛的竹子，很好地掩护着他们转移。事后，陈毅还对人多次说起这次脱险经历："如果没有张小鬼，我们早被国民党给抓起来了。"

也发生过交通员让革命蒙受巨大损失的事件。如"梅山事件"，陈毅就差点有去无回了。因为，交通员中也有个别革命意志薄弱的，一旦陷入敌手，就经受不住考验而叛变了，还带着白军来搜捕自己的战友。来自内部的破坏，是秘密交通线最大的威胁。

为此，上级经常教育交通员要格外保持警惕，严格遵守秘密交通纪律和各项制度。一旦交通员误期不归，上级要马上改变活动方式。有时指挥机关还要立刻转移。正如陈毅在《赣南游击词》中所指出的那样：

> 日落西，集会议兵机。
> 交通晨出无消息，
> 屈指归来已误期。
> 立即就迁居。

后续值得说的是，张更生这个小小交通员，在艰苦的游击战中磨炼成一名坚定的革命战士，在随后的抗日战争、解放战争中，一路披坚执锐，先后获得中华人民共和国三级解放勋章、三级八一勋章、独立自由勋章等。

陈毅对张更生这个曾经与自己生死相伴的"小鬼"记忆深刻。在他担任上海市市长期间，张更生还能经常见到这位老首长。在他到北京任职后，张更生还见过他两三次。每次见面，风趣开朗的陈毅都会与这个"小鬼"开玩笑、拉家常，亲热地挽留他："不要走，留下来一起吃饭。"是啊，陈毅怎会忘记，当年这个小鬼，送信的同时，多少次将稻米藏在裤脚里带上山，接济吃野菜的他们。

曾宪招是游击队的"后勤部长"

有许多优秀的交通员，不仅出生入死为游击队送信送物，还把自己的家打造成了游击队可靠的交通站点。广东连平县九连山区的曾宪招就是其中的一个，她的家成了九连山工委的筹粮站，大家都亲切地称她为"后勤部长"。

说起来，曾宪招并不是九连山人，她是地地道道的兴国人，1914年出生在长冈乡一户贫困农民家。1929年冬的一天，15岁的她挑柴去兴国县城卖，看见县城到处红旗飘飘，穷人们在分粮食、贴标语、呼口号，土豪劣绅们戴着高帽游街示众。

红军解放了兴国县城。几天后，长冈乡也成立了苏维埃政府，许多青年报名参军。曾宪招也主动参加了洗衣队，为红军伤病员洗衣服，并担任儿童团长，带领少年儿童站岗放哨查路条。1933年冬，年仅19岁的曾宪招，因工作成绩显著，被调任乡妇女委员部主任，主要负责慰问红军家属，扩红支前，帮助红军烈属生产。

1934年秋，红军第五次反"围剿"失败，10月14日，兴国县城失守。国民党设立了"清乡委员会""铲共委员会"等反动组织，强迫群众"联保""连坐"，规定："一人通匪，十家连坐，一家窝匪，十家同祸。"

曾宪招奉命留守苏区，结果又与组织失散。留在家中，只会连累家人，谁不知曾家闺女是响当当的"女革命人"。曾宪招知道，国民党肯定是要血洗苏区的，于是女扮男装做挑夫，孤身一人前往广东与江西、福建交界的边境，暗暗寻找党组织。不幸的是，一次挑货途中，曾宪招还是被严密搜查的"铲共团"拦住搜身，一介女流却做挑夫？这立刻引起团总的疑心，毒刑拷打随之而来。曾宪招奄奄一息，但内心坚如磐石，抱定决不吐实。几年的革命经历，她成熟了不少：当叛徒，是可耻的，也绝对没有好下场。"铲共团"终未能达到目的，继续关押又没有任何证据，便心生一计，将她强行卖了，得到钱财 50 块银圆。这一卖，曾宪招便成了半个广东省连平县九连山人，她随后在此度过了一二十年的风风雨雨。

买她的人叫谢新元，一个老实巴交的山民，家里贫困又在深山老林，所以年纪一大把了还未讨上媳妇。这次走运，猎得一只麂子，卖得 50 块银圆，买回一个遍体鳞伤的媳妇。好在年轻，身子骨好，精心调养，几个月后，曾宪招的外伤便痊愈了。未能痊愈的是心病：在这不见几户人家的深山中，怎么找党组织？离开党，一辈子窝在这儿，与野兽有什么区别？在革命洪潮中滚打过的曾宪招，再也不可能安心过死寂的日子。但日子总得往下过。她不能负了同为贫苦人的谢新元，何况，自己现在能去哪儿……

冬去春来，一年的时光不紧不慢地过去了。

1935 年的一天，曾宪招上山砍柴，突然远远地听见一阵熟悉的歌声："我们大家来暴动，杀土豪分田地，建设苏维埃，工人来专政……"这是苏区的《暴动歌》，自己曾经带领姐妹们唱过多少回啊，曾宪招内心忍不住一阵激动：他们是红军？朝着歌声的方向走去，果真有戴红星帽的人，虽然衣衫褴褛，但他们快乐地唱着歌。

曾宪招没有继续走向前。白军不断使出对付游击队的花招：红军游击队要"残存"下去，必然要靠那些"刁民"，只要将那些交通点拔掉，敲山震虎，其他人肯定也不敢接济，"残匪"将自行灭亡。于是，他们常常化装成红军或游击队伤兵，半夜敲群众家门，说："我是失散的游击队，给弄点饭吃吧！"哪个老表一答应，立即便抓起来。

曾宪招亲眼见过这样的老表被残忍地绞死、烧死。曾宪招暗中观察。三天来，他们上山摘野果、下地挖野菜充饥，不拿群众的任何东西。第四天中午，曾宪招有意来到小河边洗衣服，并试探性地唱道："五月当兵开木棉，真心革命不要钱，军衣伙食公家发，家中分了一份田。"一位男子竟然接声唱起："三月当兵石榴红，天下穷人心要同。"

失散的革命者没有预约好联络暗号，但这歌是铁定的暗语：这是一首出自中央苏区的革命山歌，不仅知道的人有限，且因属方言，听得懂尤其会唱的人更加有限。应该是红军，自己的同志！曾宪招大胆地向他们走去。

这支队伍，的确是项英陈毅领导的、经过九路突围后剩下的为数不多的红军。此时，根据中央分局"统一指挥，分散行动"的决定，他们这一小分队进驻九连山，开展游击，保存实力。

曾宪招不是共产党员，先前的共青团员身份也模糊了，但她又成了游击队最可靠的交通员。送盐、送信、送粮，还采草药、熬姜汤，照顾患病、受伤的游击队员。只要时机适宜，曾宪招便上山，成了游击队名副其实的"后勤部长"。

让九连山游击队永远不会忘记的是 1936 年年初那一次。新年刚过不久，出现罕见的大雪封山，加上国民党的严密封锁，游击队粮食断绝，饥寒交迫。一些游击队员实在饿疯了，听说一种"苦笋"可以充饥，便不管其苦涩，强行吞食，结果吃得太多，无法消化，疼痛打滚了几天后，离开了大家。得知消息的曾宪招，强忍着泪，把家中仅有的两担谷子，昼夜不停加工成大米，联系其他交通员，一起冒着生命危险，几经周折，全部送上了山。

对游击队来说，这不仅是雪中送炭，更是雪中救命。老实得从不多嘴的丈夫谢新元，也忍不住埋怨了："一家人吃什么呀？连春种的稻种都没了。""山上什么都没得吃了，我们至少还有野菜挖。"曾宪招小声地应了一句，便去张罗吃食了。她有办法东拼西凑借到一些粮，再精打细算地混在野菜里煮，不让一家人饿死。

1936 年秋，游击队抓住了"两广事变"的有利时机，歼灭了一批保安团队和地主武装，镇压了一些作恶多端的豪绅地主，游击区得到了恢复和扩大，出现了三年游击战争期间少有的好形势。为了使游击队粮食供应稍微正常化，九连山工委决定在曾宪招家成立筹粮站，由曾宪招负责粮食加工。所谓加工，实际上就是完全靠手工将谷"砻"成米。

"砻"是一种将稻谷脱壳、去米皮的工具，形状有点像石磨，以黄土、竹木材料制成。客家人以种植水稻为主粮，在没有碾米机的年代，稻谷只能用砻来破壳现米。从收割、晾晒、筛秕谷、砻谷，要有白米下锅，每个环节都不轻松。俗话说："世上三般苦，砻谷踏碓挖荒土。"砻谷枯燥繁重，应和着歌谣："砻谷子，窸窸嗦；做饭食，供婆婆。婆婆嫌冇菜，打烂盆罐嘴；盆罐嘴里有块肉，拿畀妹妹吃，也会唱竹曲。唱嘅吗格竹？唱嘅五谷大丰熟。"（注——拿畀：拿给。唱竹曲：唱歌谣。吗格：什么。）

一共给游击队"夯"过多少谷，曾宪招自己也记不清。只记得有粮食时，经常一天要"夯"好两三担。第二天醒来，一身酸痛，尤其是手臂，连抬起来都吃力。但还得咬咬牙爬起来：还要夯谷两担，还要进城赶集买电池、水鞋，还要……活儿一件接一件，件件少不了她。

有粮食的时候劳累，没粮食的时候又犯难。游击队经常没有经费，曾宪招得想方设法向村民借粮，一边借，一边向大家宣传游击队的政策。有时，她甚至冒险向邻村一些地主借粮。当时，国民党乡、保政权人员及一些开明地主已被游击队改造成"两面派"——国民党、共产党两边都得罪不起，两边效力。曾宪招抓住这一点，果敢地向他们借粮借物。这样一来，曾宪招也把自己完全暴露出去了。

筹粮站设在曾宪招家，游击队就更加频繁出入这个村子了。国民党视靠近山区的村子"最不可靠"，经常去清查户口，但结果往往一场空。他们搞不清游击队是怎样得到情报迅速撤离的。

白军中有聪明者提议，采用"欲擒故纵"法。几个月来，国民党不驻一个兵，也不来清查户口，任游击队自由出入。直到某一天，突然有令：重兵包围村庄。他们以为游击队麻痹了，不再警惕了，布下口袋阵，等着游击队来人。

这时，通知游击队肯定是来不及的。白军来到村头，曾宪招在打猪草。

"土匪在哪里？"

"不知道。"

"回去！"

"回去就回去！"

曾宪招顺手把割草的篮子往竹篙上一挂。有时在村头的是几个放牛的小屁孩。小孩见白军气势汹汹而来，赶紧吆喝着牛走，顺手把一牛鞭往草堆上一插。

"欲擒故纵"法不奏效啊。国民党如丈二和尚摸不着头脑。

岂不知，那竹篙上的一个草篮子，这草堆上的一条牛鞭子，这庄前庄后、庄里庄外、场坝外边、窗户里边、树梢墙头，到处都有群众与游击队约定的暗号。

也有非常不凑巧的时候。

有一次，国民党突然铁桶般包围搜查时，三名游击队员正在村里开展工作。撤退已来不及，游击队为了不连累老表，决定冲出去。正在这时，曾宪招赶来了："你们这不是睁着眼往刀刃上碰吗！"不容分说，曾宪招把他们三个一一安排到可靠的老表家。

一会儿，屋场上传来锣声，夹杂着嘈杂的人声。"场上集合！回头挨家挨户查，不去就抓走！"

游击队员怎么办？

"我们还是冲出去吧！要不然，被认出来，会连累全村人的。"藏在柴堆里的一名游击队员走出来说。

"怕什么！走，你们也到场上去！"曾宪招心一横，做了一个大胆的决定，"你们脸上又没刻字，只要大伙不说，谁知道你是红军！"

游击队是信得过这个村子的。这里曾经打土豪分田地，有许多亲人都在红军里。人人都向着游击队，绝不会出卖他们的。

场上，四周密布着拿着枪支的国民党哨兵。一龅牙军官，竭力装作和气，问一个老农："老人家，游击队藏到哪里去了？"

几百只眼睛，紧张地望着老农。老农摇摇头，说："我没见到游击队。"

这"龅牙"又问了好几个人，都没问出个所以然。这时，他斜眼看到一妇女背后的小孩，拉出来，掏出一包糖果："给你，可甜哪！"小孩不接，军官塞给他，接着说："不要怕，告诉我，游击队藏在哪里？"小孩八九岁，瞪着惊恐的眼睛，一声不吭，一个劲地往妈妈背后蹭。

"龅牙"耐着性子，捏着鼻子问了两遍之后，再也忍不住了："不说打死你！"手中的鞭子已高高扬起。那做母亲的赶紧用手护着孩子，说："你们有本事自己去抓呀，害我孩子干什么！"

"龅牙"气得狠狠地抽起鞭子。孩子一声声撕心裂肺的哭声，母子身上一道道鲜红的鞭痕，让三名游击队员恨不得冲过去，宰了那家伙。曾宪招悄悄地挪过去，轻轻地碰了碰他们紧握的拳头，坚定严肃、冷静如水的目光向他们示意。

　　这时，一群白军跑过来报告："各家都搜遍了，没有搜到游击队。""龅牙"眉头紧皱，良久，眼珠骨碌一转，说："男人们站到东边去，女人小孩站到西边。站好以后，女人们把自己的丈夫和家里的男人领回去。"显然，这军官也不傻，想到游击队员有可能混在人群里。

　　三个游击队员心一沉，担忧起来：虽然大家向着红军，但几千年的封建思想下，有哪个女人会随便认男人做自己的丈夫啊。而且事先也没分工，可能大家会相互依赖……

　　开始认人了。曾宪招轻轻地扯了扯旁边姑娘的衣袖，姑娘会意地跟另外两个妇女一起出列，在国民党的监视下，从容地来到东边，把自己的亲人领回去。其中一个，便是游击队员。过一会儿，另一个游击队员也被一个姑娘领走了。渐渐地，留在东边的男人越来越少了，只是一个年纪40左右的游击队员还在。曾宪招心里暗暗着急：怎么好叫哪个年轻姑娘认他呢？自己去叫他哥肯定会被怀疑的……突然，她眼前一亮：叫兰香嫂子去认！她丈夫当红军走了，没有人会怀疑她的。曾宪招朝她努了努嘴，拍了拍她背上3岁的小孩，说："去，石伢子去找爸爸哦——"

　　"爸爸，爸爸——"不知是小孩正想爸爸了，还是听曾宪招这么一说，跟着就叫了几声。兰香嫂子赶紧走过去，顺势牵起最后一名游击队员的衣袖，从从容容地走了。

　　大家渐渐地走远了，场上没剩一个没人领的人，周围只耷拉着无可奈何的士兵。"龅牙"气得直翻白眼，破口大骂："你们，没用！饭桶！他们，统统是红军——"

　　晚年，曾宪招回到家乡兴国定居。兴国是个"将军县"，经常有上级领导来视察，他们都会去看看当年这位游击队的"后勤部长"。战火已过，但谁敢忘记硝烟中送粮的身影。

　　让曾宪招始终不忘的也是粮食，即使在物质无忧的今天，她也顿顿把碗里的饭吃得干干净净，见收割过的稻田里零落的稻穗，也务必一串串拾起。在她看来，当年只要多有一把米，就可能多挽救一名战士的生命。

七 长征篇

　　1934年10月，团中央机关随红军长征后，共青团只是名义上存在，干部都被编入部队，从事民运工作，没有了自己独立的组织。但无论在激烈的战斗前线，还是艰苦的后方，都活跃着红小鬼勇敢无畏的身影。1935年10月中央红军到达陕北后，共青团组织恢复，发表了《为抗日救国告全国各校学生和各界青年同胞宣言》，并改名为"抗日救国青年团体"。共青团红色之旅就此转入抗日征途。

第二十四章　渡江战役中的小战士们

中央红军，1934年10月17日，南渡贡水；10月21日，抢渡信丰河；11月24日，渡过沱水；11月27日—12月1日，渡过湘江；12月20日，抢渡乌江天险。

1935年1月19日—4月底，四渡赤水河，南渡乌江；5月初，渡过金沙江；5月24日—6月2日，通过天险大渡河；9月，攻占天险腊子口，突破渭水封锁线。

大江东去，浪淘尽千古风流人物。"血战湘江""突破乌江""四渡赤水"……这些惊心动魄的著名渡江战役，催生了无数可歌可泣的革命先辈。有大家耳熟能详的大英雄，也有鲜为人知的小红军，他们以自己稚嫩而坚定的信念为革命助力。滔滔江水犹如他们快活热烈的唱和，一个个鲜活年轻的面孔随之奔流而来……

血战湘江，严庆堤的生命之线

1934年，对万分交困的红军来说，可不是一个好年头；可对瑞金小伙严庆堤来说，还不错——这年春天，草长莺飞，未满19岁的他，犹如一棵吸足了雨水的小树苗，加入了他神往的红军队伍——红一军团。

金秋十月，秋风甚凉。严庆堤随着主力红军开始了浩浩荡荡的战略大转移。红一军团是开路先锋，军团通信队是先锋的神经中枢，年轻小伙严庆堤担任了军团通信队班长。一个月左右，红军较为顺利地穿越了白军的三道封锁线。眼前，横亘在红军面前的是湘江——湖南省最大的河。蒋介石早已以湘江为依托，精心布置第四道封锁线：命湘南的何键为"追剿军总司令"，指挥西路军和薛岳、周浑元两部共 16 个师 77 个团，进行"追剿"；令粤军陈济堂两个军列阵于粤湘边境侧后，防止红军回头；令桂军白崇禧以 5 个师列阵于桂北红军前方，做正面堵截。

前堵后追，左右侧击，粤桂湘三军与中央军近 40 万兵力与红军决战，欲歼灭红军于湘江以东！红军此时共计 8.6 万余人，部队机关人员众多，且携带了大量笨重的物资器材，山路行进，拥挤不堪，行动缓慢。

11 月 27 日，严庆堤所在的先锋红一军团渡过湘江，占领界首，控制了界首到觉山铺一线的 30 公里渡河点，迅速构筑好阻击主阵地，保障后面的中央纵队渡江安全。随后，激战、恶战开始。

红军 5 个团对付湘军 11 个团。双方轮番冲锋：倒下一批，又上来一批，日夜攻势不停，双方拼杀得惊天动地。但是，寡不敌众，红军一师防守的米花山阵地，当天被突破，紧接着二师的美女梳头岭也失守……

军团总部电话不停，流入、传出的战况、命令都十万火急。正在发号施令的林彪却突然"喂喂喂……"无语了。

电话线中断了！

通信队严庆堤班长猛然反应，身背步枪，背扛电话线，冒着震耳欲聋的炮火，沿着线路，疾步飞跑检查。查了几里路，终于发现，断线处，几十米长的电话线，已炸得七零八落。俯身，迅捷、仔细将断线一一接好。弹花左右开，炮声隆隆响，但从耳机里听见了林彪急促的通话声，他欣喜地笑了。

"轰——"一声巨响，伏下！笑容凝固，额头摸一把，汗水泥浆，不是血。来不及庆幸，不远处的电话线又被炸断了，心急如焚，迅速起身，军情紧急，通信神经一刻也断不得！继续接线，可最后，剩下的电线全部用上，还差一米多远！

心急如焚！作战失去指挥，不良的战况将更不堪设想！

急中生智，他立即将两端的电话线拉在手上！电话立即接通了，但他笑不出来了：一阵阵电流通过他的身体，他浑身发麻颤抖。咬紧牙关，忍住。炮弹一颗一颗飞来，时间一分一分过去，即使是当敌人的活靶子，也不能松手。

命令的电流源源不断地通过肉身……林彪火急电报"军委须将湘水以东各军，星夜兼程过河"，中央局、军委、总政联合复电命令"向着火线上去！"林彪命令一军团各部"12 时之前决不准敌人突过白沙铺（第二道阻击线）"……

许多顺利走完长征路的红军将士回忆往昔，都说湘江战役是中央红军突围以来最壮烈、最关键的一仗。由一军团觉山铺阻击战可见一斑。众多将士像严庆堤一样将性命豁出去坚持战斗的结果是：8.6 万余人，锐减至 3 万余人。成功阻击了数十倍于我方的优势之敌，中共中央、中革军委和直属机关等在 12 月 1 日顺利渡过湘江……

国民党重兵设防的封锁线被撕开，围歼红军于湘江以东的企图彻底被粉碎，蒋介石仰天长叹……红军渡过湘江越过桂黄公路，跨越了生死成败的历史关头，目标直取遵义——中国共产党发展历程的一个新的里程碑。

严庆堤，在辉煌壮烈的湘江战役中，不起眼却起大作用的小通信兵，得到幸运之神的眷顾。此后，他经历了抗日战争、解放战争、抗美援朝，1955 年被授予少将军衔。

天险大渡河，陈万清、钟发镇勇闯关

四川，滚滚大渡河，红军的一条生死河。两岸高山连绵，河宽约 300 米，湍急的河水，不停地撞击着礁石，"哗哗哗"地卷起高高的白浪。红军，铁流万里，巧渡金沙后，要北上抗日，要与红四方面军会合，必过大渡河，而且必须快速，因为前面强攻会理城整整耽误了 6 天时间。

蒋介石给大渡河南北各军去电：大渡河是太平天国石达开大军覆灭之地，今共军入此汉彝杂处、一线中通、江河阻隔、地形险要、给养困难的绝地，必步石军覆辙，希各军师长鼓励所部建立殊勋。飞机上还大量空投传单：前有大渡河，后有金沙江，几十万大军左右堵击，共军插翅也难飞渡。他一面命令周浑元、薛岳、吴奇伟等 10 万大军急速追赶，一面令四川军阀刘湘、刘文辉扼守大渡河所有渡口。

中央红军 3 万人左右，1935 年 5 月，顺利通过惊险的彝族聚居区。24日晚，先遣部队第一师第一团，经 80 多公里的急行军赶到大渡河右岸，激战 20 多分钟，拿下安顺场渡口，夺得小木船一只。

漆黑的夜，如注的雨，奔腾喧嚣的江水。小屋内，团长杨得志绞尽脑汁：泅渡？河宽、水急、浪高、漩涡多，人一下水，就会被急流卷走；架桥？每秒 4 米的流速，别说立桥桩，就连插根木头也困难；船，只有一只……

另一小屋，16 岁的通信员陈万清，正缠着连长熊尚林讲长长的"石达开"故事。"好了，小鬼，故事讲完了，睡了睡了，明早说不定我们连有重要任务呢！"连长熊尚林打着哈欠摆摆手。"嗯，连长，不管他十达开，还是九达开，反正我们红军先遣团一定能把路开！"陈万清精神抖擞地说，"还有，连长，有重要任务您一定要算上我一份啊。"

5 月 25 日凌晨，雨过天晴，沉寂的大渡河畔显示出了生气，蔚蓝的天空缀着朵朵白云，被雨水冲洗过的悬崖峭壁看起来格外高大光滑，大渡河水一股劲地咆哮、翻腾。此刻，经过一夜的深思熟虑，上级已确定强渡方案：组织精悍突击队，船渡。杨得志团长指定：渡河突击队由一营营长孙继先负责组织。孙继先来到宿营地，张口就问："谁愿参加突击队？"

"我参加。""算我一个。""我是共产党员！""我是战斗模范。"

"我也是共青团员。"陈万清挤进人群，大声嚷嚷，他上个月刚好入团了呢。

孙继先把任务直接交给了二连，二连连长熊尚林在本连果断挑选出 14个人，都是共产党员、共青团员或战斗骨干，连同他们自己在内共 16 人。在一旁的陈万清急得不停地扯连长的衣襟："昨晚，你不是，你不是答应过的吗？你……"

突击队不是去捡糖果，百分之九十是去丢性命的事，熊尚林非常清楚。战斗任务越是危险艰巨，红军战士就越积极光荣。陈万清虽参军不到5个月，但和大家一样心潮澎湃。

很快就要出发了。突击队员雄赳赳气昂昂地站成两排，人人一脸的庄严和得意，个个身上捆满了手榴弹，手中操一挺机枪，背后插一把大刀。刘、聂首长严肃庄重地为突击队鼓劲、壮行。突然，"哇——呜——我要去，我就是要去嘛！"一个小鬼冲到首长面前，一边哭天抹泪，一边跺地捶胸。

不用说，是陈万清。刘、聂看着杨得志，杨得志看着孙继先，孙继先看着熊尚林。熊尚林两眼望着天，他不忍心。船横渡时，要先拉牵到上游2里许，放船后，要由有经验的艄公掌舵，十余名船工篙橹齐施，与流速形成一种合力，使船体沿一条斜线冲到对岸。对岸渡口有石级，如对不正，碰到两侧石壁上，则船毁人亡。这是老船工事先交代的。

对岸，三个碉堡，各种轻重机枪，一个营的守敌，天罗地网等着突击的红军。

"得，得，孙继先，这事儿你说了算，你说去就去。"杨得志打破了僵局，最后把矛盾锁定给了孙继先。孙继先只好点了点头。陈万清立刻破涕为笑，得意扬扬地站进了突击队的行列。流芳千古的安顺场16勇士名单最后加上了"陈万清"三个字。他年龄最小、资历最浅，可他的革命热情却不见得比谁低。

他清楚地记得贵州的父老乡亲"干人"们，血汗已被地主军阀的各种苛捐杂税榨得一干二净，衣不蔽体，骨瘦如柴。"干人的队伍"红军一来，几千年被压迫得痛苦不堪的"干人"们，终于可以把背脊挺直一下了。陈万清给地主家放着羊，然后把羊全赶到急需补给的红军驻地了。但他不知道，红军走后，父母怎么样了，其他"干人"现在怎么样了。连长说过，要是把敌人消灭，劳苦大众就能真正过上好日子。

他还清楚地记得四渡赤水、巧渡金沙江等，国民党兵虽多，但大家迂回穿插，处处主动，生龙活虎，在首长的指导下，打了一个又一个的胜仗。仇恨产生的力量、信心产生的力量，聚合一起，让小小的"陈万清"

和其他勇士一样，勇敢地跳上船，冲向惊涛骇浪，冲向连天炮火……历史在这里凝结，17位勇士强渡大渡河成功，红军从石达开全军覆灭之地杀出了一条生路！尽管红军大部队没有全部从这里渡河，但这一壮举，连对手也为这英勇无畏的精神所震撼所折服。

红军大部队是从泸定桥过的大渡河。"十七人飞十七桨，一船烽火浪滔滔。输他大渡称天堑，又见红军过铁桥。"亲历长征的李一氓将大渡河两幕英雄的壮举凝化成永恒的诗句。从安顺场渡河的陈万清随一师和干部团循大渡河左岸前进，为右纵队，归刘、聂指挥；一军团二师和五军团，循大渡河右岸前进，为左纵队。两岸部队互相策应，溯河飞奔而上，争取在白军增援部队未达之前夺取泸定桥。

大凉山脚下，有一个红军小鬼，背着三个行囊，彷徨在蜿蜒的山路间。他就是掉队的钟发镇。他才16岁，身材矮小，体重也不足百斤，去年从江西老家"模范兴国"一路风雨一路战火走到这荒凉之地，现在是红五军团小小的宣传员。红军宣传员虽更少直面战火的危险，但比普通战士要辛苦。每次行军，宣传员都要先出发，在途中的山坡上或桥头上宣传鼓动。大部队通过后，宣传队的同志又要留在后面，招呼掉队的官兵。这不，钟发镇就背着落在后面的两位伤病员的行囊，走着走着，自己也掉队了。

红五军团是长征中负责掩护全军的后卫部队，钟发镇当时并不知道。他只知道部队几乎天天都要和白军打仗，不是碰到截击的部队赶来，就是追击的部队赶上了。他还不知道，自己的部队接到命令，正火速赶往泸定桥。

掉队是可怕的，大多人不是饿死，就是被白军或者当地的反动武装打死。此时，钟发镇一个人循着部队走过的踪迹前进着。阴雨连绵的天气，崎岖的羊肠小道，饿了，嚼一点布包里的生米；渴了，就捧把路边的积水喝。他连滑带跑地奔了30多里，突然，前面隐约传来了枪声，他陡然一惊，躲进一块被荆棘掩盖的巨石后面，屏息而思：是敌人的大部队吗？若是小股的双枪兵，我就不怕了……他绞尽脑汁地想办法、鼓勇气，十多分钟后，枪声竟然渐渐停息了。他不知道，这是英勇的先遣队红二师四团在飞往泸定桥时与沿途国民党军交火。

他走了出来，整整行装，又开始前行，快要天黑的时候，他隐约听见咆哮的大渡河水声。他高兴地伸长脖子往前看，不见河，也不见人。他沮丧地继续前行了一段路，然后，找了一个稍能避风雨的山崖宿营。夜间野营不是第一次，但独自一人却是头一回，雨还在下风还在刮，无边的大山黑黝黝，仿佛怪兽的脊背。部队走到哪里了？白军会不会发现我？……想着想着，钟发镇不知不觉睡着了，白天走得实在累啊。

不知睡了多久，钟发镇睁开眼睛一看，雨停了，天微明，但山路间云雾缭绕，能见度非常低，他不敢飞奔，慢慢地开始了第二天的行程。掉队后的第三天中午，钟发镇来到了一座铁索桥边：每根铁索有碗口那么粗，两边各两根做护栏，底下有好几根并排做桥面，有几根被先头部队炸坏了，上面的木板有的地方有，有的地方没有。铁索底下，湍急的流水像瀑布一样向下游倾泻，冲击到参差耸立的岩石上，溅起很高的浪花，巨大的声响震耳欲聋，钟发镇立在桥头看得两眼飞花、晕头转向，一屁股瘫坐在地上。

他到达了著名的"泸定桥"，但他当时并不认识桥头上康熙御笔题写的这三个繁体字。他也不知道，前天，先遣队红二师四团是如何一路江风、一路战火、一路血汗，昼夜兼程240里赶到这里，接着，22勇士以非凡的勇气、非凡的战斗力，冒着敌人的炮火爬过铁索，击溃守敌，为红军主力在天险中开辟了一条生路。

钟发镇知道，大部队是要过大渡河的，自己要赶上他们，一定要过这座险桥。他用手使劲搓了搓眼睛、额头、脸，好一会儿，他清醒过来，站起来，哆嗦着用手抓护栏铁索。但他抓了个空，扑倒在地——一块完好的木板上，他太矮了，够不着护栏铁索，趴在那里随铁索摇晃了一阵，心怦怦怦像要跳出来，万一掉下去了，肯定一下子就不见的。半晌，他浑身发软，动弹不得，毫无办法。

可是，他从来没有退却的念头。1932年，乡苏维埃政府的招兵干部对他说："小鬼，你才13岁，还没枪高，还是回家去吧。"钟发镇就是赖着不回，缠着要当红军。在家乡的茶岭后方医院，每天烧开水，搞卫生，给伤员倒水洗脸、喂饭等，照护伤员，当了两年这样的"招呼兵"，从未打过退堂鼓，无故溜回家。即使在1934年10月，红军转移前，医院整编，说："愿意留下的随大部队转移，愿意回家的发两块大洋遣返。"他还是一门心思当红军坚决跟部队走。

钟发镇闭上眼，趴在木板上，以手代脚爬过去。铁索在摇晃，江水在轰鸣，心在扑通乱跳。他这时的样子十分像懦弱的乌龟，一步一蹭，但没有谁会笑话他。

勇敢，红军最显著的特征，但并非生来就有。千千万万的红军士兵和钟发镇一样，也有恐惧、怯懦的时候，这是人之天性。长征，二万五千里，路漫漫其修远，能活下来的红军战士，都历经千难万险：敌人的枪炮、山水的险阻、天气的恶劣、身体的疾病伤痛、饥饿劳累，包括内心世界对未来的迷惘、死亡的恐惧等。红小鬼们稚嫩的身心需要承受大人一样的磨炼。能活下来，就是一个了不起的胜利！

陈万清，这位强渡大渡河安顺场17勇士之最小一员，在第二天的石门坎战斗中便负重伤，然后安置留在泸定县，在白色恐怖中，更改姓名，平凡地生活到2005年，享年81岁。

钟发镇，这位爬过泸定桥的掉队小鬼，历经几天的艰辛追赶后，终于在长征路上第一座大雪山夹金山下，追上部队，而后三番五次爬雪山、过草地。后来回到兴国老家，至今安享晚年。

无情的岁月催老了当年的红小鬼，勇敢的故事也好，怯弱的故事也罢，在历史的年轮中，都被磨砺得越发光亮……

激战腊子口，"云贵川"是无名有声小功臣

中央红军长征路上最后的天险是腊子口。

"腊子"，藏语意为"山脊"，腊子口所在的"迭部"县，藏语意为"大拇指"。这里有一个美丽的传说：在古代，一名叫涅甘达娃的神仙路过此地，被密密匝匝的山石挡住了去路，他伸出大拇指轻轻一摁，顿时，山石

开裂，惊天动地，显露出一条长长的通道来。

这条通道就是腊子口，整个隘口长约 30 米，宽仅 8 米，水深约 3 丈。两边，百丈悬崖陡壁，如刀劈斧削；周围，崇山峻岭，抬头只见一线青天。汹涌湍急的腊子河，从这道缝隙里扬长而去。

民谚曰："走过腊子口，活像过虎口。"红军在长征途中经过的险关不算少，但像这样的险恶之地没见过。红军在长征途中历经的大仗恶仗不算少，但像如此的险仗没打过。

蒋介石震惊于红军飞夺泸定桥强渡大渡河后，大大加强了对腊子口的防备。他要凭借这最后一道天险，做最后的"围剿"：左边，杨土司的两万多骑兵；右边，胡宗南的主力部队；前方，地方军阀鲁大昌一万多人盘踞腊子口。

红军要迅速实现北上抗日目的，只有通过腊子口这一条路。否则，只能掉头南下，重新回到雪山草地。此时，红四方面军的张国焘正想南下川康，搞党内分裂，甚至以武力相威胁。毛泽东率领 8000 多人孤军北上，在著名的俄界会议上，不无忧虑地说："不打下天险腊子口，我们在政治、军事上将十分被动。"

随后下令：以三天行程拿下腊子口！于是，一路过悬空栈道、穿羊肠小道，跋山涉水，日夜兼程，边行军边打仗，9 月 16 日下午，红军先锋来到腊子口。

红军不是神仙，没有神奇的"大拇指"开山劈水，但天无绝人之路，腊子口两山间有一个唯一的连接点——一座小木桥。小木桥的那一头有层层构筑的工事，重重防守的敌兵，号称"一夫当关，万夫莫开"。但这毕竟是"路"，有路，红军就一定要闯过去！担当闯关的是前面成功飞夺泸定桥的一军二师四团。

入夜时分，攻击开始，主攻连猛打猛冲，白军重机枪火力封锁阻击，石壁工事上的手榴弹，倾泻而下，桥头堡 50 米的地带，结成一片火网。不久，路面上铺了一层手榴弹破片和没有拉弦的手榴弹，有的地方已经成堆，红军伤亡惨重。

上级频频询问红四团部队现在在什么位置，有什么困难，需不需要增援。

团长、政委内心焦急：再多的兵力在腊子口前也没用。停下战斗，开会研究：侧面迂回，爬上腊子沟口侧面的悬崖峭壁，结合正面攻击，包抄夹击准行！

可这石壁，从山脚到顶端，有 70 多米高，几乎成 90 度直角，光滑潮湿，石缝中零零星星地歪出几株弯弯扭扭的苍松。白军没有在这儿设防，因为：绝壁，连猴子也难爬上去！

各连召开战前军事民主会，集思广益。红一连一名小战士，语出惊人："我看能爬上去。"此为何许人？小刘，有姓无名，苗族人，14 岁在家乡贵州参军，常在刚参军的四川战友面前夸耀自己随部队走过了"云贵川"。久而久之，"云贵川"便成了他响当当的雅号。

此时的"云贵川"大概十六七岁，个头小小，却并非口出狂言："我在家时，经常爬大山攀陡壁采药、打柴。眼下这个悬崖绝壁，只要用一根长杆子，杆头绑上结实的钩子，用它钩住悬崖上的树根、崖缝、石嘴，一段一段地往上爬，就能爬到山顶上去。"

大家知道，只要有一个人能上去，1 个连、1 个营就可以上去。

夕阳早已下山，灰色夜幕下，湍急的腊子河翻腾着。"云贵川"难以徒涉，团长亲自把坐骑牵来，把他送过去，把大家的希望送过去。这里距离山口上的国民党守军虽然只有 300 余米，但向外突出的山包，形成了死角。红军正面攻击部队，正时紧时歇地以机枪射击。

"云贵川"在行动：赤着脚，背着长绳，拿着长杆，用杆头的铁钩搭住一根歪脖子树根。拉了拉，觉得比较牢固后，两手开始使劲握住杆子，依靠臂力，顺杆用力引体向上，紧贴石壁一点一点往上爬。双脚轮换着用脚趾抠住石缝或稍微突出的石块。很顺利，"噌噌噌"没几步，爬到了杆子的顶点。在完成这第一杆后，他像猴子似的伏在那根似乎承受不住他身体重量的树根上，稍微喘了口气，又向上寻找可以搭钩的石缝……

这是千钧一发的时刻，他的一举一动关系着整个战斗，牵扯着每一个战士的心。长绳顺着石壁向上延伸，"云贵川"的"尾巴"越来越长，身影越来越小。许久，他在顶端向岩石下挥动了双手。好一个"云贵川"的长尾猿！

石壁下，担任迂回的 400 名红军指战员铆足了劲，一个接一个顺着长绳爬了上去。攻克了上山的难题，却找不到下山的道路。黑黢黢的夜晚，残星也没有一颗，秋虫不时地聒噪，到处是悬崖陡壁。

腊子口上传来急骤的枪声，在夜空中显得格外响亮。这是正面主攻部队在掩护大家的行动，早一点找到攻下敌碉堡的路，他们就能尽量减少伤亡。大家冒着粉身碎骨的危险，焦急地摸索探路。突然，一名战士，一脚踩空，掉下深渊。沟底只传来几块乱石的碰撞声。一会儿，一切又恢复了寂静。

黑暗吞噬了一切，凄凉的山风吹拂着大家单薄的衣裳，树叶簌簌作响……经过几小时的探寻摸索，迂回部队终于在拂晓前升起信号弹，如天降神兵，居高临下，炸掉了白军的炮楼，配合正面部队，经过三小时激战，拿下了天险腊子口。

皆大欢喜。疲惫而喜悦的红军将士们，沐浴在万丈温暖明亮的霞光中。大家想到了第一功臣"云贵川"，纷纷高声喊道："云——贵——川！"无应答。大家纷纷到处找，无结果。他是不是掉下悬崖的那位？还是冲锋时倒下的那个？

腊子口一战，打开了延安的大门，打开了抗日的大门。《长征组歌》一遍遍传唱："腊子口上降神兵，百丈悬崖当云梯……"一个"云贵川"，一批无名英雄，用鲜血滋润的鲜花年年娇艳，用躯体培育的草木岁岁茂盛。他们，与山河同在，与日月同辉。

第二十五章　领袖身边的警卫员

冰心老人说过这么一段话：爱在左，情在右，走在生命路的两旁，随时撒种，随时开花，将这一径长途点缀得花香弥漫，使得穿花拂叶的行人，踏着荆棘，不觉痛苦，有泪可挥，不觉悲凉。长征路上，那些伴随红军首长的警卫员小鬼，在"荆棘遍布"的途中，面临极饿、极寒、随时死亡的威胁。但多年后回首这段艰苦往事，他们大多数人想到的不是痛苦、悲凉，满怀的却是感恩、自豪。

偷吃朱德腰带的小饿鬼赵德仁

"毛泽东牙齿有巴掌宽，吃人如同吃面条"，"张国焘坐在轿子里，舌头从轿顶伸出去吃人"……1933年，红军未到，四川苍溪嘉陵江东岸，已谣言四起，人心大乱。

富人早跑了，穷人也纷纷往西岸跑，13岁的穷小子赵德仁也在其中。路上，一些头戴红星帽的人，挥手拦住大家，扯着嗓子喊道："不要跑，我们红军是劫富救贫的！"赵德仁起初将信将疑，观察了一段时间，确实没看到吃人的红军，而且听说当红军有饭吃，就参军了。

参军后，赵德仁幸运地成了徐向前身边的一名小小警卫员，虽然战火不断，前线牺牲受伤的战士也常见，但"有饭吃"的日子还是比以前给地主干活饿得要命更好。但两年后，15岁的赵德仁再次体验了"饿得要命"

的滋味。

那是 1935 年 8 月，赵德仁所在的红四方面军，在张国焘的一意孤行下，与刚刚会师的中央红军背道而驰，南下二过草地。此时，朱德总司令也在这支队伍，赵德仁在他身边当警卫员。

小小年纪的赵德仁不明白为什么还要再次走这种要命的鬼草地。他也不知道，此时的朱德一次次受到张国焘的威胁逼迫：反对毛泽东他们北上逃跑主义，承认新的临时中央。否则，"把他轰走，省得碍手碍脚！"张国焘的秘书长黄超狂言。赵德仁只知道服从上级命令，背着指挥部的文件，一心念着"文件比命重要"，在黑水弥漫的茫茫草地上走得又饿又乏。

政治风云险恶变幻，红军面临着有史以来最为严重的一次党内斗争。朱德对一起被挟持南下的刘伯承说："……我们要沉下心来做工作，我相信，左路军的广大干部战士，不会总跟着张国焘跑的……为了使红军不至于分裂，就是牺牲，也值得……"

草地的风云也在险恶变幻，上午还是晴空万里，野花遍地，下午就黑云翻滚，狂风呼啸，雨点夹杂冰雹倾泻下来。没有房舍可以躲避，就连一棵大树也没有，大家纷纷手忙脚乱地把脸盆、菜盆、铁桶、背包等举在头上。终于天怒平息，到达宿营地，赵德仁却号啕大哭起来：一路上好不容易省下来的半袋牛肉干，找不着了。这可是命根子啊，前几次饿得连路都快要看不见了，嚼一小块牛肉干，才得以继续前进。多少红军战士，身经百战没战死，过草地时却被活活饿死。

这时，朱德走了过来，问道："小鬼，哭啥子？"弄清情况后，朱德说："莫哭莫哭，都是自己人吃了。今后我们每人少吃一口，就把你带出草地了。"

一连几天，赵德仁小心翼翼地分享着朱德和其他警卫员本就稀少的口粮。一天晚上，他好半天睡不着，尽管全身都已累得快要散架，但饥饿像恶鬼一样一遍遍刮着他的肠胃。迷迷糊糊中，他不由自主地把手伸向了一根腰带……

第二天清晨，朱德问："小鬼，看见我的腰带了吗？"

赵德仁陡然一惊，想起昨晚之事，蒙眬睡意一扫而光，他不敢开腔，低着头，一颗心怦怦跳个不停。他想起以前在地主家，偷吃狗食，被管家抽打得遍体鳞伤……

朱德很快知道了真相，他没说话，只是从地上拣起一条草绳，往腰上一系，准备出发。赵德仁赶紧把马牵了过去，朱德一摆手，说："不骑了！"赵德仁哆嗦着，朱德似乎看出了他的心思，拍拍他的肩说："给后面的伤病员骑吧。"

赵德仁泪流满面，心里不断地骂自己：德仁啊德仁，你的良心被狗吃掉啦！朱总司令分给你吃食，还容得下你这德行，就是当老子的也不一定能这样待儿子啊。以后的草地行军，朱德再也没骑过马。没过多久，那匹跛马也杀了，供给几十人吃了7天。

后来，红军战士连皮带、皮鞋都吃光了，茫茫草地，除了草还是草。朱德就率领赵德仁几个警卫员、炊事员，在老百姓的指导下，识别、挖掘草地上的各种野菜，然后开办了一个别出心裁的野菜展览会，发动全军挖野菜，缓解了战士们的饥饿。此外，草地上有川流不息的小溪，赵德仁一大伙人便跟着朱德，挖蚯蚓、钓鱼，既可以打牙祭，又是难得的娱乐放松。

制定对敌战略战策、与张国焘周旋说服其团结北上等军中要事，朱德要做；小鬼丢干粮、挖野菜之类的小事他也用心去做。他关爱着每一个战士。多少红军战士和赵德仁一样，参加革命后就根本不知家中父母兄弟何去何从。但正是这弥足珍贵的爱，抚慰了饥肠辘辘的战士们的心。

经过一年的艰苦跋涉，在朱德等人的努力下，红四方面军终于再度与中央红军会合。赵德仁在茫茫草地，饿得头重脚轻，先后四次跌入泥潭，但在朱德父亲般的慈爱中，终于挺过来，胜利走出草地。

让周恩来挑水疱的红小鬼丁振愈

长征，是红军战士一双双铁脚板走出来的。没有好脚力，即使不战死疆场，也会累死或者让敌人捉去。警卫员，虽不时时在前线奋战，但为了照顾好、保卫好首长，前前后后比一般战士多跑了不少路。

　　此刻，跟随周恩来才一个多月的丁振愈，正抓紧难得的时间，背倚大树，瘫坐地上休息。他两腿如灌铅般沉重，双脚如针毡般生疼，脱下沾满泥巴的草鞋一看，脚上起了一个个水疱，脚跟后的水疱已经磨破正在流水。自10月18日从于都河出发，到现在11月2日，半个月的时间，红军已顺利突破蒋介石的三道封锁线，军机稍纵即逝啊，唯有阔步迈开脚板，夜行军急速前进！

　　一阵寒风吹来，丁振愈咬牙忍着脚痛，拉了拉单薄的秋衣。

　　"来，把脚伸过来，小丁。"一句熟悉的声音飘至耳畔，一看，首长来了，"哟，脚上有好多门大炮（疱）！我来给你挑破它，黄水流出来就更快好。"丁振愈一听，赶紧把脚缩回来，让首长给警卫员挑水疱，这怎么像话，到底是谁照顾谁呀！谁不知首长日理万机，他也需要这短暂的休息时间啊。周恩来看着他，笑笑说："没事，给你挑挑水疱有什么关系？快！"

　　扭捏了好一阵，丁振愈终于拗不过，把脚乖乖地伸出来。周恩来左手托着丁振愈的脚掌，右手拿着根针，像母亲般慈祥地、小心翼翼地挑着水疱，微笑着说："挑破一个水疱，就放了一个打敌人的大炮！"丁振愈忍不住笑了起来，头顶的阴霾一扫而光，心里暖暖的，好像晒着冬天的太阳。

　　笑，把疼痛、劳累驱赶了几分；爱，给寒冷的天地、冷酷的战争，带来丝丝温情。但丁振愈最清楚，首长天天批阅文件到深夜，一边行军一边还跟博古、李德激烈地谈论着什么"第五次反'围剿'失利""辎重负担""前面有湘江，如何渡过"等，他的身体有多疲累，心里有多沉重……

　　"来，再穿一根头发进去，"周恩来说着，从自己头上用力地扯下了一小撮，一根一根放进一个一个正在流水的疱里，"引流，让疱里的水流尽。"然后，周恩来拿出干净的布，小心翼翼地把烂脚包好。多细心的好首长呀，丁振愈不觉心头这么一闪。想起8岁那年，上山给地主砍柴，一不小心砍伤了手，只带了一点点柴回去，地主婆大骂他"偷懒鬼"，还要拿鞭子抽他。他逃回家里，母亲含着眼泪，小心翼翼地给他包扎好。然后，又将他送回地主家，因为家里实在没法养活他。

　　第二天，山路更加难行，又高又陡。水疱瘪了，脚踩在地上，还是疼得要命。但丁振愈暗暗地咬牙忍了，他不想让周恩来看见自己一副熊样。

"哎哟"一声，前面的战友滑了一大跤，"呵呵，'泥菩萨'，蒋介石请你坐汽车呢，一下就溜了一大截路。"丁振愈这么一逗，大家哈哈大笑起来，扶起"泥菩萨"，嘻嘻哈哈地继续赶路。

脚底继续天天与地面摩擦，水疱、血疱长了破、破了长，真是一种刑罚般的考验。但休息时间，丁振愈还抠下鞋底的泥巴来，过家家般搓面条、团肉丸，对战友们说："来，吃吃吃，别客气啊！"笑声中，大家的脚痛不觉减了几分。不知过了多少天，这些疱终于不见了——渐渐磨成厚厚的茧，烂脚板成了有力的"铁脚板"。

1935年2月的一天，周恩来决定把丁振愈派到连队里当排长，临行前谆谆教诲："打仗要不怕苦，不怕死，要爱护同志，关心战士生活……"最后，周恩来微笑着对丁振愈说："你在这儿就很关心我，以后关心战士就要像你关心我一样。"

周恩来长征路上的警卫员有好几位，跟随时间最短的，可能要数丁振愈，一同行走的时间不到半年。可是，17岁的丁振愈却从中汲取了行走一生的力量：革命的乐观与关爱。带着这个法宝，一双"铁脚板"走完漫漫长征路，走上抗日战场，走进抗美援朝，当年的红小鬼逐渐成为连长、团长、参谋长、师长，直至司令员。

舍身护卫毛泽东的警卫员胡长保

1935年5月，毛泽东踏过泸定桥，踌躇满志跨过天险大渡河，蒋介石想让其成为"石达开第二"的企图彻底破灭。接着，他又带领中央红军栉风沐雨，夜以继日地穿越了西康省境内海拔3000多米且人迹罕至的二郎山、泥巴山的原始森林。6月2日，部队来到荥经县三合乡茶合冈一个比较开阔平坦的地方。天刚破晓，毛泽东已行走在美丽的乡间小路上，呼吸着清新的空气。

没有任何预兆，三架"黄膀子"国民党飞机突然钻出云层，发现了隐藏好几天的红军队伍，疾声呼啸着直冲下来，甩下一串炸弹，其中一颗就落在毛泽东身旁。"主席——"一人惊呼，腾空而起，猛扑上前，用自己的血肉之躯将毛泽东覆盖。"轰——"的一声巨响过后，烟雾弥漫中，死神与毛泽东擦肩而过，却咬住了另一个年轻的生命——弹片插入了腹中。这人就是紧跟其后的警卫员胡长保。

满身是土的毛泽东，将胡长保的头轻轻地搂进自己的臂弯，抚摸着他的头发，眼里噙满泪水：1934 年 10 月，部队大转移伊始，这机灵的小鬼就跟在身边跑前跑后、共浴战火，而今……

"主席……可惜不能跟您去看一看我们的新根据地，不能到抗日前线打日本鬼子了……"一串亮晶晶的泪珠，从胡长保的眼眶里流了出来。他吃力地继续说："我牺牲之后……如果可能，请您转告我的父母，他们……住在江西吉水……"最后，他用尽全力抬起头来，满怀留恋地望着毛泽东和战友们，嘴唇微微颤动："祝……革命……胜……利……"

卫生员正努力地包扎止血，胡长保腹中的鲜血却如泉水汩汩流出，染红了地上小草，染红了天边朝霞。一切来得太突然了，十几分钟前还活蹦乱跳的胡长保，如黎明前一颗耀眼的流星，瞬间坠落在这片荒芜之地。

毛泽东拿来随身毛毯，将烈士轻轻覆盖，脱下红星帽，良久默哀。水子地，添了一座静静的平头坟，没有墓碑，没有标识，山那头，有一轮红日正慢慢升起。

第二十六章
长征途中失散的兄弟姐妹

人生的年轮上，镌刻着许多酸甜苦辣的情感。在苏区扩红参军时，兄弟姐妹争相参军的情景比比皆是，在部队战略大转移前，举家参军的也不少。红四方面军长征时，就专门设了一支红军家属队，有1000多人，大多数是妇女、儿童和老人。在战火纷飞的长征途中，血肉相连的亲人演绎出一首首生死离别、悲欢离合的歌。

生 离

——流落涉藏地区的红军姐弟：邓秀英、邓玉乾

冬天，在四川涉藏地区，朔风夹着雪花已好多天了。邢措在门外头，像往常一样弯着腰不停地砍柴。头人家每天都要烧去大量的木材。天很冷，但邢措还是感觉流汗了，汗滴正要流到眼里，她停下抹了一把，抬头，猛然看见一个喇嘛在盯着自己。"弟弟！"邢措不禁失声叫道。"姐……"邢措赶紧跑向前，捂住他的嘴，悄悄将他拉到一个角落，四目对视，喜极而泣。

姐姐邢措原名邓秀英，喇嘛弟弟原名邓玉乾，四川巴中通江人，1935年，邓秀英一家八口随红四方面军部队长征。3岁的妹妹出痘死了，大哥

在中坝一带的战斗中牺牲了，还未过门的弟媳能唱能吹成了红军的宣传队员……到过草地的时候，8个人死的死、散的散，只剩4个——父亲邓心科走在前面的部队里打仗，他们姐弟俩一个13岁、一个6岁，随母亲在后面的红军家属队里行军。

邓秀英不足一米三的小身子上，被麻绳牢牢实实地捆着一个体重已不轻的弟弟，双鬓已发白的母亲，则背着各种各样的行军用品。他们一路紧赶慢赶，躲过敌人的枪炮，越过大江、高山、草地，忍过难挨的饥饿，随着红四方面军辗转行军。1936年的新年就要到来的前几天，在甘孜涉藏地区的丹巴，他们看见了久违的父亲——他躺在一个挖过金的山洞里，已奄奄一息了，得了伤寒病，没有药。部队临走前给了母亲三块木板："活下来的话，就来追部队；死了，就用这几块板好好埋了。"结局自然是后者。四天后，在新年纷飞的雪花中，邓秀英搀扶着伤心过度的虚弱母亲，背着弟弟，连夜追赶部队。

一路上，惊险不断，最终，他们再次落入土匪之手。

冰天雪地，看不见天的树林里，14岁能干活的姐姐邓秀英被藏族买主逮小鸡般拎走。年老的母亲拉着7岁的弟弟邓玉乾没人买，被一步步赶到河里，在齐胸深的冰水里站立不稳，稍一停步，子弹就在左右射起水花，土匪要"水葬"他们。紧要关头，一位藏族老人单木果，路过河边，善心大发出钱买下母子俩。走上岸，母子扑通一下给老人跪下，磕了几个响头。但好心肠的老人却没法养活他们，只好帮忙挑选了一家心肠不算很坏的头人。母亲勤快麻利干活，邓玉乾上山放牛，日子终于过下去了。

姐姐邓秀英则被从这一家卖到另一家，不知给多少个头人当过奴隶。他们把她当牲口使用，天晴下雨打霜下雪都要上坡种地，稍有不是就打。几次逃跑想去找母亲和弟弟都没成。一次，她从一个叫广尚的头人家跑出来，刚跑不远，就被头人的儿子逮住了。一个巴掌打来，邓秀英被打倒在荨麻丛里，脸上和手上顿时起了红疱，这还不够，头人的儿子还把她的衣服脱光，揪住头发，在荨麻丛里来回拖，拖得浑身血淋淋……

弟弟邓玉乾安稳的日子持续到16岁。那年，一个好心的藏胞偷偷告诉他，主人要杀他了。原来，当地有规矩：外来的成年男子要杀掉，妇女、小孩不杀。妈妈吓得脸都白了，叫他立即逃生。逃了几天几夜，到了阿坝城。想着"庙子里没人敢惹"，他走进了一个看上去挺大的寺庙。苦苦哀求下，住持收下他在庙里打杂，冬天扫雪，夏天扯草，还发给茶叶、酥油，过得还不错。但放心不下的是母亲和姐姐。

长大了的弟弟邓玉乾有心计。两三年后，他偷偷回到以前的头人家附近，趁母亲下地干活时，拉上她就跑，一直跑到阿坝。找姐姐邓秀英没那么容易，在他们分开的树林方圆几十里，邓玉乾一个寨子一个寨子地走，一家一家地找。功夫不负有心人，他竟然找到了姐姐。三人不屈不挠地活着，为的就是有朝一日的相见。

漫天的雪花纷纷，犹如姐弟俩数不清的苦难往事。然而姐姐说："我必须赶紧回去，否则，头人家发现，会活活打死我的。"弟弟灵机一动，想出一个法子：明年庙会，寺庙见！

第二年，热闹的庙会开始了。姐姐邓秀英骑着牛来到了弟弟住的寺庙，成功逃离了头人，逃脱了万恶的深渊，一家三口终于团圆。

闯过了一道道死亡的门槛，新生的日子越来越美好。十多年过去了，中华人民共和国成立了。在偏僻的阿坝，他们并不知道这翻天覆地的变化，弟弟邓玉乾继续在寺庙打杂，母亲和姐姐邓秀英继续给人家帮佣挣钱，但他们感觉，日子是一天一天好起来了。

1952年，解放军开进阿坝。邓秀英鼓起勇气，讲出了十几年未说的汉语：我是红军！姐弟俩彻底翻身：邓秀英成了阿坝县政府的藏语翻译，随解放军工作组走乡串户救济穷人。弟弟入了公社，赶马车跑运输，还被评为"劳动积极分子"。

1963年，姐弟俩陪年近七旬的母亲，回到了日思夜想的故乡——通江县新场乡，30个年头过去，他们回到了苦难长征的起点。

长征二万五千里，他们没有任何丰功伟绩，而且根本没走完，实在算不上什么英雄。但是，一个13岁的小女孩背着一个6岁的幼儿，同年老的母亲，经历战争烽火、恶劣环境折磨、奴隶主压迫剥削，流落涉藏地区几十年，仍微笑着活着。他们经历的，是另一种漫长曲折坎坷的长征。

漫漫征途，还有多少像他们姐弟俩这样的失散红军？有的连湘江、金沙江都没跨过去。他们和历经千辛万苦到达陕北的战士一样拥有那么强韧的生命力，一样值得我们后人钦佩。活着，就是他们生命的奇迹。

死 别

——贺龙、萧克夫人兄弟姐妹：蹇先任、蹇先佛、蹇先超

1936年2月，春寒料峭，红二方面军的战士们却忙得热火朝天。自离开湖南桑植，部队一路浴血奋战，冲破白军的重重包围，如今终于在黔西、大定、毕节地区驻扎下来。大家轰轰烈烈地发动群众，准备创建新的根据地。

"超！"一句熟悉的声音飘到蹇先超耳旁，他回头一看，"二姐！"二姐蹇先任正笑吟吟地看着自己。

蹇先任虽然是军团长贺龙的夫人，姐弟俩虽然同在红二军团中，又同在一条路上行军、作战、宿营，但蹇先超在前卫卢冬生部下当看护员，丝毫没有享受首长小舅子的特权，姐弟俩不仅不能相顾，连面都没有见过几回。这一匆匆相逢，着实让姐弟俩兴奋不已。

"二姐，我和同志们团结得很好，亲如兄弟，情同手足，没有闹过孩子气儿。一路上行军爬山，从来都没有掉队。在火线上抢救伤员、护送伤员还有突出表现，卢冬生师长表扬过我好几次呢！"蹇先超孩子般滔滔不绝地向姐姐夸耀着。

"好好好，这样我就放心了。你还要学会自己打草鞋，要保护好两只脚，因为前面的路程可能还很长很长，一路上靠的就是两条腿两只脚。"姐姐蹇先任语重心长地说道。

"二姐，我记住了。我们师长说过，姐夫贺龙是条'活龙'，贺龙的根据地就在脚板上，瞧我这两只脚，是铁打的！"

姐姐忍不住笑了，参军都两个年头了，都快16岁了，还像以前在家

时那个样！她嗔睨地说了小弟一句："俏皮鬼，耍贫嘴！"

可谁也没想到，毕节这一喜相逢，竟是姐弟俩最后的诀别。

很快，红二方面军在毕节地区创建新根据地的设想，被压境的国民党重兵破坏了，部队于 1936 年 3 月 22 日，迁入云南来宾铺一带，随后渡过了金沙江，准备翻越雪山，向甘孜前进与四方面军会合。

5 月初，红二军团历经千难万险，翻过了哈巴雪山——他们长征途中的第一座雪山，海拔 5300 多米，山势陡峭险峻，终年积雪，从金沙江峡谷到雪山顶峰，俨然几重天，从下到上，气候有春夏秋冬四季感觉。背负着婴儿行军的蹇先任到达得荣县城，正准备歇一口气时，先头抵达的第四师师长卢冬生特意找到她，沉痛地说：

"先任同志，我对不起你，对不起你的弟弟，我身为师长没有尽到职责，在过雪山时全师减员一百余人……我向李参谋长表示，应当给我处分，我……"

蹇先任顿觉凶多吉少，不由得问道："卢师长，什么事儿，你就直说吧！"

"你弟弟先超同志，他在雪山顶上……牺牲了……"卢师长语声哽咽。

如同晴天霹雳一般，蹇先任悲痛到了极点：三四年前，大弟蹇先为就牺牲在湘鄂西苏区。两年前，小妹蹇先佛在自己的影响下加入红军，个头矮小的小弟蹇先超也在家待不住了，才 14 岁就哭着闹着要跟姐姐一起走，非要当红军不可。而今，小弟……蹇家这一对骨肉兄弟，叫她们姐妹俩如何向老父交代啊……

蹇先任是二军团司令员贺龙的夫人，蹇先佛是六军团司令员萧克的夫人，可她们谁也没有将唯一的亲弟弟放在自己的保护伞下。漫漫征途，他们各司其职。不是不疼爱小弟，不是不惧怕随时存在的死亡威胁，是严峻的客观条件使然，更是红军铁的纪律让他们自我约束。

长征是波澜壮阔的史诗，是无与伦比的传奇。长眠在雪山上的蹇先超，一个默默无闻的小战士，还没有来得及铺展瑰丽的人生，化为了史诗中的一个音符。

悲欢离合

——红军名医傅连暲夫人姑侄：陈真仁、陈亚民、陈汉兰

1996 年上海，一个热闹繁华的地方，一个让时间凝固的瞬间：三位老人默然无语，相拥而泣。四周人来车往，川流不息。年龄最长的老人是陈真仁，红军名医傅连暲的夫人，现人民解放军陆军上校，从北京赶来；其次是比她小 4 岁的大侄女陈亚民，从家乡陕西来；然后是略显年轻的一身羌族打扮的小侄女陈汉兰，从四川来。她们当年都是红四方面军长征队伍中的一员，61 年后的今天，她们在上海电视台《长征·世纪丰碑》摄制组的帮助下，穿越时空，骨肉重新团圆。半个多世纪的思念、忧伤与悔恨，交织着突如其来的惊喜，开启了老人们那痛苦的长征离别失散记忆。

她们是陕西省宁强县大安镇烈金坝人。当年，陈家可是一个响当当的大户，有良田数千亩，据说每年收租时银子都要用骡子驮回。1935 年 2 月 3 日，那个鞭炮声声、枪炮阵阵的除夕之夜，红四方面军以 12 个团的兵力发起陕南战役，于次日攻克宁强县城。广大群众在陕南党的领导下，踊跃参加红军，就是在这时候，在陈真仁三个哥哥的带领影响下，他们全家都加入了红军队伍。

一个月不到，红四方面军撤离川陕革命根据地开始长征。他们全家三代十一口，上至 60 多岁的老人，下至出生数月的孩子，均随部队踏上了征途。一路战火纷飞、困难重重，当走到四川土门时，十一口人只剩下 16 岁的陈真仁、12 岁的陈亚民和 4 岁的陈汉兰，其余都在途中失散或牺牲了。

土门战役是西渡嘉陵江后第一个大战役。白军为了阻止红四方面军和中央红军会师，布置了 3 个旅的重兵。红军从 4 月底开始发起战役，5 月控制了北川河谷。白军急调 5 个旅 14 个团增援。5 月 6 日至 12 日，红军在大垭口、白家林、千佛山一带与白军反复争夺阵地。5 月 14 日，红军发

起总攻，攻占土门，并乘胜追击。白军又调 30 个团的兵力阻击，企图阻止红军继续西进。从 4 月底到 5 月 22 日，白军总计投入兵力约 20 个旅，被红军歼灭 1 万多人。6 月中旬，在完成掩护主力西进的任务后，红军逐次撤出土门。

陈亚民她们随后方机关的病号到达土门时，战斗已经结束。但她们姑侄三人的状况已非常恶劣：4 岁的小汉兰长征前就得了脱肛病，一路上由姑姑和姐姐轮班背一背走一走。此时，脱出的肠子已发炎，流血、流脓。姑姑陈真仁也得了十几天的伤寒病，这时浑身没有一点力气，牙都成黑的。这可把陈亚民害苦了，一个 12 岁的女孩子，既要守护生命垂危的姑姑，还要照看那个脱肛的小妹妹。

战局危急，部队第二天就要向茂县进发，这小女孩，无论如何也照顾不了姑姑和妹妹两人，必须舍弃一个。无奈之下，陈亚民跑到山下将妹妹汉兰托付给一个开茶铺的老婆婆。开始，老婆婆嫌其病重而不肯收留，陈亚民便悄悄把妹妹背到老婆婆门前，哄着妹妹睡着后，溜之大吉。夜半，宿营在土门一个破庙的陈亚民无法入睡，蒙眬中听到妹妹在喊叫。她冲了出去，月光下，一个小小的身影在石阶上艰难地爬行。她喊一声妹妹，底下就传来一阵撕心裂肺的哭叫。她飞跑下山，姐妹俩抱头痛哭。哭累了，妹妹在她怀里睡着了。她狠狠心，再次把妹妹送回茶铺，然后跟上大部队，满脸是泪，再没回头。这生离死别的痛苦一幕，深深地铭刻在陈亚民的心里，折磨了她一辈子，时已 70 多岁的陈亚民老人仍不禁发出这样的感叹："我那时才 12 岁，我好狠心啊！我妹妹病成那个样子，没人照管。可是，我不扔掉她也活不了多久……"

接下来，这一家人就只剩陈真仁、陈亚民相依为命，经历了三过草地的坎坷历程。高耸入云的达拉山，乃是长江、黄河的分水岭，同时也是陈真仁、陈亚民人生命运的分水岭。他们一家三代十一口，最后坚持到达陕北者，唯有陈真仁一个人。1936 年 8 月，陈亚民这个从 12 岁走到 13 岁的长征女孩子，一路上也不知爬过多少高山峻岭，却在漫漫征途的最后一道山——达拉山上掉队了，那时候她的脚肿得很厉害。姑姑陈真仁在粮食总局运输二连当文书，陈亚民在剧团，虽同是后方部队，时常能找到对方，但并没有时刻走在一起。她不知道先头部队已经抢占了腊子口，攻占了大草滩、哈达铺。到了哈达铺，前面可以说就是坦途了。从达拉山到大草滩，仅一天路程，她却没有跳过"龙门"。

那一晚，陈真仁已经到了大草滩，特意去找陈亚民，发现她没有跟上队伍，急得一夜都没有合眼。第二天早晨出发时，她一个帐篷又一个帐篷地寻找呼叫，还是没有见到陈亚民的影子。她不由得抱头大哭："我侄女掉队了！肯定掉在山那边了！"她死活要返回去寻找侄女，旁边的战友们把她拉住了，扶着她一步步向哈达铺走去……

漫漫长征路，4岁的陈汉兰就这样被"丢弃"了，13岁的陈亚民和17岁的陈真仁就这样走散了。几十年来，三人不知各身在何方，生死亦未卜。

好在天无绝人之路，她们各自顽强地活下来了，就像被无情的风吹散的小草籽一样，即使落在崖壁上、沙漠里，也总有那么一些拼命地汲取水分，获得了生的机会。

小汉兰遇到的是个好心的婆婆，她在陌生的羌族聚居区，顺风顺水地长大了。只是，别人提及她的父母、家乡，她一无所知，还时常做一个噩梦：沿着石阶使劲爬啊爬，爬到山腰的庙里，去找姐姐。

后来，陈亚民则拖着肿脚，走到一个叫麻石川的地方，被一个老婆婆收留下来，装哑巴将息了三四个月。脚好后，她便挨门讨饭到了哈达铺，给一户人家打短工，借以糊口维生。谁知这户人家心太狠，居然将她领到岷县一带卖掉，整整过了八年非人的生活。抗日战争胜利后，陈亚民曾想逃回家乡，被主人打得奄奄一息，抛弃于荒野，幸好遇见一个到岷县办事的宁强县老乡，此人姓吕，后来成为她的丈夫。他从血泊里救起陈亚民，此时她已在露天里昏死一夜，被抬着走了21天，陈亚民终于回到了宁强县烈金坝。曾经人丁兴旺的陈家大院，此时早已人去屋空，彻底地衰败了。迎候这个长征掉队归来的孙女，仍是当初要她留下做伴而没有留得下的老奶奶陈朱氏。生离死别十年整，后来老奶奶死了，她便出来另过，家业被别人得了。她变成佃户，在宁强王家坪，和丈夫佃二亩地过日子。她走街串巷卖菜、卖醪糟、卖凉粉……

陈真仁则于1936年10月10日，在会宁县城参加了红军三大主力胜利会师大会。之后在同心城，与红军名医傅连暲喜结连理，并于 1955 年被授予上校军衔。

历尽沧桑，生死重逢。在上海电视台的摄像头前，陈亚民和陈真仁轻启嗓门，合唱了一首歌：

> 春深似海，
> 春水如带，
> 白云快飞开，
> 让那红球显出来，
> 变出一个光明的美丽的世界。
> 风你小心点吹，
> 不要把花吹坏，
> 现在桃花正开，
> 梨花也正开，
> 万紫千红一起开。

这首歌的编写者是陈锦章，陈真仁的大哥，陈亚民、陈汉兰的爸爸，1924 年他在上海求学时，参加了共产党，并把革命的思想带回了家乡，创建了陕南第一个党组织，彻底改造了他们这个封建大家庭。沧桑的歌声在华丽的舞台上萦绕，歌声中那美丽的世界，让姑侄俩一如既往地心潮澎湃。

漫漫长征路，被世人称为红军的一群衣衫褴褛的人，演绎了多少悲欢离合又震撼天地的故事。这一首首相逢的歌啊，是一对对兄弟姐妹的血泪苦难，更是那一代人对理想的追求，以及为这种追求所做出的难以言尽的牺牲与奉献。